Le palmarès des 100 Français les plus connus dans le monde

Le palmarès des 100 Français les plus connus dans le monde

Dimitri Casali et Fabien Tesson

L'EXPRESS

Avant-propos

En période de débat sur l'identité nationale et à la suite de la multiplication des sondages et enquêtes d'opinions sur les personnages historiques les plus populaires, nous avons voulu donner un classement des personnalités les plus représentatives de la France à travers le monde, qu'ils soient rois, empereurs, chefs de guerre, savants, artistes, explorateurs ou inventeurs...

Clovis, Charles Martel, Saint Louis, François Ier, Henri IV, Richelieu, Louis XIV, Napoléon, Gambetta, Clemenceau, personnages majeurs de l'histoire de France, sont en train de disparaître des nouveaux programmes scolaires qui mettent maintenant l'accent sur la mondialisation et l'étude des civilisations chinoise, indienne et africaine. À l'heure de la globalisation, nous assistons à une uniformisation des modes de vie, des façons de penser et des histoires. Pour certains intellectuels, il est indispensable que la France s'ouvre aux autres cultures du monde et que l'enseignement de l'histoire s'adapte aux nouvelles populations issues de l'immigration. Les nouveaux programmes scolaires de collège s'inscrivent dans cette évolution.

Pourtant, tous les sondages (BVA-France 2, TNS Sofres, du *Figaro*, de la revue *L'Histoire)* prouvent l'attachement des Français à leur histoire. Ces classements sont un précieux indicateur pour comprendre les représentations mentales des Français d'aujourd'hui. Cependant, ils ne suffisent pas pour remonter le temps d'une histoire affective. Aussi, pour approfondir la connaissance de ce panthéon national, nous sommes-nous appuyés sur la dimension internationale de ces hommes et de ces femmes qui ont bouleversé, par leurs actions ou leurs découvertes, l'histoire au sens large du terme. Leur réputation mondiale, la place qu'ils occupent dans les livres d'histoire et les manuels scolaires étrangers (et en particulier le manuel d'histoire franco-allemand des éditions Nathan) seront un des fils conducteurs de notre ouvrage. Enfin, le nombre de livres, de films, d'œuvres d'art à travers le monde a également été pris en compte comme témoins de l'empreinte culturelle persistante de ces personnalités.

En suivant l'ordre de popularité des personnages sélectionnés, nous présentons chacun d'eux sous un angle historique, assorti d'anecdotes, tout en expliquant les raisons de sa renommée internationale. Nous souhaitons tracer ainsi un portrait de la France à travers ses personnages célèbres, admirés et aimés dans le monde entier. Napoléon, par exemple, vu par les Américains et par les Chinois, n'a rien à voir avec ce que les Français perçoivent de ce personnage incontournable...

En réalisant ce palmarès, nous n'avons pas voulu « faire de l'histoire », mais donner à comprendre que la postérité de ces célébrités relève de multiples contingences liées à l'espace et au temps. L'illusion biographique ne doit pas nous tromper. Notre vision d'un personnage relève davantage d'une construction mémorielle que d'une réalité qui serait intangible. Les héros enseignés par Ernest Lavisse ne sont souvent plus que des ombres aujourd'hui. Les temps ont changé, l'école n'a plus pour fonction de dispenser un roman national, mais de former des citoyens européens éclairés ; on n'ose dire des professionnels dans un monde globalisé.

D'où peut-être cette soif de repères que nous avons voulu satisfaire à notre manière. En éclairant des personnages méconnus ou célèbres, en montrant la part de construction et les multiples facettes de chacun d'entre eux, nous avons voulu, humblement, redonner des visages à notre histoire. Mais parce que notre pays ne peut plus se considérer comme le centre du monde, il nous a semblé important de comprendre l'image que le monde a de lui.

La réalité est souvent douloureuse et, en dehors de quelques personnalités devenues universelles, nos grands hommes sont, ailleurs, inconnus du plus grand nombre. De la Chine aux États-Unis, en passant par l'Afrique, le palmarès de nos célébrités reflète notre importance passée et notre impuissance présente. Raison de plus pour conserver le souvenir de ceux qui ne sont plus guère des modèles, mais sont devenus des lieux de mémoire. Car c'est avant tout la culture française qui est la base de notre « vivre ensemble » et cette culture est fondée sur la connaissance de l'histoire de notre pays, celui où nous vivons et travaillons, quelle que soit notre origine géographique*. La bonne connaissance de l'histoire nationale est une garantie d'intégration car elle est un moyen d'accéder aux modes de compréhension de notre société.

En définitive, l'histoire de nos grands personnages est comme l'institutrice de la vie : elle est l'une des meilleures façons de former à la citoyenneté. Elle nous enseigne le civisme, le respect des lois et de l'autorité de l'État, mais aussi les valeurs morales comme le goût de l'effort, la volonté, le respect de la parole donnée et de nos ancêtres, le sens de l'honneur, la solidarité…

Dimitri Casali et Fabien Tesson ■

* Marie Curie la Polonaise est à la quatrième place de notre palmarès.

Palmarès

n° **1** Charles de Gaulle

n° **2** Napoléon Ier

n° **3** Louis Pasteur

n° **4** Marie Curie

n° **5** Louis XIV

n° **6** Victor Hugo

n° **7** Charlemagne

n° **8** Molière

n° **9** Henri IV

n° **10** Jeanne d'Arc

n° **11** Jean Jaurès

n° **12** Marie-Antoinette

n° **13** Jean Moulin

n° **14** Émile Zola

n° **15** Jules Verne

n° **16** Gustave Eiffel

n° **17** François Mitterrand

n° **18** Jean de La Fontaine

n° **19** François Ier

n° **20** Georges Clemenceau

n° **21** Voltaire

n° **22** Antoine de Saint-Exupéry

n° **23** Jules Ferry

n° **24** Léon Blum

n° **25** Simone Veil

n° **26** Jean-Jacques Rousseau

n° **27** Pierre Mendès France

n° **28** Nicolas Sarkozy

n° **29** Le général Leclerc

n° **30** Jacques Chirac

n° **31** Saint Louis

n° **32** Louis Lumière

n° **33** Danton

n° **34** Albert Camus

n° **35** Colbert

n° **36** Richelieu

n° **37** Napoléon III

n° **38** Louis XI

n° **39** Claude Monet

n° **40** Le maréchal Lyautey

n° **41** Vercingétorix

n° **42** Alexandre Dumas

n° **43** Jean Monnet

n° **44** Léon Gambetta

n° **45** Robert Schuman

n° **46** Maurice Ravel

n° **47** Honoré de Balzac

n° **48** Michel de Montaigne

n° **49** Philippe IV le Bel

n° **50** Jacques Cartier

n° **51** Clovis

n° **52** La Fayette

n° **53** Édith Piaf

n° **54** Pierre Savorgnan de Brazza

n° **55** Bayard

n° **56** Robespierre

n° **57** Guillaume le Conquérant

n° **58** Jean-Paul Sartre

n° **59** Charles V le Sage

n° **60** Étienne Marcel

n° **61** Guy de Maupassant

n° **62** Georges Pompidou

n° **63** Catherine de Médicis

n° **64** Louis XIII

n° **65** Auguste Renoir

n° **66** Montesquieu

n° **67** Pierre de Coubertin

n° **68** Charles Baudelaire

n° **69** Simone de Beauvoir

n° **70** Jean Cocteau

n° **71** Murat

n° **72** Aliénor d'Aquitaine

n° **73** Mazarin

n° **74** Claude Lévi-Strauss

n° **75** Turenne

n° **76** Arthur Rimbaud

n° **77** Corneille

n° **78** Du Guesclin

n° **79** Marquise de Pompadour

n° **80** Sarah Bernhardt

n° **81** Jean Renoir

n° **82** Maréchal Foch

n° **83** Colette

n° **84** Poniatowski

n° **85** Claude Debussy

n° **86** Louise Michel

n° **87** François Rabelais

n° **88** Le Nôtre

n° **89** La comtesse de Ségur

n° **90** Sully

n° **91** Jean Bart

n° **92** Racine

n° **93** Joséphine de Beauharnais

n° **94** Alexis de Tocqueville

n° **95** Charles Martel

n° **96** Pascal

n° **97** George Sand

n° **98** Le maréchal Joffre

n° **99** Raymond Aron

n° **100** Jacques Prévert

l'étude du tome III de ses *Mémoires de guerre* par les lycéens de classe de première littéraire montrent d'ailleurs bien que le Général n'a quitté le champ du modèle politique que pour mieux entrer dans celui de l'enjeu de mémoire.

Ce qu'il faut retenir

L'ombre tutélaire

« Quoi qu'il arrive, la flamme de la Résistance ne doit pas s'éteindre et ne s'éteindra pas. » Par ces mots, Charles de Gaulle entre dans l'histoire. Ce 18 juin 1940, alors que la France s'enfonce dans l'abîme, il incarne le refus du renoncement. Il est pourtant, en ce printemps du désastre, un inconnu du grand public. Un micro à la BBC, c'est le cadeau de Churchill à ce grand échalas d'un mètre quatre-vingt-treize que ses origines et sa carrière ne semblaient pas avoir préparé à ce destin de rebelle. Né le 22 novembre 1890, ce « petit Lillois de Paris » est en effet issu d'une famille chrétienne aux opinions politiques pour le moins conservatrices.

Sorti de Saint-Cyr en 1912, sous-lieutenant au trente-troisième d'infanterie, il est alors commandé par un certain Philippe Pétain. La guerre est, pour lui, un moment fondateur. Blessé deux fois, il est capitaine lorsqu'il est fait prisonnier, à sa troisième blessure, à Verdun en 1916. La détention révèle sa force de caractère, il tente de s'évader à cinq reprises sans succès…

Après la guerre, il devient conseiller militaire de l'armée polonaise, c'est pour lui une période d'intense activité intellectuelle. Il alterne postes d'enseignant ou d'état-major et fonctions de commandement, tout en publiant quatre livres ! Parrainé un temps par Pétain, il se fait un nom au sein de l'armée, mais aussi du monde politique. Son ouvrage paru en 1934, *Vers*

l'armée de métier, le fait connaître. Mais son apologie d'une armée professionnelle centrée sur une force motorisée et blindée ne le fait guère aimer de la gauche ni d'un état-major conservateur. Son républicanisme ne respecte d'ailleurs guère le régime parlementaire de la IIIe République.
La guerre le surprend colonel d'un régiment de chars. L'inaction de l'hiver 1939-1940 lui laisse le loisir de réfléchir sur la « force mécanique » et de harceler l'état-major à propos des réformes nécessaires pour s'opposer aux blindés allemands. Nommé commandant de la 4e DCR le 15 mai 1940, il s'illustre par ses attaques sur le flanc des Panzers allemands. Perdus dans l'océan de la défaite, ces combats montrent néanmoins que le penseur militaire peut se transformer en homme d'action et incitent Paul Reynaud à l'appeler au gouvernement. Coordonnant la lutte avec le Royaume-Uni, il a ses premiers contacts avec Churchill. Mais le sursaut ne dure qu'un temps. Devant l'abandon général, Reynaud jette l'éponge et Pétain appelle à cesser le combat.

Le connétable

De Gaulle prend alors la décision qui change le cours de sa vie et de l'histoire de France. Lui, le militaire de carrière, l'homme d'ordre, choisit la rébellion et gagne Londres. C'est ce geste qui en fait probablement le plus grand des Français.
Soutenu par Churchill qui le reconnaît comme chef de la France combattante, il s'emploie à rassembler ceux qui refusent la défaite. Quatre années de luttes vont le mener jusqu'aux Champs-Élysées. Condamné à mort par contumace, il n'hésite pas à se lancer dans des combats fratricides comme à Dakar ou en Syrie contre les troupes de Vichy. Soucieux de l'unité nationale, il cherche à unifier la Résistance intérieure, communistes compris. Sans armée, sans argent, il continue, apparemment au-delà de toute raison, à affirmer la puissance de la France face aux États-Unis. Convaincu de sa valeur, il écarte ses rivaux comme Giraud, et bénéficie de l'assassinat de Darlan dans des conditions troubles, pour s'imposer comme

le seul représentant de la nation. La libération de la France le porte au pouvoir avec le soutien du plus grand nombre. Mais son triomphe est de courte durée. Après avoir, en tant que président du gouvernement provisoire, lui l'homme de droite, mis en place l'État providence voulu par le programme commun de la Résistance, il démissionne avec fracas en janvier 1946. C'est le début d'une longue traversée du désert. Peu porté au compromis, voire à la négociation, il n'accepte pas la Constitution de la IVe République, porteuse à ses yeux, des mêmes dérives parlementaristes que la IIIe.

L'exil intérieur

Espérant probablement être rappelé par le suffrage populaire, le connétable se voit en fait exclu du jeu politique. Les Français, soucieux de reconstruire le pays, puis avides de profiter d'une certaine prospérité, acceptent sans mal l'exil du héros de 1940. Son refus hautain des compromis et son anticommunisme condamnent à la marginalisation les formations se réclamant de De Gaulle. Il lui reste son pouvoir de nuisance, comme celui de faire échec (aux côtés des communistes !) à la Communauté européenne de Défense en 1954. Mais l'enlisement progressif dans le bourbier algérien crée les conditions d'un retour de l'homme providentiel. Les évènements d'Alger du 13 mai 1958, qu'il sait parfaitement instrumentaliser, lui offrent un retour inattendu mais espéré, à soixante-sept ans.

Le président

Ce coup de force lui permet d'imposer en partie ses conceptions politiques. La Ve République est son œuvre et reflète son souci d'éviter les dérives du régime parlementaire. Alors qu'il a pris le pouvoir à la faveur de la crise algérienne, ses premières années de présidence sont consacrées à sa résolution. D'abord favorable au maintien d'un lien colonial, il mène une politique réaliste qui, malgré la victoire militaire sur le terrain, ne permet pas le maintien d'une Algérie française.

Résolu à se débarrasser d'un conflit qui empêche la France de se moderniser et de jouer le rôle qu'il souhaite dans le monde, de Gaulle accepte l'indépendance. Dès 1960, les colonies africaines avaient d'ailleurs massivement choisi cette voie.
Le président s'applique alors à réaliser ses grands desseins. Souhaitant par-dessus tout affirmer l'indépendance nationale, il dote le pays de l'arme nucléaire, projet conçu par la IVe République. Refusant un alignement de principe, il accumule les provocations à l'égard des États-Unis : reconnaissance de la Chine en 1964, discours de Phnom Penh contre l'intervention au Vietnam en 1966, retrait du commandement militaire de l'Otan. De Gaulle multiplie les ouvertures vers l'Est tout en maintenant un anticommunisme virulent et un ancrage réel dans le camp occidental.
Mais son action ne se limite pas à cette politique de grandeur. Bénéficiant de la croissance des Trente Glorieuses, il assainit les finances du pays grâce à l'action d'Antoine Pinay, alors ministre des Finances, et maintient l'engagement européen de la France, non sans arrière-pensées. Favorable à une Europe unie économiquement et à la réconciliation franco-allemande, le général refuse en même temps tout abandon de souveraineté ainsi que l'entrée du Royaume-Uni, perçu comme le cheval de Troie des États-Unis, dans ce qui deviendra l'Union européenne.
Malgré ces succès, les blocages sociaux et une présidence impériale jettent les bases de la contestation. Déjà mis en ballottage par Mitterrand aux élections présidentielles de 1965, de Gaulle doit affronter l'explosion de mai 1968. En dépit du triomphe électoral de juin, le gaullisme est finissant. Fatigué, se sentant probablement peu en phase avec une société qu'en homme du XIXe siècle il ne peut guère approuver, il choisit comme chaque fois de jouer avec son destin. L'échec du référendum d'avril 1969 le conduit immédiatement à la démission. Refusant désormais toute intrusion dans la politique, il se retire à Colombey-les-Deux-Églises où il meurt le 9 novembre 1970.

n° 2

Napoléon Ier

« Les hommes de génie sont des météores, destinés à brûler pour éclairer leur siècle. »

Dictateur ou fondateur de la France moderne ? Tyran ou héritier de la Révolution ? Grand stratège ou piètre général ? Le Français le plus célèbre du monde suscite, près de deux cents ans après sa mort, des réactions contradictoires et passionnées. Ses qualités de dirigeant, son charisme et son génie militaire en font un grand chef d'État, alors que sa démesure et sa fin tragique lui assurent une place aux côtés d'Alexandre le Grand et de César au panthéon des héros. L'Arc de triomphe manifeste toujours sa gloire ; son tombeau est un passage obligé pour les touristes. Paradoxalement, il est perçu de façon beaucoup plus positive à l'étranger qu'en France.

Vu d'ailleurs

« Bonaparte nous a donné l'exemple, comment nous devons vaincre. » Dans quelle chanson napoléophile trouve-t-on ces vers ? Dans l'hymne national de la Pologne ! Quel homme d'État peut se vanter d'une telle postérité ? Napoléon est pour les Polonais celui qui a ressuscité les fondements d'une patrie alors écrasée par ses voisins. S'il est bien évident que les Espagnols ont une vision exactement inverse – celle d'un envahisseur –, cette ambivalence reflète son rôle fondateur dans l'Europe moderne. En Allemagne, en Italie, l'Empereur est autant celui qui a balayé les archaïsmes qu'un envahisseur. Le Code Napoléon va servir de modèle à de nombreux pays étrangers comme l'Italie, la Belgique, les Pays-Bas, l'Espagne, le Portugal, l'Allemagne, la Pologne et jusqu'au Japon…

Éveillant les nationalismes, il a obligé partisans et adversaires à moderniser leurs États afin de l'affronter ou de le suivre. Pour l'historien italien Migliorini, il est bien le détonateur de la résurrection italienne. Pour les Britanniques, il n'est plus le diable incarné, mais un adversaire valeureux contre qui s'est forgé John Bull. Pour l'Américain Englund, il est un vrai intellectuel nourri des Lumières mais qui a porté aux extrêmes la relation trouble entre héros et tyran. Dans le monde anglo-saxon, on ne compte plus les groupes de reconstitution et les jeux vidéo qui surfent sur le mythe de ce véritable dieu de la guerre. On peut donc lire dans l'*Encyclopædia Britannica*, à l'article « Napoléon » : « Napoléon a changé l'histoire de la France et du monde, il est un des plus grands héros de tous les temps. »

Enfin Napoléon est admiré jusqu'en Extrême-Orient par les Japonais et les Chinois, c'est d'ailleurs en Chine qu'est publiée sa toute première biographie en 1837.

Aux yeux des Américains, Napoléon est le type idéal du *self-made man*, de l'homme qui s'est fait lui-même. Le philosophe américain Emerson voit en lui dans son ouvrage *Representative Men* l'incarnation la plus parfaite du héros populaire. Dans les manuels scolaires américains, il est montré comme un modèle à suivre et le plus grand général de l'ère contemporaine. Au siècle dernier, quinze villes des États-Unis portaient le nom de Napoléon ou de Bonaparte… Plus que tout autre, Napoléon est celui qui incarne la figure du héros tragique, le

seul peut-être qui soit véritablement paneuropéen par l'importance de son action.
Napoléon est le personnage le plus représenté dans les arts après le Christ, de la peinture à la musique. Près de 60 000 livres ont été écrits sur lui : adulée ou haïe, son histoire à portée universelle et son destin fulgurant inspirent les hommes, qu'ils soient amis ou ennemis de sa mémoire…

Vu de France

Au-delà de la fascination planétaire pour le personnage romanesque, son parcours exceptionnel parle à « notre inconscient démocratique ». Qu'un petit nobliau corse puisse arriver aussi jeune et aussi rapidement au sommet, par la seule force de son caractère, de sa volonté et de son talent, fait rêver. Napoléon c'est, à la fois, le patriote, le sauveur de la Révolution, l'homme des Lumières, l'Européen visionnaire et le fondateur du droit moderne, c'est l'imagination au pouvoir. *« Je gagne des batailles avec les rêves de mes soldats. »*
Difficile d'être neutre à propos de Napoléon. Héros d'une certaine droite pour son gouvernement autoritaire, il est aussi l'homme qui a défendu la France contre les monarchies coalisées et répandu les acquis révolutionnaires. Assassin de la Révolution pour les uns, restaurateur de l'ordre bafoué par le régime corrompu du Directoire pour les autres, il échappe aux classifications. Comment ne pas admirer l'inspirateur du Code civil, de la Banque de France ou du système des lycées ? Comment ne pas fulminer contre l'autocrate qui se coupe des masses et distribue les couronnes comme des hochets ? Peut-on ne pas vibrer à l'évocation des victoires et pleurer les fusillés du *Dos de Mayo*, du peintre espagnol Francisco Goya ? Napoléon est tout cela à la fois. Symbole de la méritocratie et despote éclairé, il est aussi le conquérant qui méprise les peuples. Tolérant à titre personnel, il instrumentalise la religion au service du pouvoir. Pour les Français d'aujourd'hui, il reste peut-être, avant tout, celui qui a porté au plus haut la puissance du pays et qui symbolise notre relation trouble avec le pouvoir. L'illusion de l'homme providentiel, restaurateur de l'ordre mais garant de l'éga-

lité, celui qui propose une vision héroïque du destin national et fait rêver de gloire. Après Napoléon, la France est redevenue, peu à peu, un pays ordinaire. N'est-ce pas la meilleure raison pour ne pas l'oublier ?

Ce qu'il faut retenir

Le nobliau corse

C'est dans une île en insurrection, vendue par Gênes à la France, que naît, le 15 août 1769, Napoleone di Buonaparte. Issu d'une famille pauvre de la noblesse, il est condamné à végéter dans la France de l'Ancien Régime, malgré le ralliement opportun de son père au nouveau pouvoir. Les appuis de celui-ci lui permettent cependant d'entrer comme boursier au collège royal de Brienne puis à l'École militaire de Paris. Il y reçoit une formation intellectuelle enrichie par ses nombreuses lectures. En 1789, on le retrouve lieutenant d'artillerie à Auxonne.

L'officier révolutionnaire

Sa petite noblesse ne lui permet pas d'espérer une grande carrière, d'autant plus que la France est en paix. Comme beaucoup d'autres officiers subalternes, il souffre des pesanteurs sociales de l'Ancien Régime. La Révolution, à laquelle il adhère sincèrement, lui permettra donc de gravir les échelons. Capitaine en 1792 dans une armée minée par l'émigration, il n'est alors guère concerné que par la Corse. Sa famille s'y oppose aux paolistes favorables à l'indépendance. En 1793, elle doit fuir l'île livrée par la suite aux Anglais. Proche par son frère Lucien des jacobins, il se fait connaître au cours du siège de Toulon. Chef de l'artillerie, il conçoit le plan qui chasse les Anglais de la ville. Ce succès le propulse général. Menacée, et même stopée à la chute de Robespierre, son ascension reprend en 1795. Après avoir écrasé l'insurrection royaliste de vendémiaire, il devient commandant en chef de l'armée d'Italie en 1796. C'est aussi l'année de son mariage avec Joséphine de Beauharnais, ancienne maîtresse de l'homme fort du régime, Barras. Le petit nobliau corse est désormais un homme qui compte.

Le général triomphant

La campagne d'Italie de 1796-1797 révèle l'étendue de son génie militaire. À la tête d'une petite armée agissant sur un front secondaire, il devient le fer de lance de la République. Écrasant les Piémontais, il défait les Autrichiens et conquiert le nord de l'Italie. À son talent de général, il ajoute des qualités d'administrateur et même d'homme politique. Loin de Paris, il travaille autant pour sa gloire que dans l'intérêt de la France. La paix avec l'Autriche signée en 1797 est d'abord son œuvre avant d'être celle du Directoire. C'est donc en général triomphant, mais assoiffé de pouvoir, qu'il regagne Paris. L'expédition d'Égypte, en 1798-1799, le fait entrer dans la légende. Malgré l'échec militaire final que connaît la campagne d'Égypte, il est désormais auréolé du prestige du conquérant.

Le Premier consul

Face à un Directoire corrompu qui se maintient par la force, Bonaparte apparaît comme un recours. Le coup d'État du 18 brumaire 1799 le hisse au pouvoir avec le soutien de nombreux républicains. Écartant ses rivaux, il impose une Constitution qui lui offre un pouvoir autoritaire en tant que Premier consul de la République tout en maintenant les acquis de la Révolution. C'est une démocratie fictive qui satisfait une majorité de la population. L'essentiel de l'œuvre du Consulat est d'ailleurs intérieur. L'ordre est rétabli, notamment dans l'Ouest, et les émigrés sont amnistiés. Le Concordat établit le catholicisme comme « religion de la majorité des Français » et apaise les tensions religieuses. Le Code civil réforme le droit français et met fin à la plupart des particularismes tout en s'affirmant profondément laïc. La centralisation de l'État se poursuit avec les préfets, alors que la création de la Banque de France assure une certaine stabilité financière avec la naissance du franc-or. Réforme de l'Université, naissance des lycées, création de la Légion d'honneur, tout est fait pour encadrer la société. C'est en effet au prix d'une personnalisation toujours plus grande du régime et d'une réduction sévère des libertés (de la presse notamment), que ces réformes sont imposées. En frappant les jacobins et les royalistes, Bonaparte écarte ses ennemis et supprime toute forme réelle d'opposition. Cette dérive autocratique débouche sur la naissance de l'Empire. Le 2 décembre 1804, Bonaparte est sacré empereur à Notre-Dame. Le Premier consul devient pour l'éternité Napoléon Ier.

Empereur de tous les Français

Les traités de 1801 et 1802 offrent enfin à la France une période de paix, la première depuis dix ans. Mais, maîtresse de la partie la plus riche du continent, elle représente un danger mortel pour l'Angleterre. Pour les souverains européens, elle reste un État révolutionnaire dirigé par un parvenu dont l'existence est une menace pour leurs institutions. Si l'on y ajoute le goût certain que Napoléon éprouve pour la puissance, tout est en place pour une nouvelle déflagration. C'est chose faite dès 1803. La rupture avec l'Angleterre entraîne la naissance d'une nouvelle coalition. De 1805 à 1807, l'Empereur va affronter et défaire l'Autriche, la Prusse et la Russie, mais aussi mettre la main sur le royaume de Naples et soumettre la plupart des États allemands. C'est l'époque des triomphes d'Austerlitz, d'Iéna ou de Friedland, mais aussi de la boucherie d'Eylau. En 1807, la paix de Tilsitt avec le tsar laisse Napoléon maître de l'Europe et de son destin. La puissance française rayonne

et permet de répandre une partie des acquis révolutionnaires à travers l'Europe, comme le Code civil.
Mais la guerre avec la perfide Albion n'en finit pas. Incapable de débarquer en Angleterre, comme d'accepter des accommodements qui signifieraient un recul de ses conquêtes, l'Empereur crée le « cancer » qui le perdra : l'Espagne. En y détrônant les Bourbons pour offrir la couronne à son frère Joseph, il soulève le peuple espagnol, permet aux Anglais d'intervenir et à ses ennemis de relever la tête. À nouveau vainqueur de l'Autriche en 1809, il paraît pourtant plus fort que jamais. Après son divorce avec Joséphine, il épouse, en 1810, Marie-Louise, fille de l'empereur d'Autriche. Napoléon est alors atteint par une véritable mégalomanie. Avec ce mariage, il devient le neveu par alliance du roi Louis XVI. Il se « sent comme emporté dans les airs ». Mais son pouvoir devient de plus en plus autocratique et s'appuie davantage sur les notables et sur l'ancienne noblesse. Bien qu'il n'y ait qu'en France que des hommes du peuple comme Ney, fils d'un tonnelier, ou Massena (qui a même été un temps contrebandier !) puissent accéder aux plus hautes fonctions, le régime tend à se couper du peuple. De plus, la conscription qui constitue un poids et les morts toujours plus nombreux nuisent à sa popularité.
La campagne de Russie en 1812 marque la fin de sa trajectoire de météore. Incapable de vaincre une armée qui se dérobe, Napoléon perd sa Grande Armée dans les neiges et le froid après avoir atteint Moscou. C'est bientôt la curée. Les peuples révoltés, les souverains avides de revanche se coalisent pour mettre à bas la « Grande Nation » et son maître. Malgré les brillantes campagnes de 1813 que clôt la défaite de Leipzig, et de 1814 où le stratège retrouve son génie, il est submergé par le poids du nombre. Paris tombé, l'Empereur doit abdiquer et est exilé sur l'île d'Elbe.

Les Cent-Jours et Sainte-Hélène

Parti en avril 1814, il s'évade et revient en mars 1815 ! Le vol de l'Aigle contraint Louis XVIII à la fuite et remet Napoléon sur le trône. Mais les rois coalisés le déclarent hors la loi et le contraignent à la guerre. L'échec de Waterloo met fin aux Cent-Jours. Demandant l'asile au « plus constant de ses ennemis », l'Angleterre, il est déporté dans l'Atlantique Sud. Les Anglais lui offrent alors son dernier grand rôle qui lui permet de construire son propre mythe, celui du martyr de Prométhée enchaîné. Lorsqu'il meurt le 5 mai 1821, il entre de plain-pied dans la légende. « Cet homme étrange avait comme enivré l'histoire. » (Victor Hugo)

n° 3

Louis Pasteur

« La science n'a pas de patrie. »

Obstiné et enthousiaste, soucieux des applications pratiques de ses recherches et très attaché à l'amélioration de la vie des « petites gens », il est l'incarnation du savant multiforme et adepte du progrès. Mais Pasteur était aussi très soucieux de ses intérêts et à la limite de l'arrivisme, peu scrupuleux sur les emprunts faits aux recherches d'autrui et avide de la reconnaissance du public comme des puissants. C'est donc un homme complexe que la République a très vite mis sur un piédestal. Son œuvre, au-delà des polémiques, est immense et reconnue sur tous les continents. Pasteur est encore associé, en France comme à l'étranger, à l'Institut qui porte son nom et exporte l'excellence française.

Vu d'ailleurs

Qui peut se vanter de voir son nom apparaître quatre fois plus que ceux de Newton ou Einstein dans *Science Magazine*, la bible mondiale des forts en thème ? C'est Pasteur ! Qui peut se voir figuré en Bouddha à l'occasion du bicentenaire d'un Institut à Saigon ? Encore Pasteur ! Si en Allemagne on mange des yaourts bulgares *pasteurisiert* comme dans tous les pays européens, c'est toujours à Pasteur qu'on le doit ! Voilà bien un homme qui fait connaître son nom et notre langue dans le monde entier. D'un procédé de stérilisation par le chauffage, il a fait un nom commun de l'industrie agroalimentaire mondiale… L'Institut Pasteur, fondé en 1888, a récolté, depuis sa création, dix prix Nobel et découvert, entre autres, le bacille de la peste, le vaccin contre la fièvre jaune ou encore identifié le virus du sida. Au Vietnam, en Chine, en Afrique noire, au Canada, les Instituts Pasteur œuvrent depuis plus d'un siècle à l'amélioration de la santé humaine. Au sein de ces Instituts, ses disciples, comme Yersin ou Calmette, poursuivent son œuvre, et leur volonté d'étendre les avancées de la science aux peuples colonisés est un des legs positifs de la colonisation française. D'ailleurs, bien peu des nations libérées de la domination française ont choisi de débaptiser les lieux dédiés à sa mémoire.

Vu de France

« Le grand homme n'est plus ; mais le bien qu'il a fait, loin de s'éteindre avec lui, va s'augmentant chaque jour. » C'est ainsi que *Le Tour de France par deux enfants* parle de Pasteur au début du XXe siècle. On n'est pas loin de la vie d'un saint ! Après la découverte du vaccin contre la rage en 1885, Pasteur fait partie des rares privilégiés dont l'œuvre individuelle doit être connue de tous les petits Français sortant du collège. Pourtant, la rage faisait moins de ravages que le choléra ou la variole depuis le début du XIXe siècle. Mais le scientifique jurassien correspond tellement, comme Marie Curie, à l'image du savant humaniste, qu'il n'y a pas de meilleur candidat au rang de troisième personnage le plus populaire parmi les Français. Chimiste puis biologiste mais toujours préoccupé des applications médicales de ses recherches, il est un savant multiforme. Chrétien mais gagné aux idées positivistes, il croit au progrès sans que cela l'entraîne à des extrémités scientistes. S'il correspond si bien à notre idéal du savant, c'est peut-être qu'il est mort à une période où la science ne portait pas encore le poids des compromissions de la Première ou de la Seconde Guerre mondiale et restait un rêve éveillé. Comment ne pas se souvenir avec émotion et tendresse de la description par Marcel Pagnol dans *La Gloire de mon père* : « Faut dire qu'à cette époque, les microbes étaient tout neufs, puisque le grand Pasteur venait à peine de les inventer, et elle les imaginait comme de très petits tigres, prêts à nous dévorer par l'intérieur » ? On trouve en France 2 020 rues portant le nom de Louis Pasteur. Si l'on y ajoute les statues, collèges, universités, il n'existe guère que Charles de Gaulle pour lui disputer la célébrité dans nos villes.

Ce qu'il faut retenir

Un mariage fécond mais un père malheureux

Avec un père ancien grognard de Napoléon puis tanneur vosgien, Louis Pasteur, né en 1822, n'était pas forcément voué à devenir scientifique ! L'enseignement mutuel (pédagogie active et participative où chaque élève apprend à son niveau et enseigne au niveau inférieur) puis le collège le conduisent au baccalauréat de lettres puis de mathématiques. Admis à l'École normale supérieure, il entame une carrière de professeur. Son mariage en 1849 avec la fille du recteur de l'université de Strasbourg montre bien déjà sa capacité à allier intérêts et sentiments… Mariage durable mais qui verra Pasteur perdre trois de ses cinq enfants avant leurs quinze ans. Cette tragédie familiale sera peut-être l'une des causes de l'acharnement de Pasteur à mettre ses recherches au service de la médecine.

Une brillante carrière

Professeur à Lille, il rejoint Paris en 1857 à l'École normale supérieure. Son bonapartisme enthousiaste ne le dessert certes pas dans sa carrière. Pasteur sait gagner, par ses recherches, l'attention de Napoléon III et de l'impératrice Eugénie. La chute de l'Empire est pour lui une tragédie qui n'entamera pas sa carrière. Il est membre de l'Académie des sciences, professeur à la Sorbonne : la République lui ouvre en outre les portes de l'Académie française et, récompense suprême pour cet homme de bien, lancera une souscription afin de fonder l'Institut Pasteur. Louis, qui n'a jamais cessé de travailler malgré la perte de trois de ses enfants et une attaque d'hémiplégie qui le laisse handicapé, voit enfin le couronnement de son œuvre. À sa mort en 1895, il jouit déjà d'une reconnaissance internationale et son Institut a commencé à essaimer à travers le monde.

Une œuvre gigantesque mais controversée

Pasteur reste avant tout le vainqueur de la rage. Mais il a aussi contribué à de multiples avancées scientifiques et médicales sans jamais avoir été médecin. En dehors de ses découvertes dans le domaine de la chimie, c'est vers la biologie qu'il se tourne assez rapidement. Les études qu'il entreprend sur la fermentation lui permettent d'apporter la preuve qu'elle est provoquée par l'action d'organismes vivants. En les inhibant par la privation d'oxygène, puis en proposant de chauffer les aliments (le vin, la bière) pour les détruire préventivement, il met au point la pasteurisation. Ce progrès considérable dans la conservation des aliments occulte les remarquables expérimentations d'Appert dès la fin du XVIIIe siècle. C'est de ces découvertes que Pasteur s'inspire pour les travaux sur l'antisepsie puis l'asepsie. L'idée de nettoyer préventivement les matériels médicaux n'était pas nouvelle, mais appuyée sur ses expériences sur les microbes, elles eurent beaucoup d'impact et firent progresser la notion d'hygiène. Ses travaux s'orientent alors vers la propagation microbienne des maladies infectieuses. Sa lutte contre les maladies du ver à soie qui déciment les élevages des Cévennes n'est pas pleinement couronnée de succès. Après avoir isolé le staphylocoque, Pasteur étudie le choléra des poules et la maladie du charbon. Il semble bien que ce soit le hasard (mais aussi des réflexions bien antérieures) qui lui a fait découvrir l'idée du vaccin. Depuis Jenner au XVIIIe siècle, les inoculations préventives de maladies étaient connues et utilisées pour lutter contre la variole. Pasteur systématise l'utilisation de souches de la maladie atténuées artificiellement pour vacciner. Malgré les controverses et des essais aux conclusions plus ou moins trafiquées, la percée décisive a lieu en 1885. Il inocule alors à un jeune berger alsacien mordu par un chien un vaccin antirabique préparé par ses soins. Le jeune homme survit et Pasteur peut alors triompher. Il semble pourtant aujourd'hui que, s'il avait bien raison sur le principe, ses méthodes pour obtenir les vaccins étaient relativement peu efficaces et on suppose aujourd'hui que le jeune berger n'était probablement pas atteint de la rage ! Mais cette dernière victoire, outre la renommée mondiale qu'elle lui vaut, permet à Pasteur d'encourager un mouvement irréversible dans la lutte contre les maladies infectieuses.

n° 4

Marie Curie

> *Dans la vie, rien n'est à craindre, tout est à comprendre.*

« Il y a du radium dans cet homme », aurait dit le maréchal Lyautey à propos de Foch. Voir sa découverte devenir, de son vivant, un symbole d'énergie doit être très valorisant ! Marie Curie est la femme la plus célébrée par les Français, et sa renommée devance désormais celle de Jeanne d'Arc. Polonaise devenue française sans renier ses origines, scientifique reconnue, pacifiste au service de son pays, femme victime du machisme, elle cumule les qualités au point que l'on est bien en peine de lui trouver des défauts ! Elle est la seule, toutes nationalités et tous sexes confondus, à être titulaire de deux prix Nobel dans deux sciences différentes !

Vue d'ailleurs

Son exceptionnelle carrière scientifique mais aussi ses engagements font de Marie Curie une héroïne reconnue dans le monde entier. La Pologne, sa patrie d'origine, la célèbre aussi bien en donnant son nom à des universités, en lui érigeant des monuments qu'en frappant monnaie à son nom. Autant que la scientifique, c'est la patriote qui y est célébrée ; celle qui a étudié dans des écoles clandestines lorsque Varsovie gémissait sous la botte russe ou qui a fait apprendre le polonais à ses filles pour maintenir dans leur cœur le souvenir des origines. Mais la reconnaissance mondiale ne s'arrête pas là. L'Institut Curie illustre son nom dans le monde et déploie la recherche française, notamment par son association avec le Massachusetts Institute of Technology (MIT) aux États-Unis, ou sa participation à la Fondation franco-chinoise pour la science et ses applications. Sa mémoire et son action sont universelles. Elle a même été élue plus grande scientifique de tous les temps en 2009 dans une étude menée par le magazine *New Scientist*. Petite perfidie britannique, elle est présentée dans l'article du *Telegraph* comme « née polonaise » sans aucune allusion à sa nationalité française... Mais pour les Européens, elle est celle qui incarne le mieux l'idée d'Europe. Quel plus bel hommage imaginer ?

Vue de France

Marie Curie est la seule femme à être honorée au Panthéon. Elle n'est pas la simple compagne de son mari, mais un des « grands hommes » de la France. Dès 1904, *Le Petit Parisien* la présentait en première page aux côtés de Pierre Curie dans leur laboratoire. On ne compte plus les rues, les lycées et les collèges qui portent son nom. Pourtant, bien peu de Français ont une connaissance précise de son action. Alors qu'elle a réussi une percée déterminante pour la science contemporaine, on se rappelle avant tout qu'elle aurait charrié des tonnes de minerai à mains nues. Alors qu'elle a largement participé à la naissance et au développement de la radiothérapie, on retient surtout les effets néfastes des radiations. Reçue première à l'agrégation de physique en 1896, première femme professeur à la Sorbonne, première femme à recevoir la médaille Davy*, première femme prix Nobel, elle est aussi parmi les pionnières du... permis de conduire qu'elle obtient en 1916. Symbole féministe, elle a bouleversé les idées reçues sur l'incompétence scientifique des femmes et assumé sa vie librement. Polonaise ayant choisi la France, elle nous rappelle que la science fut porteuse d'une grande espérance et Paris, la Ville lumière pour bien des savants du monde entier.

Ce qu'il faut retenir

Un long hiver polonais

Née à Varsovie en 1867 dans une famille d'intellectuels passionnément polonais, celle qui n'est pas encore Marie Curie devra, durant toute sa jeunesse, ruser avec l'occupant russe. Dernière d'une famille de cinq enfants, elle est témoin des vexations subies par son père en raison de son patriotisme. Elle perd sa sœur aînée à huit ans et sa mère deux ans plus tard, ce qui ne l'empêche pas d'être une élève brillante. Mais l'interdiction faite aux femmes d'entrer à l'université lui ferme la porte des études supérieures. Peu importe ! La jeune fille suit alors les cours d'une université clandestine. Comme les faibles revenus paternels n'autorisent pas l'éducation de deux filles, Maria Sklodowska et sa sœur passent un pacte : pour leur permettre de suivre des études à Paris, elles se jurent de financer successivement leurs cursus. Maria, la plus jeune, passe donc cinq ans comme gouvernante ou répétitrice dans des familles bourgeoises afin d'envoyer de l'argent à sa sœur Bronya à l'école de médecine de Paris. Sa volonté ainsi que l'amélioration de la situation de son père lui permettent en 1891 de gagner enfin les bords de la Seine.

---

* Distinction scientifique décernée par la Royal Society chaque année.

Une vie de recherche

Accueillie chez sa sœur devenue médecin, elle obtient rapidement ses diplômes universitaires. Même si sa vie est parfois précaire, ses talents sont remarqués et elle obtient de l'aide des institutions. En 1894, en quête d'un laboratoire pour continuer ses études et entamer des recherches, elle rencontre Pierre Curie. Malgré les dix ans qui les séparent, la passion de la recherche les réunit. Leur union est célébrée en 1895. Donnant naissance à une première fille en 1897, Marie Curie va désormais poursuivre de front sa vie de femme, de mère et de chercheuse ! En 1898, elle isole successivement deux éléments radioactifs, le polonium et le radium, réussissant ainsi une percée décisive. Le phénomène des radiations est désormais mieux connu et les recherches de Marie vont non seulement changer notre perception du monde, mais aussi trouver des applications médicales. L'isolation du radium et l'utilisation de ses rayonnements dans le traitement du cancer vont en effet permettre à la radiothérapie de prendre son essor.

La reconnaissance et la haine

Grâce à ses travaux, Marie Curie obtient une reconnaissance internationale. Honorée par le prix Nobel de physique en 1903, elle est désormais pleinement reconnue comme scientifique. Le prix vaut d'ailleurs également à Pierre de se voir accorder une chaire de physique à la Sorbonne en 1904. Mais le triomphe n'épargne pas à la scientifique les tragédies. En 1906, son mari meurt, renversé par une voiture à cheval. Infatigable, elle poursuit néanmoins ses activités de recherche et d'enseignement, désormais au poste de Pierre, tout en assurant l'éducation de ses filles. Mais deux affronts vont la renvoyer à sa condition de femme et d'immigrée dans une société encore très patriarcale et marquée par la xénophobie. En 1910, sa candidature à l'Institut contre Édouard Branly, scientifique renommé mais aussi catholique intransigeant, suscite la haine de l'extrême droite et se conclut par un échec. Mais le pire est à venir. En 1911, la révélation de sa courte liaison avec le physicien Paul Langevin fait déverser des tombereaux de haine. Léon Daudet de l'Action française ose : « L'étrangère est en train de détruire un foyer français [...]. Ils sont donc à mettre dans le même sac que les juifs. D'ailleurs, Salomea, son second prénom, n'est-il pas un prénom juif ? Voilà qui signe son ascendance. » Ce déchaînement haineux ne l'empêche pas de recevoir un second prix Nobel, de chimie cette fois, la même année. Mais il révèle les passions destructrices de la société française.

Une femme en guerre

La Première Guerre mondiale va pourtant révéler une fois de plus les qualités morales de Marie Curie. Incapable d'aider son « infortuné pays natal », elle met toutes ses forces au service de sa patrie d'adoption et sa notoriété au service de la médecine aux armées. L'Institut du radium étant fermé, elle participe activement à la création d'un service automobile de radiographie pour les blessés de guerre. Formée à la manipulation, elle va régulièrement parcourir les arrières du front aux côtés de sa fille Irène. Avec les « petites curies », comme l'on surnomme ces unités chirurgicales mobiles, elle aura fait la démonstration de son patriotisme.

Un héritage inestimable

La guerre finie, elle se consacre désormais à l'Institut du radium. Coordonnant les scientifiques, impulsant les recherches, elle le mène d'une main de fer et y accueille largement étudiantes et étrangers. Les avancées scientifiques y foisonnent et c'est là que sa fille et son gendre découvrent la radioactivité artificielle qui leur vaudra aussi le Nobel ! Il est, à cette époque, et reste encore aujourd'hui l'un des centres mondiaux de la recherche dans le domaine du traitement du cancer. C'est probablement le plus bel héritage que nous laisse Marie Curie à sa mort, en 1934.

n° 5

Louis XIV

*« Je m'en vais,
mais l'État demeurera toujours… »*

Le Roi-Soleil est le monarque préféré des Français. Quatre cents ans après sa mort, il incarne à lui seul le XVIIe siècle. Travailleur, courageux et empli des devoirs de sa charge, il est celui qui a placé la France au premier rang des nations européennes. Mais c'est aussi un roi habité d'un ego surdimensionné et peu enclin à tolérer les faiblesses. Le jeune prince coureur de jupons et avide de gloire s'est peu à peu transformé en souverain vertueux mais intolérant qui révoque l'édit de Nantes. Il reste cependant le roi qui a posé les bases de l'État moderne, agrandi le territoire et légué les splendeurs de Versailles.

Vu d'ailleurs

Même si l'image du Roi-Soleil est encore meilleure à l'étranger qu'en France, il n'en reste pas moins vrai que, dans les consciences nationales européennes, les griefs ne manquent pas. Pour les Néerlandais, Louis XIV est à la fois celui qui a persécuté leurs coreligionnaires calvinistes et envahi les Pays-Bas, obligeant le pays à ouvrir les écluses qui le protégeaient de la mer. Le prix à payer fut immense et les Pays-Bas y ont laissé leur suprématie commerciale. Au Royaume-Uni, les guerres voulues par le roi ont contribué à forger la conscience nationale et à unir le pays autour de sa religion anglicane. On peut même dire qu'elles inaugurent la « deuxième guerre de Cent Ans » qui se clôt à Waterloo. En Espagne, le diagnostic est plus surprenant. Avant d'être celui qui a jeté à bas la puissance du pays, Louis XIV est l'ancêtre de la dynastie régnante. Pour les Européens en général, le siècle du Roi-Soleil n'est pas seulement celui de la suprématie française et de l'extension de sa culture, il est aussi celui de l'inextinguible volonté de puissance de son souverain. Dans le reste du monde, Louis XIV apparaît comme le grand promoteur des arts et de la culture française.

Vu de France

Dans un pays aussi républicain que la France, le fait que le Roi-Soleil se place au cinquième rang des plus grandes figures en dit long sur l'ambivalence des Français dans leur relation avec le passé… Il est bien loin le temps où Ernest Lavisse, « l'instituteur national », faisait de Louis XIV un « surhomme » et le proposait en modèle aux petits écoliers français ! L'Éducation nationale n'a plus autant de tendresse pour ce monarque qui reste pourtant l'un des rares à être encore étudié en tant que tel. Mais pour la plupart de nos compatriotes, il demeure une star. Versailles est l'un des musées les plus visités de France et le roi inspire encore les réalisateurs. Que l'on pense à *Louis, enfant roi* de Roger Planchon (1993) ou encore à *L'Allée du roi*, de Nina Companéez (1995), le cinéma et la télévision n'ont pas oublié le souverain et en donnent une image plutôt positive. C'est probablement son indomptable énergie qui fascine. Jusqu'à sa mort, il aura eu le souci, non seulement de la grandeur de sa fonction, mais aussi de ce qu'il estimait être l'intérêt du royaume. C'est aussi son étonnante modernité. Veuf, il se remarie secrètement avec sa maîtresse, la marquise de Maintenon. À la tête d'un royaume menacé, il s'adresse à ses sujets dans une lettre ouverte, les prenant à témoin de ses soucis et leur demandant un ultime effort ! Le roi a su échapper à l'oubli et complète, avec de Gaulle et Napoléon, la trinité des grands hommes : le résistant, le conquérant et le bâtisseur.

Ce qu'il faut retenir

Louis Dieudonné

Vingt-trois ans ! Il aura fallu vingt-trois ans à Anne d'Autriche pour donner à Louis XIII un héritier. Voilà bien un enfant que l'on espérait encore mais que l'on n'attendait plus. Lorsqu'il naît, le 5 septembre 1638, on peut dire que sa naissance est un cadeau pour la monarchie, tant le règne de son père avait été perturbé jusque-là par les innombrables complots que l'absence d'héritier direct entretenait. Un cadeau pour la monarchie, mais une désillusion pour tous ceux qui tablaient sur une autorité affaiblie pour s'enrichir et augmenter leur pouvoir, comme son oncle, Gaston d'Orléans. L'avenir s'annonce rude pour le jeune Louis.

Une enfance sur les routes

La mort de son père en 1643 le fait roi… à cinq ans ! C'est donc sa mère qui assure la régence avec un courage et une habileté bien éloignés de l'image d'écervelée qu'a véhiculée Alexandre Dumas. La minorité du souverain excite les oppositions. La reine mère et le cardinal Mazarin se retrouvent alors confrontés à la haute noblesse qui veut dominer le conseil royal et les parlements, lesquels souhaitent exercer

un contrôle politique sur la monarchie tout en gardant leurs privilèges, notamment fiscaux.
De 1648 à 1652, Louis XIV, ballotté entre les frondes des Grands et des parlementaires, fait l'apprentissage de son métier de roi au milieu des complots, des trahisons et de la guerre civile.

Le roi danse

Après la victoire du pouvoir royal sur les frondeurs, Louis, qui fait toute confiance à sa mère et au cardinal, les maintient à la tête des affaires. Jusqu'en 1661, ce sont donc des années d'apprentissage au cours desquelles le roi ne se contente pas de mener une jeunesse un peu folle, mais exerce sa fonction de représentation royale. Ballets, réceptions officielles, présence aux différents conseils sont pour lui l'occasion d'apprendre les rouages du gouvernement mais aussi de montrer par sa prestance et sa grâce, une figure véritablement royale.

Le Roi-Soleil

En 1661, à la mort de Mazarin, le roi prend la décision de gouverner lui-même sans Premier ministre. Décidé à réunir en sa personne tous les attributs du pouvoir souverain, il exclut des conseils les princes du sang, la haute noblesse et le haut clergé, en bref, tous ceux qui pourraient lui contester l'exercice du pouvoir. On comprend mieux alors la passion du roi pour les fêtes et les ballets dans lesquels il se met en scène. Au centre des spectacles comme de la vie politique, il est celui autour duquel tout s'organise, telles les planètes autour du Soleil. Même si, vieillissant et dévot, Louis XIV estompe peu à peu l'aspect festif de son règne, la vie de la cour se règle sur sa personne jusqu'à sa mort.

Le premier serviteur de l'État

Louis XIV fait franchir à la monarchie une étape décisive dans sa course à la centralisation. En introduisant des techniciens issus de la bourgeoisie (comme Colbert) ou de la petite noblesse dans les conseils, en développant une bureaucratie (encore limitée) chargée d'administrer le royaume, le roi affermit la monarchie absolue. Sous son règne, le contrôleur général des finances devient le personnage principal du gouvernement. Les intendants, dont le rôle est renforcé, relaient en province les instructions royales. La centralisation s'appuie donc sur l'extension du poids fiscal de l'État, malgré le maintien de pouvoirs locaux, comme ceux des parlements, chargés de rendre la justice, ou des États provinciaux qui négocient les impôts dans certaines provinces. À cela s'ajoute une œuvre législative importante : le code Louis et des ordonnances successives s'efforcent de rationaliser le droit sur le territoire du royaume. On s'emploie également à organiser l'exploitation des forêts, le commerce ou encore le recrutement des marins. Même si bon nombre de ces mesures sont peu ou mal appliquées en raison des pesanteurs, de la faiblesse des structures administratives ou des résistances locales, elles n'en marquent pas moins un progrès dans l'organisation de l'État.

La révocation de l'édit de Nantes

Soucieux d'écarter le pape de la gestion de l'Église de France, Louis XIV l'est aussi d'unifier religieusement le royaume. C'est pourquoi il affronte Rome durant une grande partie de son règne tout en étant soutenu par les évêques français qui lui savent gré de sa politique anti-protestante. Son souci d'unité religieuse l'amène à combattre également les dissidents catholiques (jansénistes notamment). La révocation de l'édit de Nantes en 1685 est d'ailleurs saluée par la plupart de ses sujets et par toute l'Europe catholique. L'idée de tolérance est bien éloignée des esprits, y compris dans les États protestants qui, comme l'Angleterre, persécutent leurs minorités catholiques. Cette révocation marque cependant un tournant dans la vie du roi qui, s'éloignant peu à peu de la relative tolérance du début du règne, s'affirme de plus en plus dévot à mesure que l'âge le gagne et que les malheurs le frappent. À l'homme qui accumule les maîtresses officielles et les enfants illégitimes succède un croyant monogame dont le mariage avec Mme de Maintenon semble bien n'avoir été entaché d'aucun écart.

Le roi de guerre

Bien que le jeune Louis XIV semble sincèrement se soucier du bien-être de ses sujets, comme tout bon monarque chrétien est censé le faire, la tentation de privilégier la puissance du royaume est grande. En effet, une fiscalité efficace, le développement colonial et une population nombreuse fournissent au roi les moyens d'une politique agressive. À partir de 1667, il se lance dans une série de guerres destinées à affermir ses frontières, à étendre le nombre de ses sujets et à affirmer sa propre gloire. Il est d'ailleurs semblable en cela aux souverains d'alors, pour lesquels l'esprit de conquête est absolument associé à leurs responsabilités d'hommes d'État. Pendant quarante ans, l'Europe va donc retentir du bruit des canons aux fleurs de lys. L'Espagne des Habsbourg est sa première victime. Déjà affaiblie, elle perd en 1668 Lille et une partie de la Flandre. Après ces succès, le roi se retourne contre le royaume des Provinces-Unies (les Pays-Bas actuels) et le Saint Empire. Une nouvelle guerre oblige l'Espagne à céder le reste de l'Artois et la Franche-Comté. Mais son appétit et ses annexions suscitent la naissance d'une véritable coalition en 1688. La guerre de la Ligue d'Augsbourg se clôt en 1698 par un «match nul» qui voit la France céder la place de première puissance maritime à l'Angleterre. Mais la grande tragédie du règne est la succession d'Espagne. La mort de Charles II permet à Louis XIV de faire remettre à son petit-fils, Philippe d'Anjou, l'ensemble de l'héritage ibérique, chose inacceptable pour les souverains européens. Entre 1701 et 1714, le conflit s'étend sur tous les continents, met les finances du royaume au bord de la ruine et le pays à la limite de l'effondrement. Le traité de paix final reconnaît l'héritage de Philippe, mais le prive de ses possessions européennes. La France est devenue la première puissance européenne et a brisé l'encerclement séculaire des Habsbourg.

Le siècle de Louis XIV

Toutefois le bilan du règne ne peut se faire seulement par le bilan des guerres, des révoltes (camisards) et des famines qui en ternissent la fin. Il est aussi celui de l'épanouissement du mécénat royal qui préside au rayonnement culturel en Europe. Comme pour la vie de cour, les arts doivent être un instrument et un reflet du pouvoir royal. Le classicisme devient le symbole du goût français sur un continent marqué par le baroque. Molière, Racine pour le théâtre, Le Brun pour la peinture, mais aussi Lully, La Fontaine, Girardon, Mansart ou encore Le Nôtre sont des artistes reconnus et, pour beaucoup, protégés par le roi. Le château de Versailles n'est d'ailleurs qu'une des manifestations de la politique de grands travaux qui n'a pas seulement pour but d'exalter le roi. Le développement de Rochefort ou de Lorient ainsi que la construction du canal du Midi ont une vocation militaire et économique qui les inscrit dans une volonté de renforcement de la puissance du royaume. Si l'on y ajoute la « ceinture de fer » de Vauban, le bilan est impressionnant. À la domination séculaire de l'art et de la culture italiens succède une prépondérance française qui ne prendra vraiment fin qu'au début du XXe siècle. L'héritage de Louis XIV est donc, aujourd'hui encore, bien vivant.

n° 6

Victor Hugo

« Le but de l'art est presque divin : ressusciter, s'il fait de l'histoire ; créer, s'il fait de la poésie. »

S'il est de bon ton en ces temps d'écriture minimaliste de brocarder le « père Hugo » et ses envolées lyriques, il peut encore nous en remontrer en termes de défense des droits de l'homme et d'humanisme. Victor Hugo est bien la figure tutélaire de la littérature française mais aussi le prototype de l'écrivain engagé. Célèbre à trente ans, installé à quarante, il est exilé à cinquante et déifié à soixante-dix ! C'est tout le XIXe siècle qu'il nous raconte au travers de sa démesure. Son œuvre est inclassable. Figure de proue du romantisme, il ne s'inscrit par la suite dans aucun style ou, plutôt, les mêle tous dans ses romans. Il a conçu sa vie comme une épopée et s'est volontiers mis en scène avec un art consommé de sa propre publicité. Mais il a su mettre sa notoriété au service des causes les plus nobles. De la lutte contre la misère à l'abolition de la peine de mort, son engagement ne s'est jamais démenti. Lui, le bourgeois fils de général, le jeune dandy monarchiste, l'écrivain enrichi, a défendu toute sa vie la cause du peuple. C'est peut-être ce qui nous le rend toujours proche, quand bien même on ne le lit plus guère.

Vu d'ailleurs

Partout l'auteur des *Misérables* et de *Notre-Dame de Paris* est vénéré. Moins que les œuvres elles-mêmes, c'est l'homme que l'on reconnaît et qui incarne les valeurs de liberté, de conscience, de justice. De l'ancien vice-président bolivien Victor Hugo Cárdenas à la religion du Cao Daî au Vietnam qui en fait l'un de ses guides spirituels, il n'est pas une société qui l'ignore. Indira Gandhi s'est émue de la misère à la lecture des malheurs de Cosette ; Staline a connu le cachot du séminaire pour avoir caché un exemplaire des *Travailleurs de la mer.* Sa figure d'exilé en fait un exemple de la lutte pour la liberté. Imagine-t-on, pendant la guerre de Sécession, les soldats sudistes se surnommer eux-mêmes, par un jeu de mots désespéré, « *Lee's miserables* » (les misérables de Lee), à l'heure de la défaite finale en 1865 ? Pourtant, Hugo s'était élevé contre la pendaison de John Brown, farouche antiesclavagiste en 1859 ! Certes, aujourd'hui sa célébrité provient davantage de Broadway et de la comédie musicale *Les Misérables*, ou de Hollywood et du *Bossu de Notre-Dame* des studios Disney, mais l'homme reste un symbole vivant dans la lutte des abolitionnistes. On le retrouve aussi au Japon où son œuvre a été adaptée au cinéma par deux fois et a même fait l'objet d'un… manga animé ! Alors, Hugo est-il passé de mode ? Si dans l'Hexagone on oublie l'écrivain, il reste l'un des Français les plus traduits et les universités du monde entier continuent à proposer l'étude de ses œuvres dans les départements de littérature française. L'apôtre de la liberté et de la tolérance n'a pas fini de représenter la France aux yeux du monde.

Vu de France

Un million, voire deux millions de personnes à un enterrement... Quel écrivain, quel politique pourraient prétendre à pareilles funérailles ? Lorsqu'il meurt, le 22 mai 1885, nul ne doute qu'il est le plus grand et qu'au siècle de Voltaire a succédé celui d'Hugo.
Cent vingt-cinq ans plus tard, que reste-t-il du grand homme dans nos mémoires ? Ses personnages sont devenus des noms communs comme Gavroche ou des archétypes comme les Thénardier ou Cosette... Son style inimitable où l'emphase le dispute à l'envolée lyrique et ses descriptions extraordinaires qui donnent vie au décor ont forgé de tels mythes qu'ils en ont remplacé la réalité : la bataille de Waterloo qu'il décrit dans *Les Misérables* est devenue plus réelle que celle des historiens ! Et si l'on utilise le mot pieuvre plutôt que poulpe, n'est-ce pas parce que le grand Victor nous le rend si terrifiant dans *Les Travailleurs de la mer* ?
Pourtant, Hugo est de plus en plus tenu à l'écart de notre enseignement aujourd'hui : alors que les anciens programmes d'histoire de collège prévoyaient l'étude d'extraits des *Châtiments* et des *Misérables*, le plus célèbre des écrivains français n'est plus évoqué dans les instructions officielles des programmes d'histoire de 2008. Victor Hugo a pourtant joué un rôle fondamental dans l'histoire du XIXe siècle. Par ses combats pour l'abolition de la peine de mort ou pour le suffrage universel, par son opposition irréductible au Second Empire, il a servi de référence esthétique, morale et politique aux républicains. Sa critique de la Commune lui a aussi valu l'hostilité de nombreux socialistes qui dénonçaient notamment son attachement à la propriété et son « esprit bourgeois ». Pour comprendre l'œuvre du plus célèbre des écrivains français, la bonne connaissance de sa vie est indispensable. Elle permet d'inscrire les ouvrages d'Hugo dans leur contexte historique, afin d'éviter toute lecture superficielle et toute interprétation anachronique de ces textes. Aujourd'hui, Victor Hugo a disparu des programmes d'histoire de nos enfants... Mais si le poète, le dramaturge, l'écrivain sont quelque peu oubliés, reste le prophète des États-Unis d'Europe, l'inlassable combattant au service des pauvres, des petits et des faibles. Depuis 1907, le cinéma et la télévision n'ont cessé de maintenir son œuvre vivante. Des innombrables *Misérables*

à *La Folie des grandeurs* de Gérard Oury (1971), de *Notre-Dame de Paris* de Jean Delannoy (1956), à *Quasimodo d'El Paris* de Patrick Timsit (1999), son héritage reste une référence populaire.

Ce qu'il faut retenir

Ce siècle avait deux ans

Le fils de Léopold Hugo, « ce héros au sourire si doux », est né le 26 février 1802 à Besançon au hasard d'une affectation de son père. Celui-ci, colonel puis général d'Empire, fait l'essentiel de sa carrière au service de Joseph Bonaparte. Sa mère, Sophie Trébuchet, est issue de la bourgeoisie nantaise et se montre une farouche royaliste. C'est elle qui assure l'éducation de Victor jusqu'à sa mort, en 1821. Une jeunesse entre des parents qui se déchirent, un père absent et des déplacements incessants n'empêchent pas le jeune Hugo de rêver d'un grand destin : « Être Chateaubriand ou rien ! » On pourrait sourire devant tant d'ambition et même de vantardise, si l'on ignorait la suite.

Le poète monarchiste

Avant d'être le défenseur farouche de la République, le jeune Hugo, fidèle à l'enseignement de sa mère, se distinguait plutôt par son royalisme. Grand admirateur de Chateaubriand, il écrit même une ode à Charles X, souverain réactionnaire s'il en est. Il est alors membre de la Société royale des bonnes lettres et reçoit une pension confortable… On a déjà vu plus subversif ! Mais la mort de sa mère, un certain rapprochement avec son père et surtout ses engagements littéraires le font peu à peu évoluer.

Les Anciens et les Modernes

En 1827, la préface de son drame *Cromwell* est l'occasion d'un manifeste en faveur du nouveau théâtre romantique : mélange des genres, fin de l'unité d'action et de lieu, c'est une gifle au classicisme. La pièce est presque injouable (cinq actes et 6 000 vers) mais elle enthousiasme les romantiques comme Dumas, Vigny, Lamartine ou Delacroix. En 1829, une nouvelle pièce, *Marion de Lorme,* est censurée. L'année suivante sera pour lui un tournant. Après *Le Dernier Jour d'un condamné,* plaidoyer contre la peine de mort, la bataille qui s'engage autour de sa nouvelle pièce, *Hernani,* en fait l'icône de la jeunesse romantique. Alors qu'il n'a que vingt-huit ans, son drame triomphe et suscite l'affrontement des Anciens et des Modernes. Ses démêlés avec la censure royale, sa prise de conscience des injustices de la monarchie lui font applaudir à la révolution qui chasse Charles X. Sans être un homme de gauche et un républicain convaincu, il n'est plus monarchiste.

L'engagement politique

En 1831, la parution de *Notre-Dame de Paris* lui apporte la gloire en France et la notoriété en Europe. Les années 1830 sont pour lui des années fastes. Il fait jouer pièce sur pièce, savoure les joies de la paternité et entame une longue relation avec sa maîtresse, Juliette Drouet. Il est désormais un auteur installé et un homme riche.

En 1841, c'est la consécration avec son élection à l'Académie française. Mais les drames familiaux (la mort de sa fille Léopoldine en 1843, la folie de son frère Eugène) et l'échec public de sa dernière œuvre, *Les Burgraves,* le font s'éloigner de la littérature et s'engager davantage en politique. Nommé en 1845 pair de France, il défend la liberté de la Pologne et continue à militer pour l'abolition de la peine de mort. C'est à cette époque qu'il commence l'écriture des *Misérables,* ambitionnant d'être « l'écho sonore » de son siècle.

L'exilé

Élu député durant la révolution de 1848, il se classe plutôt dans les rangs des républicains conservateurs. Humaniste mais libéral, il s'oppose aux mesures les plus sociales de la IIe République comme les ateliers nationaux destinés à offrir du travail aux plus pauvres. Désormais farouche démocrate, il conteste la présidentialisation du régime et affronte le prince-président Louis-Napoléon. Le coup d'État de ce dernier le précipite dans l'exil en décembre 1851. D'abord réfugié à Bruxelles, il rejoint ensuite Jersey pour se fixer à Guernesey en 1855. Il y publie ses plus féroces ouvrages contre celui qu'il stigmatise, *Napoléon le petit*, et en particulier *Les Châtiments*, monument de la littérature engagée. En 1859, il refuse l'amnistie : « S'il n'en reste qu'un, je serai celui-là. » Courage facile pour un homme déjà riche et reconnu, critiqueront certains, mais il peut ainsi rester libre de parole. Ces années d'exil sont aussi des années de création intense : *Les Contemplations*, *La Légende des siècles*, *Les Misérables* et *Les Travailleurs de la mer* naissent sur les rochers de Guernesey.

L'icône républicaine

La chute de l'Empire au lendemain de la défaite de Sedan le fait revenir en France en héros. Mais la guerre n'est pas finie et, en ardent patriote, il lance un appel à résister aux Prussiens qui menacent Paris. Pendant le siège de la capitale, il est un véritable soutien moral pour les Parisiens dont il partage le sort. Élu à la nouvelle Assemblée nationale, il ne peut empêcher celle-ci, en majorité monarchiste, de signer, sous l'impulsion de Thiers, la paix et l'abandon de l'Alsace et de la Moselle. Le désastre national s'accompagne pour lui d'un nouveau drame familial : la mort de son fils Charles. C'est donc un Hugo spectateur en deuil qui assiste à la Commune. Hostile aux excès de celle-ci, il n'en condamne pas moins, toujours par souci d'humanité, les Versaillais qui massacrent les Communards sous l'œil des Prussiens. Il se battra par la suite pour leur amnistie. Cependant son activisme politique n'empêche pas la création littéraire. En 1874, paraît *Quatre-vingt-treize*, son dernier roman, et son dernier succès littéraire. L'ancien monarchiste ne cesse pas le combat politique. En 1877, sénateur, il s'oppose à Mac-Mahon et fait partie de ceux qui assurent le triomphe définitif de la République. Dans les années 1880, Victor Hugo fait figure de symbole pour la IIIe République. À l'annonce de sa mort, survenue le 22 mai 1885, à 1 h 30 du matin, c'est toute la France qui est en deuil. Les funérailles nationales qui sont organisées en son honneur le 1er juin sont grandioses. C'est à l'occasion de ses obsèques que l'ancienne église Sainte-Geneviève devient officiellement et définitivement le temple républicain des grands hommes. Comme Pasteur, il est ainsi intégré au panthéon d'une IIIe République en quête de légitimité morale et esthétique.

n°7

Charlemagne

« Qui a eu cette idée folle un jour d'inventer l'école ? C'est ce sacré Charlemagne. »

Au-delà de la ritournelle un peu niaise, le grand public ne connaît pas grand-chose de l'empereur à la barbe fleurie. Le premier empereur d'Occident est pourtant le modèle du prince : guerrier, sage et missionnaire de la foi. Un guerrier qui, à l'image de son temps, s'est distingué par sa violence ; un sage servi par les circonstances dans la création de son État qui ne lui a survécu que peu de temps ; un missionnaire de la foi, dont les Saxons n'ont pas oublié la cruauté après le massacre de plus de 35 000 des leurs en 782. Mais Charlemagne s'est imposé comme l'un des souverains préférés des Français et, au-delà, comme un des pères de l'Europe. Singulier destin pour un roi qui voulait recréer l'Empire romain !

Vu d'ailleurs

Charles le Grand est unique en son genre : il est une figure nationale à la fois pour les Français et les Allemands ! Pour ces derniers, il est Karl der Grosse, l'ancêtre de l'Empire germanique né au IXe siècle. C'est d'ailleurs l'empereur Barberousse qui l'a fait canoniser en 1165. Jusqu'au XVIe siècle, ses successeurs se sont fait couronner à Aix-la-Chapelle avant d'aller à Rome. Aix est un haut lieu de la mémoire allemande, et sa destruction partielle en 1944, un traumatisme mémoriel. Dans un genre moins consensuel, la division SS française créée en 1944 fut baptisée Charlemagne. Mais on retrouve les traces du grand empereur dans toute l'Europe. En Italie, il fut le roi des Lombards dont la couronne, exposée à Monza, a servi aussi à... Napoléon quand il fut sacré roi d'Italie. Pour les Anglais, restés en dehors de son empire, il est celui qui a permis de diffuser la brillante culture anglo-saxonne sur le continent. Alcuin, l'un de ses conseillers les plus proches, venait de York ; et *The Economist*, le célèbre quotidien londonien, tient un blog sur l'Europe intitulé *Charlemagne's notebook* ! Sans aller jusqu'à dire que le denier qu'il impose à son empire est l'ancêtre de l'euro, on peut cependant noter que cette monnaie a inspiré le comptage de la livre sterling jusqu'en 1971... Il n'est pas jusqu'à l'Américain Bill Clinton qui plaide en 2000 pour un élargissement de l'Europe « plus que Charlemagne l'avait rêvé ».

Vu de France

Lors de la réforme des programmes du collège, Charlemagne est l'un des rares personnages qui n'en soit pas supprimé. Il est probable que sa stature européenne en soit l'une des raisons. Celui qu'un historien ne peut considérer comme un souverain « français » que dans un sens presque symbolique, va donc continuer à marquer des générations d'écoliers de l'Hexagone. La *Chanson de Roland,* qu'ils continuent d'étudier comme l'un des premiers exemples de littérature laïque, est inspirée de son épopée.

Mais c'est davantage l'unificateur de la Chrétienté, le restaurateur d'une certaine unité perdue depuis l'Empire romain, le protecteur de la « renaissance » carolingienne, qui est étudié que l'empereur français. Sa popularité, comme celle de Louis XIV ou de Napoléon, vient donc de son prestige de conquérant mais aussi d'organisateur de l'État. Certaines mauvaises langues diront, en ces temps de xénophobie rampante, qu'il a combattu les Arabes... Ce serait oublier que, dans l'imaginaire populaire, l'éléphant offert par le calife Haroun al-Rachid tient aussi une bonne place ! À quoi tient alors le consensus autour de Charlemagne ? D'abord à une légende savamment entretenue depuis les origines et qui, de Philippe Auguste à la IIIe République en passant par Napoléon, en fait le modèle du souverain et l'image du grand ancêtre. N'oublions pas les calculs fantaisistes qui font de chaque Français un de ses descendants ! Mais ce consensus provient aussi de son œuvre réelle qui mêle culture franque, civilisation romaine et christianisme dans un creuset fondateur de l'Europe.

Ce qu'il faut retenir

Le fils de l'usurpateur

Charles naît le 2 avril 742 ou 748, de la fameuse Berthe dite « au grand pied » et de Pépin le Bref qui n'est encore que le maire du palais du royaume mérovingien. C'est en 751 que ce dernier, soutenu par le pape, s'empare de la couronne puis se fait sacrer en 754. À sa mort, en 768, il laisse à ses deux fils, Charles et Carloman, un royaume étendu mais encore très agité.

Le conquérant

Charles n'est donc que l'héritier de la moitié du domaine paternel. Mais la disparition opportune de son frère lui offre bientôt l'occasion de diriger l'ensemble. Cependant, la quiétude ne vient pas avec l'unité. Son règne est marqué par des expéditions régulières pour mater les révoltes (Aquitains, Provençaux…), étendre le royaume (Bavière, Lombardie…) ou combattre les païens (Saxons, Moraves et Avars). Les attaques contre les musulmans d'Espagne ou les Bretons l'occupent également, sans toujours être couronnées de succès. À la fin de sa vie, Charles devra même faire face aux premiers raids des Vikings sans qu'il se montre beaucoup plus efficace que ces successeurs. Le bilan reste cependant impressionnant. À sa mort, il domine la quasi-totalité de l'Europe à l'ouest de l'Elbe et au nord des Pyrénées, de même que la plus grande partie de l'Italie. Les peuples voisins reconnaissent sa prééminence et parfois lui paient un tribut. Il a considérablement réduit la menace musulmane et la marche d'Espagne s'étend presque jusqu'à l'Èbre. Au total, son empire s'étend sur près de deux millions de kilomètres carrés.

Un roi chrétien

Charles est un souverain profondément chrétien qui cherche à restaurer l'autorité et la dignité de l'Église. C'est d'ailleurs son intérêt puisque sa puissance dépend largement de l'appui des évêques et du pape. Persuadé que son pouvoir vient de Dieu et qu'il est chargé de restaurer l'unité des chrétiens, il ne s'embarrasse guère de précautions dans sa lutte contre les païens. Massacres, déportations, conversions forcées sont le lot des populations vaincues. La destruction de l'Irminsul, arbre sacré des Saxons, ne plaide pas en faveur de sa tolérance, notion totalement anachronique par ailleurs. Son action ne s'arrête pas là. Son christianisme n'implique aucune soumission aux autorités religieuses. Bien au contraire, et surtout après son couronnement impérial, il estime avoir le rôle de chef de l'Église, autrefois dévolu aux empereurs de Rome. Cela va jusqu'à dicter certains aspects de la doctrine religieuse. On est bien loin de la séparation de l'Église et de l'État !

L'empereur

Le couronnement de Charles, à Noël de l'an 800, fait de lui le souverain incontesté de l'Europe chrétienne et le restaurateur de l'Empire romain. Mais l'exercice du pouvoir réel n'en demeure pas moins compliqué. Il s'efforce donc de rationaliser la direction de l'empire. Il s'appuie sur une division du territoire en comtés à la tête desquels il nomme des fidèles ou des personnalités locales. Chargés du maintien de l'ordre, de la justice, de la levée des troupes, ils ne sont pas moins de deux-cent cinquante ! Mais dans un territoire aussi étendu, leur contrôle est difficile. Les *missi dominici*, péniblement mis en place, sont la réponse à ces difficultés. À la fin du règne, ces représentants du pouvoir sont la plupart du temps des comtes et des évêques chargés d'une mission permanente de surveillance. Mais leur efficacité est illusoire. Les terres éloignées ou récemment conquises sont souvent turbulentes et exigent une attention constante. Charles soumet donc le pouvoir des comtes à un engagement envers sa propre personne. C'est la vassalité. Mais cette fidélité est souvent conditionnée à une certaine hérédité dans la charge ou à l'octroi de terres. C'est la faire dépendre de la capacité du souverain à distribuer des richesses et la so urce de bien des ennuis futurs. Pourtant, l'œuvre de Charles est immense et s'appuie sur une législation importante qu'il s'est efforcé d'étendre à tout l'empire en s'appuyant sur l'élite intellectuelle.

La renaissance carolingienne

Charlemagne n'a pas inventé l'école, mais il a mis la culture au service du pouvoir. Il accueille à sa cour, particulièrement dans son palais d'Aix, les plus grands intellectuels d'Occident. Wisigoths d'Espagne, Lombards ou Anglo-Saxons concourent à son rayonnement. Bien que ne sachant pas lui-même écrire, il s'efforce de multiplier les écoles monastiques et de promouvoir la copie des textes religieux. La minuscule caroline, une écriture facile à déchiffrer et à rédiger, est vigoureusement soutenue et permet le développement d'un embryon de structure administrative. On copie non seulement les textes sacrés, mais aussi toutes les sources antiques possibles. Ce travail de conservation s'accompagne d'un épanouissement artistique permis par une relative prospérité. Le palais d'Aix n'est qu'un exemple parmi les 27 cathédrales, 232 monastères et 65 palais édifiés ou rénovés de son vivant ! La liturgie religieuse et les enluminures témoignent de la vigoureuse renaissance culturelle de son règne.

Un héritage perdu

Mais la personnalité de Charlemagne et les hasards ont une grande place dans la pérennité de son action. Seule la mort de tous ses héritiers, en dehors de Louis le Pieux, a permis le maintien de l'unité territoriale qu'il n'avait absolument pas envisagé. Les querelles entre ses petits-fils en auront bien vite raison. Reste le souvenir de l'unité passée et le mythe d'un certain âge d'or. Charles reste bien, aux yeux de l'histoire, Charles le Grand.

n° 8

Molière

> *Plus mon rang a d'éclat, plus l'affront est sanglant.*

Ni Racine ni Corneille n'incarnent le Grand Siècle comme Molière. À tel point que l'on qualifie le français de « langue de Molière »… Aujourd'hui encore, la Comédie-Française propose autant de ses pièces que de celles de Racine. C'est dire la pérennité de l'œuvre et la pertinence de son discours. Insolent, libertin, bourgeois ayant rejeté l'univers familial et défié la censure, il semble représenter à merveille l'esprit français. Ce serait oublier un peu vite qu'il a été pensionné par les princes, protégé par le roi et qu'il s'est soumis aux exigences de la censure royale aussi bien que religieuse.

Vu d'ailleurs

De l'Italie à la Suède en passant par la Russie, Argan continue de susciter le rire sur toutes les scènes internationales. Molière serait l'auteur français le plus joué au monde ! Pour le professeur de littérature française à Glasgow Noel Peacock, « le théâtre de Molière semble épouser les contours de la culture de chaque pays, où il est interprété suivant les normes et les critères qui y règnent à tel ou tel moment ». Quel plus bel hommage un compatriote de Shakespeare peut-il rêver ? C'est d'ailleurs dans le monde anglo-saxon, aux États-Unis, que l'on trouve le plus d'études universitaires à son sujet. Molière a su franchir les limites du monde occidental. Traduit au Japon dès 1892, il y a introduit la comédie européenne, inconnue dans l'archipel où l'on ne pratiquait que la tragédie ou le burlesque. De l'autre côté de la Méditerranée, c'est le Maroc qui a accueilli le TNP de Villeurbanne en 2010 pour une tournée triomphale construite autour de quatre pièces de Molière. Il n'y a guère qu'en Angleterre que, mal traduit, perçu comme un maître d'un genre mineur et trop franchouillard, il a dû attendre la fin du XXe siècle pour connaître le succès…

Vu de France

Enseigné en quatrième, imposé au programme du bac, Molière reste une valeur sûre de l'enseignement du français. Et cela marche ! Malgré les difficultés, la plupart des élèves restent sensibles à une œuvre dont les ressorts comiques sont intemporels. Sa critique acerbe de la bourgeoisie, des médiocres et des prétentieux de toute espèce n'a rien perdu de sa force. Le père de Tartuffe conserve d'ailleurs une place à part dans le cœur des Français. Sans parler des Molières qui récompensent chaque année le milieu du théâtre, ses pièces sont jouées et rejouées au théâtre. Que ce soit sa vie comme dans le *Molière* d'Ariane Mnouchkine (1978), ou ses œuvres comme *L'Avare* ou *Les Fourberies de Scapin*, la liste est longue de ses adaptations pour l'écran. Et si l'on se rappelle les débuts d'Isabelle Adjani dans le rôle d'Agnès, de *L'École des femmes*, et sa réplique, « le petit chat est mort », on devrait aussi se souvenir que Brel ou Renaud l'ont utilisée dans leurs chansons. De plus, le format de ses pièces, parfois très courtes, est bien adapté à un public qui, semblable en cela à celui du XVIIe siècle, peut remercier un tel auteur de ne pas avoir été trop bavard…

Ce qu'il faut retenir

Le fils du tapissier

Jean-Baptiste Poquelin est né le 15 janvier 1622 à Paris. Fils d'un marchand fortuné, propriétaire de la charge de tapissier du roi, il grandit dans la France des mousquetaires et de Richelieu. Des études au collège jésuite de Clermont, l'un des plus célèbres de France, et une hypothétique licence de droit à Orléans lui donnent une culture et une éducation inhabituelles pour la société de l'époque. Une carrière de marchand ou de juriste lui tend les bras… Mais le jeune homme, doté d'un caractère bien trempé, s'associe à d'autres jeunes gens de bonne famille pour créer une troupe, l'Illustre Théâtre. Son père finance d'ailleurs le projet, de plus ou moins bon gré. L'expérience tourne court : dans un Paris où exercent déjà deux autres compagnies, ces nouveaux venus sans expérience, et surtout sans soutien, ne peuvent subsister. L'hostilité du curé de la paroisse, l'intransigeance des créanciers posent des obstacles insurmontables. En 1645, Molière est jeté quelques jours en prison pour dettes. La troupe est dissoute et il ne sort de sa geôle qu'avec l'aide de son père qui règle ses ardoises.

Un comédien itinérant

Il rejoint alors, avec sa maîtresse Madeleine Béjart, la troupe de Dufresne qui jouit de la protection d'un grand seigneur, le duc d'Épernon. Pendant douze ans, le jeune homme apprend son métier d'acteur, mais aussi d'auteur, au cours de tournées en province. Loin de la légende noire, la troupe est bien payée, présente ses pièces devant la noblesse de province et non pas seulement devant des paysans ignares ou des dévots hostiles. Peu à peu, Molière s'impose comme l'écrivain de la troupe et révèle tout l'éclat de son talent comique. La protection du prince de Conti, jusqu'en 1656, l'introduit dans les milieux les plus influents de la cour.

Le temps du succès

Conti, devenu un dévot intransigeant, retire sa protection à la troupe, désormais reconnue. Le temps est venu de rentrer à Paris. En 1658, elle entre au service de Monsieur, frère du roi, et se produit au Théâtre Bourbon où elle alterne comédies et tragédies, notamment de Corneille. On est bien loin de l'artiste maudit ! Le premier succès parisien vient en 1659 avec *Les Précieuses ridicules*. Dès l'année suivante, la troupe reçoit une pension du roi. Comme ce fut le cas pour d'autres artistes, la réception donnée par Fouquet à son château de Vaux-le-Vicomte rehausse la gloire de Molière. Il y donne la première comédie-ballet, *Les Fâcheux* et attire l'attention de Louis XIV qui donne même son avis sur la pièce. Désormais, le succès ne se démentira plus et la troupe pourra vivre, largement, de ses recettes.

La gloire et les scandales

Installé au théâtre du Palais-Royal, Molière joue autant pour la cour que pour le public parisien qui se presse à ses représentations. Le roi assiste à nombre de ces soirées et Molière est désormais incontournable. Mais les scandales familiaux (il épouse en 1662 Armande, la sœur ou la fille de son ancienne maîtresse, Madeleine Béjart) et les critiques du parti des dévots vont rythmer sa carrière. En effet, soutenu, ou au moins approuvé par le souverain, Molière inscrit des sujets plus polémiques à son répertoire. *L'École des femmes* en 1662 suscite les foudres du prince de Conti et de Bossuet, mais n'entame pas le soutien royal. Louis XIV est même le parrain de son premier fils, né en 1664. La création du *Tartuffe,* la même année, est l'occasion du plus grand éclat. Alors que la vie privée du roi fait scandale parmi les dévots, la pièce s'en prend violemment à eux. L'hostilité est trop grande et la pièce ne pourra être jouée, remaniée et adoucie, que cinq ans plus tard. Elle sera un grand succès. En 1665, le *Don Juan* provoque des remous violents et Molière choisit la sagesse en la retirant rapidement de l'affiche. Malgré, ou grâce à ces polémiques, le Palais-Royal ne désemplit pas et Molière fait fortune.

Une vieillesse assagie

L'auteur prend désormais la sage résolution de ne plus s'attaquer à de si puissants ennemis. La maladie qui commence à le tenailler et une certaine désillusion, qui tourne peut-être à la dépression, l'amènent à se concentrer sur des thèmes moins dangereux. Il va alors livrer quelques-unes de ses pièces les plus célébrées. *L'Amour médecin, Le Misanthrope, Le Médecin malgré lui,* sont autant de succès éclatants. C'est l'époque de la collaboration avec Lully et des grandes comédies-ballets. Malgré le demi-échec de *L'Avare* écrit en prose, le soutien royal ne se dément pas. En 1671, *Le Bourgeois gentilhomme* est joué sept fois devant la cour ! Mais les démêlés avec Lully, le désintérêt progressif du roi pour le théâtre auquel il préfère désormais l'opéra, ternissent la fin de vie de Molière, par ailleurs épuisé par la tuberculose. Le 17 février 1673, l'artiste s'effondre en pleine représentation et meurt chez lui dans la nuit. N'ayant pu abjurer sa profession de comédien qui lui interdit d'être inhumé religieusement, il doit à l'intervention de Louis XIV d'être enterré au cimetière Saint-Eustache.

n° 9

Henri IV

« Je veux qu'il n'y ait si pauvre paysan en mon royaume, qu'il n'ait tous les dimanches sa poule au pot. »

En mai 2010, pour le 400e anniversaire de la mort d'Henri IV, une installation commandée au couturier Castelbajac transformait sa statue du Pont-Neuf en une sorte de chevalier Jedi ! Voilà qui aurait surpris le « bon roi Henri » dont on dit qu'il portait le même pourpoint à la guerre comme au bal. Un roi à cheval, qui se vantait de passer plus de temps en selle que sur une chaise et qui sentait davantage l'ail et la sueur que le parfum, c'est le portrait que les Français se font d'Henri IV aujourd'hui, même si tout cela relève en partie de l'image d'Épinal. Bon vivant, tolérant, féroce dans la bataille mais clément dans la victoire, préoccupé du bien-être de ses sujets, mais également des finances de l'État, c'est aussi un roi dont la conscience a souvent varié au gré de ses intérêts, dont la fidélité à ses épouses a été plus que relative, et qui a acheté la paix aux Grands en la faisant payer par ses sujets. Par sa mort, il entre dans la légende et devient un modèle de souverain.

Vu d'ailleurs

Si Henri IV est honoré en Europe, c'est pour avoir reconnu officiellement la coexistence de deux religions à l'intérieur de ses États. Pourtant, sa gloire reste essentiellement hexagonale et il apparaît d'abord comme un souverain dont le règne fut marqué par la guerre civile. Paradoxalement, c'est au Japon que sa figure est la plus respectée. Le parallèle entre l'histoire des deux pays est frappant. Comme la France, le Japon du XVIe siècle est en pleine guerre civile entre clans rivaux de la noblesse, même si la religion joue un rôle accessoire (les chrétiens sont très minoritaires et seront pour la plupart expulsés au début du XVIIe siècle). Henri IV y est donc perçu, à l'instar d'Ieyasu Tokugawa, comme le restaurateur de l'unité du pays ouvrant la voie à un pouvoir centralisé et puissant. À l'autre bout du monde, c'est le Québec qui reconnaît en lui un des artisans de sa naissance. En effet, en 1608, la ville de Québec est officiellement fondée en son nom par Samuel de Champlain. Une plaque célèbre le roi depuis la fin de l'année 2010 dans le parc des Amériques.

Vu de France

La popularité du Béarnais ne se dément pas depuis sa mort, à l'exception de l'éclipse révolutionnaire, fatale d'ailleurs à tous ses pairs. Son assassinat en a fait un martyr de la tolérance que les régimes successifs ont encensé. Sa bravoure au combat, sa simplicité, son goût des femmes et son souci du bonheur de ses sujets lui valent toutes les sympathies. Comme Saint Louis auparavant, il est proposé en modèle. Un modèle bien pratique puisque lointain et largement méconnu. Les manuels de collège continuent à propager la vulgate du pacificateur qui a rendu à la France la paix et la grandeur. On ne compte plus les livres ou les hors-séries qui retracent sa vie ; le cinéma et la télévision offrent de lui une image positive, et, au théâtre, une pièce intitulée *Henri IV le bien-aimé* connaît un grand succès. Henri IV est l'exemple du bon roi que l'on oppose aussi bien à ses faibles prédécesseurs qu'à ses autoritaires successeurs. Un monarque assisté de conseillers fidèles et humains. La profusion de ses maîtresses, issues de tous les milieux, en fait une incarnation de la tolérance des Français pour la gaudriole et pour les frasques de leurs dirigeants. De ce point de vue, on peut dire qu'Henri IV aura largement ouvert la voie, l'infidélité conjugale étant toujours un vice que les Français pardonnent, voire valorisent facilement…

Ce qu'il faut retenir

« Le seul roi dont le peuple ait gardé la mémoire »

Né à Pau le 13 décembre 1553, la légende s'empare de lui dès sa naissance. Du baptême béarnais (les lèvres du nouveau-né sont frottées avec une gousse d'ail et on lui fait respirer un verre de vin) au berceau en carapace de tortue, les chroniqueurs successifs se sont emparés du personnage pour en faire un héros. Il est le fils d'Antoine de Bourbon, descendant en ligne directe de Saint Louis, et de Jeanne d'Albret, fille du roi de Navarre. Il est donc promis à devenir le premier des princes du sang.

Un petit paysan dans la guerre civile

Élevé dans l'esprit de la Réforme par sa mère qui se convertit en 1560 au protestantisme, le petit Henri ne gagne la cour de France qu'en 1561 avec son père. Il y côtoie désormais ses cousins royaux, Charles IX, le futur Henri III et François d'Alençon. Ses parents se querellent au sujet de sa religion.

La mort de son père en 1562 en fait l'héritier de la Navarre, mais aussi un otage potentiel dans les mains de Catherine de Médicis. La trêve de 1563 le rend à sa mère. Désormais protestant, il suit les armées de ses coreligionnaires lorsque la guerre reprend en 1567, et fait l'apprentissage du métier des armes. En 1572, à dix-neuf ans, il représente l'espoir du camp protestant, mais aussi de la réconciliation avec les catholiques par son mariage avec Marguerite de Valois, la sœur du roi.

Un roi otage

La Saint-Barthélemy met fin à ce mirage. Désormais roi de Navarre depuis la mort de sa mère, Henri est épargné en raison de son statut de prince du sang. En liberté surveillée, il doit se convertir à nouveau au catholicisme et est contraint de combattre les protestants, notamment durant le siège de La Rochelle. La mort de Charles IX ne lui rend pas sa liberté qu'il ne doit qu'à sa fuite en février 1576.

Un prince rebelle

Réfugié dans ses terres du Sud-Ouest, il s'efforce d'y regagner des fidélités et de s'imposer comme le chef du protestantisme français. Mais son absence de zèle religieux (il s'est converti trois fois), son souci de ménager le roi (il vient en deuxième position dans l'ordre de succession au trône) et la concurrence de son cousin Condé lui rendent la tâche difficile. Entre trêves armées et guerres feutrées, huit années s'écoulent au cours desquelles il multiplie les conquêtes féminines… et se sépare définitivement de la reine Margot. La mort, en 1584, du dernier frère du roi Henri III fait de lui l'héritier présomptif de la couronne. Mais vingt-cinq ans de conflits ont exacerbé les passions. Pour les ultracatholiques, c'est inenvisageable et ils se constituent en Ligue catholique dont le roi prend la tête. Henri va révéler sa stature de chef de guerre. Il écrase les armées catholiques et royales à la bataille de Coutras en 1587 et s'impose comme seul chef du parti protestant. Henri III chassé de

Paris par les ultras, le duc de Guise, chef de la Ligue, éliminé, la voie est libre pour la réconciliation entre les deux Henri. C'est en commun qu'ils organisent le siège de Paris à l'été 1589.

« Ralliez-vous à mon panache blanc »

L'assassinat d'Henri III par le moine Clément propulse Henri sur le trône de France… mais lui ôte le soutien d'une bonne partie des fidèles de son cousin. Il est désormais souverain d'un royaume dont les trois quarts se refusent à lui. S'ensuivent cinq années de combats souvent difficiles contre des catholiques menés par la famille de Guise, soutenus par l'Espagne et abrités à Paris. De plus, les protestants lui reprochent de ne pas légaliser leur religion alors même qu'il en détient le pouvoir. Les batailles d'Arques, puis d'Ivry, lui permettent de consolider ses forces mais pas de réduire les oppositions. La menace constante des Espagnols et le refus de la majorité des Français d'accepter un roi hérétique le poussent à une nouvelle conversion en 1594. C'est à ce prix que s'ouvrent enfin devant lui les portes de la capitale. Couronné à Chartres – Reims est aux mains de la Ligue –, Henri IV est enfin vraiment roi, mais a perdu l'appui d'une partie des protestants ! Il faudra attendre 1598 pour voir les dernières résistances ligueuses réduites par la force ou la négociation et la paix signée avec l'Espagne.

L'édit de Nantes

À la paix extérieure s'ajoute la paix intérieure. En avril 1598 est scellé l'édit de Nantes qui reconnaît la liberté de conscience et une liberté de culte limitée et offre aux protestants des places de sûreté, surtout dans le sud du royaume. Contrairement aux idées reçues, cet édit n'est pas le premier texte de ce type (non seulement en France, mais aussi en Europe) et n'est pas une proclamation de tolérance : il doit son importance au fait qu'il a réellement été appliqué. Il fige la situation en raison de l'épuisement des belligérants et institue le catholicisme comme seule religion de l'État et du roi tout en ouvrant la porte au grignotage progressif des positions protestantes. Reste que dans l'Europe du XVIIe siècle, il est un modèle exceptionnel de tolérance.

Le bon roi Henri

Après trente-six années de guerre, Henri IV et ses ministres, comme le fidèle Sully, sont à la tête d'un royaume épuisé. Les dettes auprès des créanciers étrangers sont marchandées. Le remariage du roi avec Marie de Médicis est le prix à payer pour la créance due aux Florentins. À l'intérieur, le temps est aux restrictions, mais aussi à la création d'une nouvelle taxe sur les offices, la paulette. À l'inverse, les paysans voient l'impôt principal, la taille, peser moins lourdement. La reconstruction passe également par une politique de grands travaux. Marais asséchés, routes entretenues et bordées d'arbres, canaux enrichissent les campagnes. Les manufactures sont encouragées (les Gobelins sont créés) et l'élevage du ver à soie se développe dans le sud de la France. Paris bénéficie d'une politique de prestige particulière. Édification de places royales (l'actuelle place des Vosges et la place Dauphine), achèvement du pont Neuf et de l'aile sud du Louvre, construction des Tuileries témoignent de l'attachement du roi à sa capitale reconquise.
Henri IV se distingue aussi par l'acquisition d'une bonne partie de la rive gauche du Rhône en 1601. En échange du marquisat italien de Saluces, le duc de Savoie lui cède en effet la Bresse, le Bugey, le Valromey et le pays de Gex. Cet accord signe le retour du royaume comme acteur majeur du jeu européen. En 1610, le Trésor royal est plein et le pays voit revenir une certaine prospérité après la catastrophe de la fin du XVIe siècle.

La mort du Vert-Galant

Cependant, que ce soient les Grands mis au pas, les anciens ligueurs, ou certains protestants qui se sentent trahis, nombreux sont ceux qui verraient sa mort sans regret ou même avec joie. Le dernier retour de flamme du vieux paillard pour une jeunette de quinze ans, Charlotte de Montmorency, épouse de son cousin le prince de Condé, émeut la cour et le clergé. De plus, les menaces de reprise de la guerre avec le Saint Empire des Habsbourg ou avec l'Espagne ravivent la peur des malheurs. Le 14 mai 1610, deux coups de couteau portés par un illuminé, François Ravaillac, jettent le royaume dans l'angoisse et font entrer Henri IV dans la légende.

n° **10**

Jeanne d'Arc

> *« De l'amour ou haine que Dieu a pour les Anglais, je n'en sais rien, mais je sais bien qu'ils seront tous boutés hors de France, exceptés ceux qui y périront. »*

Six cents ans après sa naissance, Jeanne d'Arc persiste à habiter nos mémoires, mais aussi l'imaginaire culturel du monde entier. Bien que récemment détrônée par Marie Curie, comme première figure féminine, la bergère lorraine se maintient en bonne place du panthéon national. Même s'il est difficile d'avoir une idée de son caractère en l'absence de sources sur le sujet, on peut s'interroger sur ce qui fait sa popularité. C'est peut-être d'abord sa singularité. Femme, jeune, guerrière et mystique, elle n'a pas vraiment le profil pour intégrer un cénacle où règnent des mâles au sexisme certain et dont la piété n'est pas la caractéristique première. Sans oublier qu'être une sainte n'aide pas à se faire une place dans la mémoire de notre République laïque… Mais sa popularité provient aussi du fait qu'elle est constamment célébrée, depuis le XIXe siècle, comme héroïne nationale, par tous les politiques. Ballottée de la droite à la gauche, outil marketing ou objet de divertissement, la Pucelle n'a pas une vie posthume de tout repos.

Vue d'ailleurs

Jeanne d'Arc en héroïne de jeu vidéo japonais… c'est possible ! Il faut dire qu'au pays du Soleil levant, on ne compte pas moins de six mangas qui la font apparaître sous une forme plus ou moins fantaisiste, voire même celle d'une créature démoniaque. Les dessins animés, qu'ils soient nippons ou américains, l'utilisent régulièrement. Elle apparaît même dans la série des Simpson, jouée par la mère, Lisa ! Devenue une star planétaire, elle est déclinée sous toutes les formes, y compris dans la célèbre série de jeux *Age of Empire* où elle incarne le leader de la France. De façon plus classique, la figure de Jeanne d'Arc a fait l'objet de multiples représentations à l'étranger. On trouve ses statues en Australie, aux États-Unis (quatre répliques de celle de la place des Pyramides !) et au Canada. Elle a également inspiré les musiciens. Verdi, Tchaïkovski, Bernstein lui ont consacré des œuvres, ainsi que, dans un genre plus contemporain, des groupes de pop anglais, de metal espagnol et suédois ou de rock japonais… jusqu'à Elton John qui a produit une chanson sur notre Jeanne nationale. On serait bien en peine d'énumérer les productions littéraires, romancées ou non, qui la font apparaître. De Shakespeare à Bertolt Brecht en passant par Schiller et Mark Twain, elle a inspiré nombre d'auteurs de talent. Dans un tout autre genre, on la retrouve en *alien* prédatrice dans une nouvelle de Philip José Farmer, ou en lesbienne faisant son coming-out dans une pièce de l'Américaine Carolyn Gage ! Pourquoi ce succès ? Certainement parce que son personnage est le prototype de la résistance populaire, mais aussi une figure transgressive, celle de la femme qui porte les armes. Elle incarne donc les valeurs du patriotisme, et peut aussi passer pour une féministe avant l'heure. En cela, elle est universelle.

Vue de France

Figure historique française, la bergère de Domrémy est également un outil publicitaire. Elle est apparue aussi bien en 1929 sur un timbre présentant une publicité pour la Vache qui rit, qu'en 2009 sur une affiche pour l'Eurostar, enveloppée dans l'Union Jack. On ne sait ce qui est le plus terrible : du scandale provoqué par la réclame fromagère ou de la levée de boucliers nationalistes devant l'outrage transformant l'héroïne d'Orléans en porte-drapeau de l'ennemi héréditaire ! Quatre-vingts livres ou publications diverses sur Jeanne d'Arc depuis 1817 dont douze depuis l'an 2000, elle occupe toujours le premier plan dans la production historique scientifique ou romancée. Le cinéma et la télévision continuent à produire régulièrement des fictions dont elle est le personnage central. Elle fascine les réalisateurs français, artistes reconnus comme Bresson ou Rivette, ou plus populaires comme Besson. Il faut dire qu'elle dispose de toutes les caractéristiques de l'héroïne idéale. C'est ce qui fit d'elle un mythe avant sa mort. Après l'avoir abandonnée, Charles VII s'est d'ailleurs empressé de la faire réhabiliter une fois son pouvoir assis. S'approprier la mémoire de Jeanne était déjà bien commode. Le personnage passa ensuite au second plan. Après Voltaire qui s'en moque, il faut attendre le XIXe siècle pour la voir redevenir une figure nationale. Michelet, puis tous les républicains se l'approprient, en en faisant une fille du peuple trahie par les grands et condamnée par l'Inquisition. Elle est donc une figure du patriotisme de gauche avant d'être une élue de Dieu récupérée par l'Église. Mais sa récupération ne s'arrête pas là. Le nationalisme la présente comme une « manifestation de l'immuable race des Gaules » et c'est Barrès qui propose que soit instituée une fête nationale la célébrant. Pendant la Première Guerre mondiale, elle est le symbole de l'Union sacrée. Sa canonisation en 1920 en fait définitivement une figure de la droite. Elle accompagne la montée des fascismes et devient une icône du pétainisme dans la dénonciation de l'éternel ennemi anglais. Aujourd'hui, le Front national semble avoir réussi son OPA en la présentant comme l'incarnation de la résistance à l'« invasion » étrangère. Son mysticisme en fait désormais une figure plus religieuse que nationale alors que sa volonté de « bouter les Anglois » hors de France n'engendre plus que des impressions nauséabondes. En mai 2010, à la retraite de la *Jeanne d'Arc*, le croiseur porte-hélicoptères qui représenta si longtemps la France sur toutes les mers du globe, la Marine nationale n'a pas souhaité qu'un nouveau navire reprenne le nom, une première depuis 1885 ! Même si les raisons avancées sont avant tout internes, on peut peut-être y voir le symbole de la fin du consensus autour de son nom.

Ce qu'il faut retenir

Une enfance inconnue

Jeanne d'Arc est née en 1412 à Domrémy, petit village lorrain dépendant du royaume. On sait peu de chose de son enfance, si ce n'est qu'elle est issue d'une famille de paysans aisés ; son père était un notable du lieu. Très pieuse, elle grandit dans une société marquée par la croyance dans les miracles mais aussi dans une ambiance millénariste. Son enfance voit l'effondrement du pouvoir royal et l'affaiblissement de la puissance française après la défaite d'Azincourt.

Une mission divine

C'est dans ce contexte marqué par la violence que lui apparaît sa mission. À treize ans, elle prétend avoir été visitée par des voix lui demandant de libérer le royaume et de mettre le Dauphin sur le trône. La rationalité contemporaine ne doit pas nous faire douter de ses convictions dans un XVe siècle où la majorité de la population est analphabète et où la présence réelle de Dieu n'est guère discutée.

Il lui faut cependant s'y reprendre à deux fois, en 1428 et 1429, pour convaincre Robert de Baudricourt, le capitaine de la garnison royale de Vaucouleurs, de lui donner un équipement et une escorte afin de se rendre à Chinon.

Le Dauphin et la Pucelle

C'est donc une jeune fille de dix-sept ans, habillée en homme, qui rejoint la cour de Charles VII en chevauchant sur les terres contrôlées par le duc de Bourgogne. Ce voyage est déjà, en soi, une épopée. Le Dauphin traverse alors une période fort sombre. La ville d'Orléans, assiégée par les Anglais, semble sur le point de tomber, ouvrant ainsi la voie à l'ennemi. La venue de la mystérieuse jeune fille constitue donc une lueur d'espoir. Mais même en cette période de mysticisme, l'orthodoxie religieuse ne perd pas ses droits. Bien qu'elle reconnaisse le Dauphin sans l'avoir rencontré auparavant (un signe présenté comme miraculeux), elle fait l'objet d'une véritable contre-enquête. Interrogée par des ecclésiastiques, une fois sa virginité constatée et une recherche réalisée à Domrémy, elle finit par convaincre Charles de l'employer. Dans la situation désespérée qui est la sienne, ce dernier ne prend guère de risques en pariant sur Jeanne. C'est donc armée par le roi, dotée d'une bannière et accompagnée de deux de ses frères, qu'elle part ravitailler Orléans où elle arrive le 29 avril 1429.

Le miracle d'Orléans

Pour les Orléanais qui résistent seuls depuis octobre 1428, sa venue est un deuxième miracle après le boulet de canon qui a tué le général ennemi, le comte de Salisbury. Abandonnés par leur évêque, laissés sans renforts par le roi, les soldats et les milices urbaines voient l'arrivée de la jeune fille, déjà précédée par sa légende, comme un nouvel espoir – espoir accompagné d'une véritable épuration des camps. Prostituées chassées, soudards obligés de se confesser, encadrement religieux, c'est une véritable troupe de croisés qu'elle s'emploie à former. Secondée par des chefs expérimentés comme Dunois ou Gilles de Rais, elle anime les assauts contre les retranchements ennemis qui cèdent les uns après les autres. Bien que blessée, elle fait preuve d'un grand courage et provoque la levée du siège. Son triomphe inespéré a un retentissement immense dans le royaume mais aussi en Europe.

Le sacre de Reims

La libération d'Orléans est suivie le 18 juin par la victoire de Patay. L'armée anglaise y est écrasée. Cette série de victoires libère la vallée de la Loire et pousse de nombreux nobles indécis à rallier le parti de Charles VII qui peut lever de nouvelles troupes. Jeanne le convainc alors de se rendre à Reims pour y être sacré, ajoutant ainsi à ses droits de naissance, l'onction divine. En un véritable raid sur les terres du duc de Bourgogne, la Pucelle amène son roi jusqu'à la ville. La portée symbolique est très importante, Dieu semblant avoir choisi son camp, d'autant que le rival de Charles VII, le jeune Henri VI d'Angleterre, n'avait jamais réussi à se faire sacrer.

Le temps des échecs

Mais la position du roi reste précaire. Un assaut brusqué contre Paris échoue et la discorde s'installe. Plutôt pusillanime, Charles VII voit désormais dans la jeune fille un soutien d'autant plus encombrant qu'elle ne cesse de réclamer des hommes, de l'action et la plus grande rigueur morale. C'est, à cette époque déjà, se montrer très idéaliste… Le roi fait le pari de la patience et du compromis. Pour la noblesse, Jeanne reste une femme et une paysanne. Pour l'entourage ecclésiastique qui ne reconnaît son inspiration divine que du bout des lèvres, elle est dangereuse. L'armée, que l'on n'a de toute façon plus les moyens de payer, est dissoute et ramenée derrière la Loire. Privée de soutien officiel, Jeanne est désormais contrainte de guerroyer seule et sans grand succès. Son anoblissement et celui de sa famille à Noël 1429 semblent être une récompense à peu de frais (elle ne reçoit aucune terre) et qui n'engage à rien. Au printemps 1430, elle s'élance avec quelques troupes vers Compiègne assiégée par les Bourguignons. Capturée au cours d'un combat, elle est finalement vendue aux Anglais pour 10 000 livres.

Le bûcher

Cette somme considérable montre la peur et la haine des Anglais. Décidés à éliminer la menace que représente celle qu'ils assimilent à une sorcière et dont ils savent l'influence déterminante sur le moral des Français, ils ne sont pas prêts au compromis. Soutenus par l'autorité religieuse de l'université de Paris, ils organisent donc le transfert et le procès de Jeanne à Rouen sous l'autorité de l'évêque de Beauvais, Pierre Cauchon. Éminemment politique, ce procès ne peut aboutir qu'à la condamnation de Jeanne. En effet, elle est non seulement le symbole de la résurrection de la résistance française, mais aussi celui de la défiance des populations envers les autorités religieuses traditionnelles. Le jugement doit donc la condamner comme hérétique et décrédibiliser ainsi son action et ses partisans. Mais la jeune fille se révèle un adversaire coriace face à des théologiens rompus aux joutes verbales. Au bout de trois mois, le verdict tombe malgré tout. Coupable de blasphème, de mensonge, suspecte d'hérésie, elle est condamnée au bûcher. La peur du supplice la fait «abjurer» le 24 mai, au grand dam des Anglais qui perdent là leur victime expiatoire. Mais elle se rétracte et, déclarée relapse, elle est définitivement condamnée. Le 30 mai 1431, elle est brûlée vive sur la place du Vieux Marché à Rouen et entre dans la légende.

n° 11

Jean Jaurès

« Il ne peut y avoir de révolution, que là où il y a conscience. »

Toutes les villes de France ont une place, une rue ou un collège Jean-Jaurès… L'intellectuel brillant, normalien, agrégé de philosophie, enseignant et journaliste, a toutes les caractéristiques de l'homme de gauche engagé aux côtés du peuple. Le petit bourgeois de Castres, marié à la fille d'un sous-préfet, qui fait baptiser sa fille et habite dans le XVIe arrondissement de Paris, a tout du notable de droite qui fait carrière à l'Assemblée. C'est parce que Jaurès a su transcender ses origines pour devenir le symbole de l'intégrité de l'homme politique, au point d'en payer le prix de sa vie, qu'il demeure une référence incontournable de la politique française et de la gauche occidentale.

Vu d'ailleurs

La célébrité de Jaurès à l'étranger tient bien davantage à son assassinat qu'à son action. Même si le parti de Gauche a fait publier les discours prononcés durant son voyage en Amérique latine, leur oubli est révélateur du peu de poids de sa pensée dans le socialisme mondial. Celle-ci souffre d'abord d'avoir été insuffisamment rigoureuse. Sa critique du marxisme ne s'est pas appuyée sur l'élaboration d'une doctrine propre. Par ailleurs, son humanisme s'est accompagné d'une philosophie de l'action qui nie la nécessité d'une idéologie globalisante. Il a beaucoup écrit, mais des articles plus que des livres. Et ceux-ci se sont limités à des thèmes proprement français. De plus, il souffre d'avoir dirigé une SFIO marginale par rapport à ses équivalents européens du début du xxe siècle et largement imprégnée des idées de Jules Guesde. Ce n'est qu'entre 1909 et 1914 qu'il l'oriente vers la social-démocratie sur le modèle allemand. Mais son assassinat puis la Première Guerre mondiale et la naissance de l'URSS dévalorisent sa pensée au profit de l'orthodoxie marxiste-léniniste. Si le personnage bénéficie d'une certaine reconnaissance à l'étranger (une rue à Buenos Aires et une à Plodviv en Bulgarie…), il n'est guère resté dans les mémoires. Lorsque le chanteur folk écossais Al Stewart le cite, c'est pour parler de son enterrement. Et si le grand poète anglais Geoffrey Hill le fait apparaître dans *The Mystery of the Charity of Charles Péguy* (1983), c'est parce qu'il est un admirateur du grand poète catholique devenu ennemi de Jaurès et non un disciple du fondateur de *L'Humanité*.

Vu de France

Bien différente est sa stature en France, surtout depuis que les tentatives de récupération de Nicolas Sarkozy l'ont remis au cœur du débat politique ou, en tout cas, de la polémique. C'est à une véritable bataille de chiffonniers dont le manque de dignité l'aurait sans doute navré, que sa mémoire a donné lieu. Il n'est jusqu'au Front national qui n'ait instrumentalisé sa mémoire au cours des régionales de 2009 ! Pourtant, les ancêtres de ce parti, Maurras ou Daudet, l'avaient traîné dans la boue, certains allant même, par avance, jusqu'à justifier son assassinat avant d'applaudir à l'acquittement de son assassin. Lorsque François

Mitterrand, en 1981, vient s'incliner sur sa tombe au Panthéon, une rose à la main, il ne fait alors aucun doute que Jaurès appartient au peuple de gauche. En 1924 déjà, sa «panthéonisation» avait été l'objet de contestations tant de la droite nationaliste qui continuait à le considérer comme un traître ou, au moins, comme internationaliste, que des communistes qui criaient à la récupération par le socialisme petit-bourgeois. Ces débats s'expliquent par le caractère atypique du personnage beaucoup plus que par son positionnement politique – qui ne peut être contesté que par la mauvaise foi. Ni Brel lorsqu'il se lamentait sur sa mort dans *Jaurès* (1977), ni Pierre Bachelet qui le cite dans *Les Corons* (1992), ne témoignaient du moindre doute sur son engagement socialiste. Les temps changent...

Ce qu'il faut retenir

Un pur produit de la République

Abattu de deux balles dans le dos par Raoul Villain... Jusqu'au bout, Jaurès aura intimidé ses adversaires, y compris celui qui mit fin à sa vie. C'est peut-être son humanisme chevillé au corps qui ne lui aura jamais permis d'admettre vraiment qu'un homme puisse abriter tant de haine. Jaurès n'est pas né (en 1859) avec une cuillère en argent dans la bouche. Bien que sa famille soit plutôt de la petite bourgeoisie qui a d'ailleurs su donner sa part au service de l'État (il a deux cousins amiraux), son père est plutôt un déclassé. Négociant failli, il est un propriétaire agricole d'honnête aisance, mais qui doit aux bourses de l'État de pouvoir envoyer son fils au collège de Castres puis au prestigieux lycée Louis-le-Grand. Élève brillant et travailleur, Jean Jaurès ne déçoit ni sa famille ni le système méritocratique républicain. En 1879, il est reçu premier à l'École normale supérieure (devant Henri Bergson !), et en ressort agrégé de philosophie (troisième seulement...). Mais l'ENS ne l'a pas seulement instruit, elle l'a aussi éduqué. Il est d'un républicanisme intransigeant.

Les premiers pas en politique

C'est tout naturellement dans son cher Sud-Ouest qu'il part enseigner et fait ses premiers pas en politique. En 1885, désormais marié, il est élu député au scrutin de liste dans le département du Tarn. À vingt-six ans, il est le plus jeune élu de la Chambre et se place à la gauche de l'hémicycle, parmi les républicains « opportunistes », c'est-à-dire socialement modérés, dont le leader est alors Jules Ferry. Il ne se distingue en rien de ses collègues, si ce n'est par une attention déjà forte à la question sociale. Cela ne l'empêche pas de soutenir la conquête de l'Indochine, et la répression des mineurs de Decazeville. Les élections de 1889 lui sont fatales et il reprend alors ses activités universitaires tout en collaborant à *La Dépêche* de Toulouse. Ce républicain laïque mais croyant en profite pour finir ses thèses, dont l'une s'intitule «Les origines du socialisme allemand chez Luther, Kant, Fichte et Hegel». S'il n'est pas encore socialiste, du moins est-il déjà sensible aux idées qu'un tel engagement implique.

La grève de Carmaux

Bien qu'élu au conseil municipal de Toulouse, c'est la grève des mineurs de Carmaux qui va le précipiter dans l'engagement politique qui sera désormais toute sa vie. Le licenciement, en août 1892, du maire ouvrier de la petite ville par son patron et député, le marquis de Solages, entraîne une grève massive des mineurs. L'envoi de la troupe pour briser le mouvement pousse Jaurès à s'engager aux côtés des grévistes. Lui, le fils de propriétaire, l'intellectuel bourgeois, combat avec les ouvriers ! Leur résistance entraîne la démission du député et la réintégration du maire. Jaurès est bientôt élu député socialiste. Sa conversion est faite.

Le socialisme de Jaurès

De retour à l'Assemblée, la conviction de Jaurès est désormais celle-ci : seul le socialisme pourra redonner à la République son élan et au peuple sa liberté contre les abus du capitalisme. Passionnément laïque, soucieux d'améliorer le sort des ouvriers, il est de tous les combats de la gauche. Mais son socialisme est original. S'il souhaite une collectivisation progressive des moyens de production, il n'est pas hostile à la propriété individuelle. S'il adhère à la lutte des classes, il refuse d'opposer le prolétariat à une masse réactionnaire indistincte. Il est avant tout partisan des coopératives ouvrières et refuse l'idée d'une révolution violente qui renverserait la bourgeoisie par la force. Socialiste oui, mais réformiste. Marxiste oui, mais prêt à soutenir des gouvernements « bourgeois » qui se soucieraient d'améliorer le sort du peuple.

L'action politique

Député, Jaurès lutte contre les « lois scélérates » puis se dresse bientôt pour défendre l'innocence de Dreyfus après avoir été, dans un premier temps, convaincu de sa culpabilité. Cette prise de position lui vaut d'être à nouveau battu aux élections de 1898 mais lui donne une audience nationale. De 1902 à 1910, il est constamment réélu et devient le grand leader parlementaire de la gauche socialiste. Ses talents d'orateur, son immense culture et sa simplicité lui valent le respect bien au-delà de son cercle politique. Mais son soutien à Dreyfus et aux lois de 1905, ainsi que son pacifisme et sa sympathie pour l'Allemagne lui attirent la haine de nombreux nationalistes. C'est ce qui provoque l'incident tragi-comique de décembre 1904 lorsqu'il affronte en duel à Hendaye Paul Déroulède, le chef de la Ligue des patriotes qui le poursuit de son fiel. Au-delà de cet épisode qui n'ajoute rien à sa gloire, à moins que l'on y voie une preuve de son courage personnel, Jaurès marquera la politique française de façon plus concrète. En 1904, il fonde *L'Humanité*, destiné à devenir le grand journal du socialisme hexagonal. L'année suivante, c'est la création de la Section française de l'internationale ouvrière (SFIO) qui unifie les diverses mouvances du socialisme français. Il sacrifie à cette unité ses convictions réformistes dans l'espoir de convertir ses rivaux marxistes à ses idées. Contre toute attente, il y parvient et réussit à inscrire le mouvement dans le système parlementaire. La voie semble tracée pour la victoire d'une social-démocratie à la française.

Le café du Croissant

Mais la guerre contre laquelle il se bat depuis si longtemps va détruire son rêve et d'abord sa vie. Hostile depuis toujours à l'alliance russe, en laquelle il voit un mariage contre nature, et opposé au service militaire de trois ans qui prépare la revanche, il ne parvient pas à l'été 1914 à enrayer la marche vers la catastrophe. Malgré ses efforts, sa volonté de coordonner les socialistes européens, ses appels au calme, il ne peut éteindre le brasier nationaliste qui enflamme le pays. Comme il l'avait prédit, « le capitalisme porte en lui la guerre comme la nuée porte l'orage ». Le 31 juillet 1914, il est abattu à Paris, au café du Croissant, premier mort de cette guerre qu'il aura tant combattue.

n° 12

Marie-Antoinette

« J'en appelle à toutes les mères qui peuvent se trouver ici. »

Marie-Antoinette figure parmi les personnalités historiques les plus citées par les Français. C'est par sa mort, plus que par ses qualités de reine, qu'elle a suscité un respect posthume. Son courage et sa dignité à son procès et jusqu'à l'échafaud ainsi que son appel « à toutes les mères » devant les accusations d'inceste portées contre elle par le tribunal révolutionnaire, le 15 octobre 1793, ont plus œuvré pour sa gloire que toute sa vie de souveraine. Par ailleurs, son goût pour la mode mais aussi sa volonté d'indépendance ne sont pas sans annoncer certaines princesses contemporaines.

Vue d'ailleurs

À l'étranger et en particulier au Royaume-Uni ou aux États-Unis, elle symbolise la différence entre les réformes « tranquilles » du monde anglo-saxon et le côté excessif de la population française. Reine martyrisée à trente-huit ans, elle ne peut que susciter la sympathie de sociétés qui n'ont jamais goûté la passion révolutionnaire française. Aujourd'hui, on la présente, comme dans le film *Marie-Antoinette* de Sofia Coppola, en icône « pop », victime des lourdeurs de la cour et du conformisme : une femme moderne qui aurait souhaité jouir des plaisirs de la vie et n'aurait pas hésité à prendre un amant. Singulière vision qui, sous couvert de féminisme, fait fi des réalités. En Autriche, sa patrie d'origine, elle fait bien pâle figure comparée à sa mère, Marie-Thérèse, et à Sissi. N'ayant hérité ni de la pugnacité de l'une, ni de l'aura romantique de l'autre, on ne la trouve pas au panthéon des archiduchesses. Au château de Schönbrunn, celui de son enfance, elle est même moins valorisée que Napoléon qui n'y fit pourtant que deux courts séjours – comme conquérant il est vrai.

Vue de France

La célébrité de la reine ne s'est jamais démentie. D'Alexandre Dumas à André Castelot, nombreux sont ceux qui la présentent comme une martyre alors qu'elle continue d'incarner pour les républicains la corruption de l'Ancien Régime. Les historiens minimisent aujourd'hui ses erreurs et sa duplicité au profit de ses maladresses, avec une vision plus nuancée de son rôle politique. Pour la majorité des Français, aux yeux desquels la Révolution de 1789 semble aujourd'hui bien confuse et lointaine, elle véhicule un « glamour » dont manquent singulièrement ses vainqueurs, de Marat à Robespierre. Sa mort en fait un personnage unique de l'histoire de France, la seule reine à être exécutée par ses sujets ! Dans un pays pétri d'égalitarisme, elle donne à voir le spectacle du pouvoir et de la beauté mêlés. Femme sensuelle, mariée à un homme soucieux de son salut et passionné de géographie, elle incarne à merveille le libertinage et l'art de vivre d'une France fantasmée.

Ce qu'il faut retenir

Une reine sur l'échafaud

Le 16 octobre 1793, la tête de Marie-Antoinette, reine de France et de Navarre, roule sur l'échafaud. Les cris de joie qui s'élèvent de la foule ne laissent pas de doute quant à la haine portée à l'« Autrichienne ». Pourtant, vingt ans auparavant, les Parisiens accueillaient l'avènement de Louis XVI et de sa charmante épouse avec espoir.

Une éducation viennoise

Élevée dans les palais viennois, Marie-Antoinette est mal préparée au destin qui l'attend. Sans culture politique sérieuse et sans talents particuliers, elle reçoit une éducation conforme à celle des princesses de son temps, dans laquelle la formation intellectuelle n'est pas prioritaire. En outre, le côté protecteur et autoritaire de sa mère l'impératrice, une étiquette moins stricte qu'à Versailles et une cour peu encline aux intrigues ne l'ont pas prémunie contre les bassesses et le cérémonial rigide de Versailles. Mariée à quatorze ans, elle n'aura, de toute façon, pas le loisir de s'y préparer.

Un mariage d'État

Le mariage de Louis XVI et de Marie-Antoinette en 1770 soude l'alliance franco-autrichienne conclue en 1756. Il est voulu par Louis XV et son ministre, l'ambitieux Choiseul, qui cherche à asseoir son influence sur le jeune couple. La première faiblesse de cette union est l'origine de la princesse. Née Habsbourg, elle incarne l'ennemi héréditaire de la France.

Soupçons et moqueries

La jeune princesse est encore une enfant, tant au physique qu'au mental lorsqu'elle se marie. On la dit charmante, mais elle n'a rien qui pourrait intimider son mari. Pourtant, celui-ci mettra sept ans avant de parvenir à consommer leur union. Alors qu'une princesse est d'abord un « ventre » assurant l'avenir de la dynastie, cela inquiète et suscite soupçons et moqueries. Son rôle de reine la plaçant sur le devant de la scène, elle subit l'humiliation de voir sa vie intime sans cesse commentée. Comble de la vexation, il faut attendre la visite incognito de son propre frère, l'empereur Joseph II, pour débloquer Louis XVI… et la situation. Par la suite, ses quatre enfants et ses qualités de mère attentive ne parviendront pas à faire changer l'opinion publique.

De maladresses en erreurs…

Épouse d'un mari fidèle, porté davantage sur la chasse que sur les femmes, elle est une cible facile, en l'absence de maîtresse royale, pour ses ennemis qui sont d'ailleurs nombreux : ceux de l'alliance autrichienne, le comte de Vergennes et Choiseul… Elle se construit des amitiés exclusives (la princesse de Lamballe, la comtesse de Polignac…) qui ne peuvent satisfaire les courtisans écartés. Réclamant des appartements privés, Marie-Antoinette s'isole au Petit Trianon et détruit son image publique en sabotant le cérémonial qu'on lui demande d'assumer. Non contente d'écorner son rôle de reine, elle fait attribuer à ses favoris, charges et pensions aux frais du Trésor royal. La pratique est courante, mais elle passe mal dans une France où est en train de naître une opinion publique sensible à la rigueur financière et morale de la bourgeoisie. Même si ses dépenses propres sont dues en partie à sa fonction, on lui attribue vite le surnom de Madame Déficit. Pour couronner le tout, son amitié amoureuse avec le comte de Fersen fait jaser à la cour comme à la ville.
Pourtant, la reine n'a pas l'influence qu'on lui prête. Bien qu'elle tente de s'imposer dans les coteries qui agitent la cour, elle ne parvient jamais à instrumentaliser le roi. Mais participer à

ces intrigues ne rehausse en rien sa réputation. À l'image de l'absolutisme finissant, elle est davantage le jouet de l'aristocratie que sa maîtresse. On la soupçonne aussi d'être l'œil de Vienne à Versailles. Téléguidée par sa mère par l'entremise de l'ambassadeur Mercy-Argenteau, elle ajoute un parfum de trahison à son image déjà déplorable. Entêtée et peu cultivée, elle n'a qu'un rôle marginal qui la rend impopulaire sans pour autant avoir eu un quelconque poids politique avant la Révolution.

Une reine dans la Révolution

De même que Louis XVI, elle n'est donc pas armée pour affronter la tempête de 1789. Sans objectif précis, si ce n'est celui de maintenir l'ordre des choses, elle joue clairement un rôle contre-révolutionnaire. Dès 1789, elle presse le roi de faire preuve de fermeté. Elle le pousse ensuite à la fuite, ce qui aboutit à l'épisode de Varennes. Elle souhaite la guerre avec les souverains européens, tout en espérant une défaite qui restaurerait le trône. La chute de la monarchie l'emporte dans une tourmente qui s'achève sur l'échafaud. C'est à cette occasion qu'elle révèle une vraie grandeur. Alors que son entêtement l'a toujours empêchée de maîtriser ce qui l'entoure, il lui permet d'affronter un procès ignominieux avec courage. Diffamée comme mère et comme femme, humiliée, abandonnée, elle fait face. Force est alors de constater que son crime est d'abord d'avoir été une aristocrate étrangère isolée à l'heure du triomphe de la bourgeoisie et de l'éclosion des nations.

n° **13**

Jean Moulin

« Entre ici, Jean Moulin, avec ton terrible cortège. »

Par ces mots d'André Malraux, Jean Moulin entre dans la légende en même temps qu'au Panthéon… En cette année 1964, la cérémonie est le point d'orgue du mythe résistantialiste de la France gaullienne. Trente-six ans plus tard, il est l'un des personnages pour lesquels les Français ont le plus de sympathie… Depuis 2004, il est devenu le prototype du héros moderne dont la résistance précoce et l'image d'homme de gauche rallié à de Gaulle permettent la récupération par les politiques de tous bords. Sa mort sous la torture, à quarante-quatre ans, en fait un martyr qui aura échappé aux compromissions de la Libération. Il est devenu une icône.

Vu d'ailleurs

Pourtant, ce héros national n'est guère connu à l'étranger. Perdue dans un conflit mondial, son action ne peut être considérée comme décisive. Objet de luttes de mémoire, il reste trop franco-français pour être exportable. Il souffre, comme tous les résistants, de l'image de la France réelle entre 1940 et 1944 : une France attentiste et maréchaliste marquée par la compromission avec le nazisme. Pour les Américains et pour les Britanniques, la Résistance s'incarne d'abord dans de Gaulle, et la France de 1944 est un pays vaincu qui doit sa libération à leur action. C'est d'ailleurs les États-Unis et l'historien Robert Paxton qui ont fait la lumière sur le régime de Vichy. L'homme qui a unifié la Résistance n'a guère intéressé les médias anglo-saxons que lors des controverses sur l'affaire Aubrac ou des soupçons qui ont porté sur sa dénonciation par la jeune et jolie Lydie Bastien. Le sujet leur paraissait sans doute beaucoup plus « glamour »... La notice de l'*Encyclopædia Britannica* sur Jean Moulin ne comporte que six lignes truffées d'erreurs, cependant que la BBC le présente comme un homme d'extrême gauche, torturé par la Gestapo en juin 1940... Quant à la seule biographie de langue anglaise qui lui soit consacrée, elle a été écrite non par un historien, mais par un journaliste britannique qui s'est également intéressé à Simenon, Diego Rivera et Mary Wesley... Par ailleurs, dans son livre sur la guerre d'Espagne, le célèbre historien Antony Beevor, s'il traite des livraisons d'armes clandestines de la France, ne parle pas une seule fois de lui. On peut donc dire que Jean Moulin est aussi célèbre en France qu'ignoré dans le monde.

Vu de France

Près de mille noms de rue, de place ou de collège, deux téléfilms et une multitude de biographies ou d'enquêtes et contre-enquêtes font de Jean Moulin le seul résistant dont le visage soit connu de la plupart des Français. Pas un manuel d'histoire de troisième ou de première où il ne figure, pas une émission sur la Résistance où sa photo, écharpe et chapeau sur un visage de héros romantique, n'apparaisse. Il est le modèle civique enseigné aux petits Français, la lumière dans une période très sombre. Jean Moulin est pourtant avant tout un héros plébiscité par les socialistes, les écologistes et la droite parlementaire. Les communistes lui reprochent son gaullisme et sa stratégie d'endiguement du PCF alors que l'extrême droite y voit un socialiste ou même un cryptocommuniste. Il est aussi le favori des Français diplômés. Sa carrière de brillant haut fonctionnaire en fait un modèle pour les cadres plus qu'un héros populaire. Un héros controversé donc, dont la «panthéonisation» correspond à une stratégie de captation de la mémoire de la Résistance. En faisant de l'envoyé de De Gaulle le symbole de toutes les résistances et la personnification d'un pays unanimement résistant, au mépris de la réalité, le discours de Malraux est un morceau de bravoure justement célèbre, mais c'est d'abord l'hymne à une France telle qu'on voulait se la remémorer et non telle qu'elle a été. Les polémiques récentes sur Guy Môquet montrent que si le débat mémoriel a changé de support – le lycéen communiste remplaçant le préfet radical comme modèle à suivre pour la jeunesse –, le passé ne passe toujours pas...

Ce qu'il faut retenir

Une carrière de météore

Né en 1899 à Béziers, Jean Moulin est issu d'une famille de la classe moyenne. Un père professeur de collège, franc-maçon et élu radical à la mairie de Béziers et une mère profondément catholique vont lui donner le sens de l'engagement républicain et des convictions profondément ancrées. Des études brillantes, que sa mobilisation en 1918 ne perturbe guère, lui permettent d'entrer dans l'administration préfectorale. Chef de cabinet à vingt-trois ans, sous-préfet à vingt-cinq, préfet à trente-huit, il a une carrière fulgurante qu'il mène de front avec sa passion pour le dessin et l'art en général.

Un haut fonctionnaire engagé

Mais Jean Moulin n'est pas seulement un haut fonctionnaire, aussi brillant soit-il dans ses fonctions. C'est aussi un homme qui s'engage en politique. À deux reprises, en 1932 et en 1936, il fait partie du cabinet ministériel du radical Pierre Cot, occupant même les fonctions de chef de cabinet du ministère de l'Air sous le Front populaire. C'est à ce titre qu'il est chargé d'organiser la fourniture clandestine d'avions aux républicains espagnols. Cette expérience du travail souterrain lui sera précieuse dans la Résistance. Il apprend aussi à gérer le ministère et à négocier avec les syndicats lors des grandes grèves dans l'aviation de mai et juin 1936. Autant de talents et de contacts qu'il pourra réactiver dans les missions que lui confiera de Gaulle.

Un homme d'honneur

Jean Moulin est à son poste de préfet de Chartres lorsque les troupes allemandes entrent dans la ville le 17 juin 1940. Alors que le maire fuit, il choisit de continuer à assumer ses fonctions. Il manque de le payer de sa vie. Torturé par les Allemands pour son refus d'accuser des tirailleurs sénégalais d'avoir commis des crimes de guerre, il tente de se trancher la gorge, craignant de céder sous les coups. Sauvé *in extremis,* il reçoit des excuses officielles puis reprend ses fonctions. Il reste à son poste jusqu'en novembre 1940, date à laquelle il est mis en disponibilité par le régime de Vichy. Trop républicain, trop à gauche et trop droit, il refuse de se plier aux nouvelles directives, notamment celles qui demandent d'épurer la fonction publique. Reste cependant qu'il n'a pas choisi de partir.

La Résistance

Installé dans la maison familiale de Saint-Andiol dans les Bouches-du-Rhône, il ne manifeste d'abord aucune intention d'entrer en résistance. Cependant, il multiplie les contacts, avec Henri Frenay, du mouvement Combat, notamment, et cherche à se faire une image de la Résistance. À l'été 1941, il se décide à gagner Londres plutôt que les États-Unis où Pierre Cot le pressait de le rejoindre. La figure de De Gaulle semble un aimant irrésistible à moins que Jean Moulin n'ait eu, dès ce moment, la conviction qu'il était le seul recours possible pour la Résistance intérieure. Bien que les deux hommes soient très éloignés politiquement, le Général a conscience de la valeur de cette nouvelle recrue, et notamment de ses accointances politiques. Même si les rapports que lui remet l'ancien préfet sur la Résistance sont sujets à controverse, il l'investit d'une mission d'unification des réseaux de l'Hexagone. Moulin devient ainsi le mandataire de De Gaulle en métropole. Doté d'argent, de contacts, il doit s'efforcer de fédérer les bonnes volontés autour et derrière l'homme du 18 juin. Dès janvier 1942, il est parachuté en Provence.

Une mission très difficile

En dehors de l'action clandestine, les mouvements de résistance sont divers et peu disposés à accepter telle quelle l'autorité de la France libre. Des communistes aux anciens monarchistes, les distances sont grandes et les objectifs ne se limitent pas à la libération du territoire. Nombreux sont ceux qui entendent transformer le pays et balayer les élites politiques de la IIIe République discréditées par leurs compromissions avec le régime de Pétain. Et beaucoup doutent de la volonté démocratique du Général dont on n'oublie pas les penchants conservateurs affirmés et l'ancienne proximité avec le Maréchal.
C'est donc en arpentant inlassablement le pays sous différents noms d'emprunt (Rex ou Max), en jouant de sa maîtrise du matériel fourni par Londres (radios notamment), mais aussi de ses talents de négociateur, que Jean Moulin va parvenir peu à peu à unifier la Résistance et à en faire la véritable armée secrète souhaitée par de Gaulle. Le 27 mai 1943, à Paris, la rencontre des représentants de la plupart des mouvements

de résistance, mais aussi des anciens partis politiques et des syndicats aboutissent à la naissance du Conseil national de la Résistance. C'est un triomphe pour Moulin et un atout supplémentaire pour de Gaulle à qui le CNR apporte son soutien. Il peut désormais se présenter en chef incontesté de la France libre aussi bien à l'étranger qu'en métropole. Ce sera un atout décisif pour évincer l'administration alliée qui devait se mettre en place au lendemain du débarquement.

Une fin tragique

Mais Rex ne verra jamais la Libération si ardemment souhaitée. L'arrestation, le 9 juin du général Delestraint, le chef de l'armée secrète, impose une réunion d'urgence pour pourvoir à son remplacement. Elle se tient à Caluire, dans la banlieue de Lyon, le 21 juin. Avertie, la Gestapo arrête tous les participants dont Moulin mais aussi Raymond Aubrac. Son identité révélée sous la torture par l'un de ses compagnons, Moulin est lui aussi torturé par Klaus Barbie, le chef de la Gestapo lyonnaise. Transféré à Paris puis vers l'Allemagne, il n'atteindra jamais sa destination. Il meurt dans le train près de Francfort le 8 juillet 1943. Il n'a pas parlé.

n° 14

Émile Zola

“Le romancier est fait d'un observateur et d'un expérimentateur.”

Zola n'est pas seulement l'auteur du *J'accuse* qui en 1898 lance l'affaire Dreyfus. En quarante ans de production journalistique et littéraire, il révolutionne la littérature française et occidentale et contribue aux transformations de la peinture de son temps. Modèle de l'écrivain engagé et de l'intellectuel combatif, il a participé à la démocratisation de la société et de la vie politique française. Sa jeunesse misérable, ses années de vaches maigres puis son succès international jusqu'à sa tragique et mystérieuse disparition le rendent profondément attachant. Il demeure l'un des écrivains français les plus lus, les plus traduits et les plus adaptés jusqu'à nos jours.

Vu d'ailleurs

De son vivant, Zola connaît une grande célébrité à l'étranger, essentiellement dans le monde occidental. Ses romans sont traduits (souvent en partie censurés) dans la très puritaine Angleterre ou la très catholique Italie et, comme en France, ils sont encensés ou traînés dans la boue. Nietzsche et Dostoïevski le méprisent, mais il est publié en Allemagne et en Russie, notamment avec le soutien de Tourgueniev. Il fera partie des auteurs censurés par le nazisme et le bronze de l'une de ses statues parisiennes, fondue par le gouvernement de Vichy, sera remis à l'Allemagne de Hitler. Il faut dire que l'auteur de *La Terre* ne pouvait plaire ni au vieux maréchal qui a dit : « la terre, elle, ne ment pas », ni au dictateur nazi, apôtre des racines paysannes de l'Allemagne. Cependant, sa notoriété a survécu à ses ennemis. On ne compte plus les adaptations de ses ouvrages à l'écran et les biographies publiées à l'étranger. Le plus grand spécialiste de son œuvre, le Français Henri Mitterand, est professeur à Paris III et à l'université Columbia à New York. Aux États-Unis, Zola est avant tout un modèle politique et un exemple d'engagement. Pour l'anecdote, il a inspiré un des premiers films biographiques à succès, *The Life of Émile Zola*, oscar du meilleur film en 1938. Mais il est aussi à l'origine des « muckrackers », les déterreurs d'ordures, ces journalistes américains du début du XIXe siècle, soucieux de démonter les pratiques douteuses des grands patrons, la corruption de la vie politique ou d'exposer la misère des petites gens. En Chine, il est, avec Hugo et Maupassant, l'un des écrivains français les plus traduits et les plus lus. Sa critique acerbe du Second Empire mais aussi sa description des conditions misérables de la classe ouvrière ou de l'arrivisme de la bourgeoisie ne peuvent que plaire à l'idéologie officielle. Il a d'ailleurs inspiré le grand écrivain chinois Ba Jin, mort en 2005.

Vu de France

Il ne reste en France que cinq statues de Zola. Bien que l'homme soit au Panthéon depuis 1908, l'auteur semble quelque peu oublié. Le naturalisme ne fait plus guère recette dans la littérature moderne et les vingt volumes des *Rougon-Macquart* peuvent sembler indigestes aux lecteurs d'aujourd'hui. Mais l'œuvre de Zola perdure d'une autre manière. Dès 1902, elle fait l'objet d'une première adaptation cinématographique avec *L'Assommoir*. Environ cent cinquante films sont tirés de ses romans ! En 1998, le centenaire du *J'accuse* était l'occasion d'une commémoration : c'est davantage le défenseur des droits de l'homme que l'écrivain qui est resté dans la mémoire collective. Pas un manuel d'histoire de quatrième ou de troisième où l'on ne trouve un extrait de *J'accuse*. La publication de ce texte fait d'ailleurs partie des dates à retenir pour les élèves au brevet des collèges. Quel Français ne s'imagine pas les mineurs du XIXe siècle en référence à *Germinal*, ou ne se représente les Halles grâce au *Ventre de Paris* ? Cette reconnaissance posthume est plus celle d'un peintre de son époque, elle méconnaît l'artiste au profit du journaliste. Est-ce là ce qu'il aurait souhaité ?

Ce qu'il faut retenir

Un orphelin italien

Né à Paris en 1840, fils d'un ingénieur italien immigré, Émile Zola est un exemple de ces étrangers qui ont fait la France. La mort de son père à Aix-en-Provence en 1843 laisse la famille dans le dénuement. La sollicitude et le courage de sa mère lui permettent cependant d'être scolarisé et de suivre des études au collège d'Aix. Mais il échoue par deux fois au baccalauréat et doit se résoudre à gagner sa vie sans qualification. Ces années de jeunesse lui révèlent sa vocation d'écrivain. Il se lie d'amitié avec celui qui deviendra un autre grand nom du rayonnement de la France, Paul Cézanne.

La vie de bohème

Au début des années 1860, Zola, désormais français, connaît le drame de l'écrivain qui ne peut vivre de sa plume. Ce n'est qu'en 1862, alors qu'il est embauché à la librairie Hachette, qu'il sort de l'extrême précarité. Par la suite, il collabore régulièrement avec divers quotidiens ou périodiques dans lesquels il fait paraître des critiques littéraires ou artistiques. Sa connaissance du milieu lui permet de révéler des artistes novateurs et de les soutenir contre l'académisme des peintres officiels. Manet et Courbet rencontrent en lui un fervent défenseur. Il devient un critique reconnu. Cependant, bien qu'il ait publié quelques textes (*Les Contes à Ninon),* la gloire littéraire n'est pas encore au rendez-vous.

Vers la reconnaissance

En 1867, la publication de *Thérèse Raquin* le révèle au public parisien. Cette notoriété s'accompagne d'un engagement politique marqué. À partir de 1868, il collabore à des journaux républicains, comme *La Tribune* ou *La Cloche* dans lesquels il distille des articles mordants sur le régime de Napoléon III. Il est d'ailleurs inquiété à plusieurs reprises par la police impériale. Il multiplie les contacts avec les puissants et constitue un ensemble de documents qui lui seront précieux dans l'élaboration de son œuvre littéraire. Il se lie également d'une solide amitié avec les frères Goncourt. Cependant, s'il est républicain, il n'en est pas pour autant un révolutionnaire. Absent de Paris durant la Commune, il accepte la répression même s'il se battra par la suite pour l'amnistie des communards.

« Nul jour sans une ligne »

Dès 1868-1869, Zola élabore son projet de fresque naturaliste : *Les Rougon-Macquart.* Marqué par Balzac, par l'historien Taine et surtout par le médecin Claude Bernard, il ambitionne de réaliser une œuvre scientifique : « Ma grande affaire est d'être purement naturaliste, purement physiologiste. Au lieu d'avoir des principes (la royauté, le catholicisme) j'aurais des lois (l'hérédité, l'atavisme). » Treize ans et vingt volumes plus tard, il aura tenu son pari : écrire l'histoire d'une famille sous le Second Empire en lui appliquant ces lois, et en mettant aussi en avant les pesanteurs de l'environnement social et physique. Il prétend appliquer à la littérature les principes scientifiques et essaie d'être le rapporteur distancié de la réalité. Cet immense travail s'appuie sur une formidable documentation qui fait de Zola un fin connaisseur des réalités du siècle.

Le temps du succès

Les Rougon-Macquart lui apportent le succès, surtout avec *L'Assommoir* en 1877. Zola accède alors à une honnête aisance grâce à des revenus confortables, mais il n'abandonnera le journalisme qu'en 1881. La reconnaissance vient au moment de la mort de son ami Gustave Flaubert, puis de sa mère en 1880. Depuis 1888, il entretient sa maîtresse Jeanne et leurs deux enfants, tout en continuant à partager la vie de son épouse. Les romans se succèdent mais l'éloignent de ses amis. Aux inimitiés anciennes que son projet littéraire lui a toujours créées, s'ajoutent les jalousies (les Goncourt, Daudet…), les amis blessés (Cézanne offensé par *L'Œuvre*) ou ceux que son acceptation des honneurs (la Légion d'honneur) indigne. Président de la Société des gens de lettres, il est désormais un écrivain mondialement reconnu, mais il suscite toujours la polémique dans sa patrie. Après l'échec de ses tentatives théâtrales dans les années 1870, il obtient un certain succès lyrique, grâce à l'adaptation d'une partie de ses textes à l'Opéra par Alfred Bruneau. Ses créations ultérieures (*Les Trois Villes* ou *Les Quatre Évangiles*) sont de facture littéraire plus faible, mais provoquent elles aussi la polémique. *Lourdes* est mise à l'Index par l'Église et Zola continue à s'attirer la haine des nationalistes dont celle de Léon Daudet, le neveu d'Alphonse, à l'antisémitisme forcené.

J'accuse

L'écriture de ce qui est probablement le plus célèbre éditorial de l'histoire de la presse mondiale est la suite logique de l'engagement républicain de Zola. Sans convictions précises sur la culpabilité de Dreyfus jusqu'en 1897, il est ulcéré par les attaques antisémites de la presse de droite. Convaincu par le vice-président du Sénat de l'innocence du capitaine, il décide de s'exposer aux attaques pour provoquer la révision du procès. Son *J'accuse* est un brûlot dont l'effet sera déterminant. Paru en première page de *L'Aurore*, le journal de Clemenceau, il est tiré à 300 000 exemplaires qui s'arrachent en quelques heures. La suite est connue : un procès pour diffamation dans lequel une justice aux ordres s'évertue à éviter le fond de l'affaire et le condamne à un an de prison ; la fuite à Londres et l'exil puis la révision du procès Dreyfus. Zola est désormais un double symbole : celui de la justice et de la défense des droits de l'homme pour ses partisans ; celui de la traîtrise et de la haine de l'armée pour ses détracteurs. Mais son action est déterminante et s'achèvera après sa mort par la réhabilitation de Dreyfus et sa propre entrée au Panthéon.

Une mort mystérieuse

Le 29 septembre 1902, Émile Zola est retrouvé mort à son domicile, asphyxié par un feu de cheminée. Jusqu'à aujourd'hui, les circonstances de sa mort n'ont pu être réellement éclaircies, mais il semble bien qu'il ait été victime d'un complot des milieux nationalistes. Avec lui s'éteint l'une des grandes consciences de la France républicaine.

n° 15

Jules Verne

« La guerre, on le sait, fut pendant longtemps le plus sûr et le plus rapide véhicule de la civilisation. »

Jules Verne est le romancier français le plus lu dans le monde. Pourtant, sur cent écrivains français interrogés en 2009 par *Télérama*, seule Claude Pujade-Renaud cite *Les Enfants du capitaine Grant* de Jules Verne parmi ses dix livres préférés… Au prime abord, le personnage semble peu sympathique. Fils à papa de la bourgeoisie nantaise, respectueux de la religion, antidreyfusard, anticommunard, antisémite, conformiste et homme d'ordre… son *curriculum vitae* est peu conforme à notre idéal de l'artiste maudit et de l'écrivain torturé ! Pourtant son immense succès dû à son grand talent ne se dément pas, cent cinq ans après sa mort.

Vu d'ailleurs

Jules Verne est l'auteur français aux 4 223 traductions mondiales. Il est au deuxième rang, derrière Agatha Christie, mais devant Shakespeare. Parmi les cinquante écrivains les plus traduits, il est l'un des rares Français avec Dumas, Goscinny et Balzac. Jules Verne est donc celui qui véhicule la réalité de la littérature française dans le monde, et ce depuis près de cent cinquante ans. Avec Hugo Gernsback et Herbert George Wells, il est considéré comme le père de la science-fiction et ses écrits ont imprégné les rêves de nombreuses générations. Le premier sous-marin nucléaire américain s'appelait le *Nautilus* ; le vaisseau européen de ravitaillement de la station spatiale internationale a été baptisé le *Jules Verne. Le Tour du monde en 80 jours* ou *Cinq Semaines en ballon* ont inspiré les plus folles tentatives de record, en mer ou dans les airs. On ne compte plus les adaptations cinématographiques de ses livres : de *De la Terre à la Lune* à *Voyage au centre de la Terre*. James Mason, Kirk Douglas, Omar Sharif, Curd Jürgens, Shirley MacLaine, Brendan Fraser ou… Jacky Chan ont incarné ses personnages. Ses histoires sont devenues jeux vidéo, bandes dessinées ou pièces de théâtre ! Difficile de rêver postérité plus fructueuse. *The Telegraph* classe *20 000 Lieues sous les mers* parmi les cent dix livres à lire entre *Frankenstein* et *La Machine à remonter le temps* alors que quatre de ses romans sont parus à Moscou pour les fêtes de Noël 2010. Il n'est pas jusqu'à la lointaine Chine qui n'ait publié pour la première fois *Les Tribulations d'un Chinois en Chine* au début de l'année 2010 ; le *China Daily* remarquant, à l'occasion, la pertinence des descriptions de l'auteur !

Vu de France

Les écrits de Jules Verne n'ont pas bonne presse littéraire en France, même s'il figure dans toutes les bibliothèques et continue d'être un succès d'édition. Il illustre à merveille la césure, pour ne pas dire le fossé, entre la culture dite intellectuelle et la culture populaire. Il est cité une fois sur mille dans le sondage de *Télérama* interrogeant cent écrivains français en 2009, mais plébiscité par les sondés du magazine *Lire* avec quatre apparitions sur cent, juste derrière Zola. Comme pour ce dernier, c'est un pied de nez posthume à ses contemporains, et notamment à ceux qui lui ont toujours barré l'entrée de l'Académie française. De son vivant, la reconnaissance artistique lui a toujours échappé et la situation perdure. Écrivain de science-fiction, genre mineur en France, il ne peut prétendre à servir de modèle. Pourtant, villes et villages l'honorent par des rues, et innombrables sont les collèges ou les lycées qui portent son nom. L'université de Picardie a même été baptisée de son patronyme ! L'Éducation nationale a créé un programme Jules Verne de mobilité internationale pour ses enseignants, mais ignore superbement l'artiste dans ses programmes à destination des élèves. Étrange paradoxe qui continue à faire de lui un écrivain pour enfants, un plumitif de quai de gare dont on se réjouit des adaptations cinématographiques.

Ce qu'il faut retenir

Le vent du large

Jules Verne naît à Nantes en 1828. Son père est un avoué, sa mère, issue d'une famille d'armateurs. Jules fréquentera assidûment son oncle, lui-même ancien armateur ayant bourlingué sur toutes les mers du globe. Du parfum salé du port de Nantes naît peut-être la passion de la mer et des voyages qui sera la sienne. Mais, fils de la bonne bourgeoisie, il ne semble guère destiné à une vie d'aventures et de voyages. Éduqué chez les frères, il entre au lycée royal de Nantes en 1844 et obtient le baccalauréat en 1846. À dix-huit ans, il est prêt à affronter le monde.

L'éducation sentimentale

Jules Verne se destine à des études de droit qui lui permettraient de reprendre la charge paternelle. Son départ pour Paris est lié à l'une des nombreuses déceptions sentimentales qui ponctueront sa vie de jeune homme. C'est autant pour l'éloigner de sa cousine dont il est épris que pour l'excellence de la faculté de droit que son père l'envoie sur les bords de la Seine. Sa cousine une fois mariée, il doit supporter un deuxième affront l'année suivante : son idylle avec une jeune Nantaise est rompue par les parents de la jeune fille qui ne voient pas en lui un parti prometteur. Cette deuxième déconvenue lui fait rejoindre définitivement Paris, dégoûté de la gent féminine nantaise. Il ira même jusqu'à fonder, avec quelques amis, les « onze sans-femmes » qui se rencontrent régulièrement pour des dîners de célibataires…

Les années de formation

En dehors de ces déboires sentimentaux, Jules Verne poursuit ses études de droit tout en fréquentant les salons littéraires que les relations familiales lui permettent d'intégrer. Lié d'amitié avec Alexandre Dumas fils, il peut faire jouer sa première pièce, *Les Pailles rompues*, au Théâtre historique qui appartient à… Dumas père. Jusqu'en 1855, il y fera jouer de nombreuses œuvres tout en écrivant ses premiers textes pour la revue catholique et bourgeoise *Le Musée des familles*. Mais cette production littéraire ne lui apporte ni la notoriété, ni la fortune. Son refus de reprendre une charge d'avoué aux côtés de son père en 1852 pour se consacrer à l'écriture est courageux, mais peu rentable. Ce sont cependant des années de création intense qui lui permettent notamment de se frotter aux sciences expérimentales, mais aussi à la géographie et à l'histoire contemporaine. Un séjour à Nantes en 1854 lui permet de connaître un nouvel échec amoureux.

Un bourgeois rangé

Témoin de mariage d'un ami, il rencontre à Amiens Honorine du Fraysne de Viane, jeune veuve de vingt-six ans déjà mère de deux enfants. Réciproquement séduits, ils se marient en janvier 1857. Mariage d'amour peut-être, mariage de raison sûrement. Une veuve dotée de deux enfants ne peut guère espérer mieux, alors qu'un jeune littérateur sans réel succès et surtout sans stabilité financière a besoin de soutien. Ses nouvelles responsabilités familiales imposent au jeune marié de solliciter l'aide de ses parents. Par une donation de 40 000 francs-or (80 000 euros actuels), ceux-ci lui permettent de s'installer comme placier en Bourse. Verne est un mauvais boursier et un mari incapable de combler les exigences mondaines de sa femme. À sa décharge, l'écriture le passionne davantage que la corbeille…

Un travailleur acharné

L'année 1863 est enfin celle du succès. Cette année-là paraît chez l'éditeur Hetzel *Cinq Semaines en ballon* qui connaît aussitôt des ventes considérables, tant en France qu'à l'étranger. Son éditeur se l'attache bientôt par un contrat de vingt ans. Investissement rentable puisque Verne fera paraître cinquante-quatre volumes en quarante-deux ans ! Désormais riche, il peut assouvir sa passion des voyages. Que ce soit sur des navires de commerce ou sur ses yachts successifs, il parcourt les mers européennes et se rend même aux États-Unis. En 1872, il se fixe définitivement à Amiens où il mène une vie de notable dans la ville d'origine de son épouse. Élu au conseil municipal, il sera même administrateur de la Caisse d'épargne de la ville jusqu'à sa mort. Le respect dû à son œuvre lui échappe cependant. Couronné par l'Académie française, il ne sera en revanche jamais admis sous la Coupole malgré les soutiens qu'il aura sollicités. Mais à défaut de la reconnaissance de ses pairs, il a celle des millions de lecteurs, ainsi que des puissants. Décoré de la Légion d'honneur, il est, en 1884, reçu en audience privée par le pape alors que le bey de Tunis, sous le protectorat de la France, met à sa disposition un wagon spécial lors de son passage à Bône. Autre preuve de ce respect, l'empereur Guillaume II fera représenter officiellement l'Allemagne à son enterrement en 1905.

Une mémoire en trompe-l'œil

Après des années consacrées à répandre un message optimiste quant aux progrès de la science et au rôle central de l'Europe dans sa diffusion, la deuxième partie de sa vie littéraire est plus sombre. La tentative d'assassinat par son propre neveu suivi de l'internement de celui-ci, la mort de son frère, son diabète qui affecte peu à peu sa vue, mais aussi la grande dépression qui frappe le continent semblent avoir eu des répercussions sur son œuvre. La figure des héros y devient noire, et les visions d'avenir catastrophiques. Verne y prend souvent la défense des peuples opprimés de l'Europe ou des colonies. En dehors d'un antimilitarisme affirmé dès son plus jeune âge et que l'on retrouve dans ses romans, il ne faut pas oublier son admiration pour Élisée Reclus, grand géographe mais aussi penseur de l'anarchisme français, dont les ouvrages imprègnent ceux de Jules Verne. Voilà qui impose une autre lecture de ses histoires fantastiques…

n° **16**

Gustave Eiffel

« Je pourrais être jaloux de la tour, elle est plus célèbre que moi. »

« Suppositoire solitaire », « Notre-Dame de la brocante » sont quelques-uns des sobriquets attribués à l'œuvre majeure de Gustave Eiffel inaugurée en mars 1889. On a oublié aujourd'hui les sarcasmes de l'époque qui n'honoraient guère leurs auteurs. La grande dame était d'abord une ode au Progrès ! Son créateur peut se vanter, quant à lui, d'avoir participé à l'élaboration de deux des plus célèbres monuments du monde, la tour Eiffel et la statue de la Liberté. Et s'il était encore vivant, il pourrait s'amuser de constater que sa fille de plus de cent vingt ans grandit encore. Avec l'antenne de la TNT, elle atteint désormais 327 mètres !

Vu d'ailleurs

Gustave Eiffel est donc, pour les visiteurs du monde entier, d'abord et avant tout le constructeur de ce miracle de dentelle métallique. 6,7 millions de visiteurs en 2010, et... 236 millions depuis 1889 ! Deuxième monument payant le plus visité du pays après le Louvre, la tour incarne Paris mais aussi la France. De *Dangereusement vôtre* (le dernier James Bond où joue Roger Moore) à *GI Joe*, des *Aristochats* à *Moulin Rouge*, les réalisateurs étrangers adorent la filmer (et la détruire...). Gustave Eiffel, c'est également, pour les Américains, l'un des constructeurs de la statue de la Liberté, leur propre emblème national. Gageons que sa notoriété n'est pas près de s'éteindre. Elle l'est d'autant moins que les répliques ou les imitations de ses œuvres de par le monde sont au moins aussi nombreuses que ses propres constructions. De Blackpool à Tokyo, de Las Vegas à Shenzen, de Prague à Da Lat, on compte par dizaines les reproductions de la tour. Quant à la statue, on en trouve à Paris aussi bien qu'en Autriche, au Mexique ou encore en Israël !

Vu de France

Dans l'Hexagone, la notoriété de l'industriel-architecte est telle que l'on a tendance, comme pour Vauban, à lui attribuer toute construction un tant soit peu métallique ! Plus sérieusement, Gustave Eiffel est aujourd'hui encore connu de tous. Cependant, comme Ravel et son *Boléro*, il semble bien souvent n'être qu'un nom commun que l'on accole à un monument... En France aussi, les romanciers ont décrit la tour, les peintres l'ont immortalisée (Chagall, Dufy...) et il est impossible de comptabiliser ses apparitions comme décor au cinéma. Malgré quelques collèges et écoles à son nom, malgré le documentaire de Charles Berling en 2009, il semble bien cependant que Gustave Eiffel soit condamné à s'effacer éternellement derrière son œuvre, comme il le pressentait lui-même.

Ce qu'il faut retenir

Un jeune homme travailleur

Issu d'une famille d'artisans bien que son père ait embrassé la carrière militaire sous Napoléon, Gustave Eiffel naît à Dijon en 1832. Sa mère, véritable maîtresse femme qui l'influencera profondément toute sa vie, vient d'une famille de simples commerçants et a su, ce qui est rare à l'époque, se constituer une solide fortune personnelle. Élève brillant bien que peu travailleur, il est pris en main par deux de ses oncles qui lui donnent à la fois sa formation scientifique (en chimie notamment) et une solide culture classique, mais lui insufflent aussi des convictions républicaines bien ancrées. Envoyé à Paris, il poursuit ses études au collège Sainte-Barbe en vue de préparer l'École polytechnique. Bien que disposant d'un double baccalauréat en sciences et en humanités, il échoue à intégrer l'X et rejoint l'École centrale. Il obtient en 1855 une place d'ingénieur dans une société de génie civile.

Des débuts prometteurs

Très vite, il fait ses preuves en construisant un remarquable pont de chemin de fer sur la Garonne à Bordeaux. La réalisation du projet lui permet de faire montre de ses talents d'ingénieur en concevant des machines hydrauliques facilitant la construction des fondations de l'ouvrage. Sa réputation d'innovateur est dès lors établie. S'ensuit une période de production intense au cours de laquelle il parcourt la France et l'Europe. Partout, ses ponts (pont Maria Pia sur le Douro au Portugal, pont de Gérone en Espagne, pont sur l'Escaut en Belgique...), ses bâtiments (lycée Carnot à Paris, gare de La Paz, une des gares de Budapest...) prouvent son talent pour les structures métalliques. Développant et améliorant sans cesse ses productions, il banalise l'emploi du préfabriqué, utilisant celui-ci à la manière d'un Meccano géant. Il construit aussi l'infrastructure du Bon Marché et… des ponts préfabriqués pour l'armée.

Une carrière exceptionnelle

La reconnaissance et la gloire viennent avec la statue de la Liberté. Offerte par la France aux États-Unis et confiée au sculpteur Bartholdi, elle doit être pensée et produite en France pour être remontée de l'autre côté de l'Atlantique. Eiffel fait alors la démonstration de son efficacité, conçoit la structure métallique du monument et acquiert une renommée mondiale. C'est ce qui lui permet de proposer le projet de la tour pour l'Exposition universelle de Paris en 1889. Reprenant une idée de deux de ses ingénieurs (il leur rachètera leurs parts de brevet en homme d'affaires avisé), il convainc le ministre du Commerce de l'époque (Édouard Lockroy) de lancer un concours. L'ayant remporté, il fait construire la tour en vingt-six mois en portant au plus haut point d'efficacité ses méthodes d'ingénierie, mais aussi sa science des relations publiques. Publicités, articles, artistes, tout est bon pour assurer le succès de la construction dont il a obtenu l'exploitation exclusive.

Plus dure sera la chute…

Engagé dans la construction du canal de Panama (il doit en réaliser les écluses), il est entraîné dans le scandale qui coule le projet de Ferdinand de Lesseps en 1893. Face aux accusations de corruption, il écope d'une condamnation. Il lui faudra cinq ans de procédures épuisantes pour prouver son innocence. Abandonnant la direction de sa société, il se consacre désormais à la tour : il doit affronter les projets de destruction (il n'en a l'exploitation que jusqu'en 1910) et multiplie les travaux de recherches (aéronautique, dynamique, télécommunications…). L'aviation et la Première Guerre mondiale sauvent définitivement son œuvre qui intéresse désormais la Défense nationale. Lorsqu'il meurt en 1923, il s'est définitivement effacé derrière son « suppositoire solitaire ».

n° 17

François Mitterrand

« *Un peuple qui n'enseigne pas son histoire est un peuple qui perd son identité.* »

Le 10 mai 1981, François Mitterrand était élu président de la République. Comment cet homme, féru de culture, maniant le verbe avec habileté, et dont les passions diffèrent tant de celles de ses concitoyens, peut-il figurer en bonne place parmi les personnalités préférées des Français de nos jours ? Son parcours politique atypique et pour le moins sinueux, ses tromperies sur son passé ou sa vie privée ont tout pour en faire un personnage controversé. Pourtant, la « génération Mitterrand » lui a rendu un hommage spontané le jour de sa mort alors que les grands de ce monde se pressèrent à Notre-Dame pour la messe d'obsèques.

Vu d'ailleurs

Quel chef d'État peut se vanter d'avoir réuni autour de son cercueil Shimon Peres et Yasser Arafat, Boris Eltsine et le prince Charles, et même, côte à côte, le prince Rainier et Fidel Castro ? L'hommage solennel du 11 janvier 1996 est révélateur de la dimension de Mitterrand... Pour l'historien américain Ronald Tiersky, il est, avec de Gaulle, le « plus grand homme politique français de la deuxième moitié du XXe siècle ». Ses relations avec les présidents des États-Unis ont d'ailleurs été très bonnes. « Cher François, le soleil se couche sur ma vie publique, une vie pendant laquelle j'ai apprécié de travailler avec vous si étroitement. Une vie privée s'annonce. Je vous envoie mes remerciements et mon respect et cette amitié que je chérirai toujours. George » lui écrit Bush père le soir de sa défaite devant Clinton. Kissinger peut dire que la France de Mitterrand a été une fidèle alliée des États-Unis ! Des États-Unis, mais aussi de l'Allemagne. Outre-Rhin, il a su faire vivre le couple franco-allemand et a scellé la réconciliation main dans la main avec Helmut Kohl, mais il est aussi celui qui a traîné les pieds au moment de la réunification. Pour les Chinois, sa présidence a été marquée par la vente des frégates à Taïwan, affront inacceptable qui a nui à l'image de la France à Pékin. En Afrique, malgré le discours de La Baule, Mitterrand continue d'incarner la Françafrique de papa (son fils fut même surnommé « Papamadi »). De manière générale, les pays du Sud se souviennent des discours tiers-mondistes du début des années 1980 et du soutien aux progressistes en Amérique latine. Mais là comme ailleurs, il est d'abord un homme fascinant qui a su incarner une certaine France.

Vu de France

Seul homme de gauche à avoir été à la tête de l'État sous la Vᵉ République, Mitterrand est aussi celui qui a occupé cette fonction le plus longtemps. C'est probablement parce qu'il a traversé le siècle en en suivant les sinuosités qu'il reste cher au cœur des Français. Un parcours politique commencé à l'extrême droite dans les années 1930, poursuivi par un maréchalisme bon teint et une résistance tardive ; un ministre permanent de la IVᵉ République puis un opposant tout aussi permanent à de Gaulle et ses successeurs ; un président qui veut « changer la vie » et qui s'accommode ensuite du libéralisme et de la cohabitation. Comment ces ondulations pourraient-elles nous parler ? Là où de Gaulle semblait monolithique, Giscard hautain, Chirac populaire, Mitterrand paraît insaisissable. Tellement français sont ses maîtresses, son goût de la littérature et des bâtiments ! Difficile de ne pas y voir une version républicaine de Louis XIV ! Il incarna l'immense espoir du peuple de gauche, celui d'une voie française vers le socialisme – espoir déçu et presque trahi mais qui conserve le parfum de la nostalgie. Ayant pacifié la Vᵉ République en permettant l'alternance, il est également le dernier président du « monde d'avant », dominé par la guerre froide, dans lequel la Chine était encore un nain économique et où l'Europe restait un grand projet porteur d'avenir. Sa pratique distanciée du pouvoir, ses marches à la roche de Solutré ou ses vacances à Latché sont à mille lieues des tendances actuelles et nous renvoient à un monde familier et rassurant. Alors Mitterrand est-il une icône du passé davantage qu'un exemple à suivre ? Peut-être est-il encore trop tôt pour le dire.

Ce qu'il faut retenir

Une jeunesse française

Mitterrand socialiste ! Si on l'avait prédit au jeune François de 1935, militant des Volontaires nationaux dans la mouvance des Croix-de-Feu, fils de famille bourgeoise, catholique et conservatrice de Charente, il aurait sans doute souri. Enfant d'un ingénieur des chemins de fer devenu industriel du vinaigre, il est né à Jarnac. Chez les Mitterrand, on est catholique, conservateur et républicain de raison plus que de conviction. Ses études au collège Saint-Paul d'Angoulême ne vont certainement pas l'amener à contester le modèle familial... Bien au contraire, c'est au foyer des pères maristes qu'il s'installe pour poursuivre ses études aux facultés de lettres et de droit ainsi qu'à l'École libre des sciences politiques à Paris. Il y côtoie des jeunes gens « de bonne famille », dont des sympathisants de la Cagoule, nauséabonde organisation d'extrême droite particulièrement violente. C'est là qu'il fera la connaissance d'Eugène Schueller, fondateur de L'Oréal et généreux mécène du groupuscule ou encore d'André Bettencourt qui, avant d'entrer en résistance, dirigera *La Terre française*, un journal collaborationniste... Le jeune François alterne donc des études brillantes (il est licencié en droit et en lettres) et la participation aux actions de l'extrême droite (chahut, manifestations « antimétèques »). En 1937, diplômé de sciences politiques, il part faire son service militaire. Il y rencontre Georges Dayan, juif et socialiste, qui deviendra un ami proche. La déclaration de guerre survient alors qu'il termine ses études d'avocat et la mobilisation le mène sur la ligne Maginot.

La guerre, Pétain et de Gaulle

Sergent, le jeune Mitterrand est blessé et fait prisonnier en juin 1940. En décembre 1941, il parvient à s'évader de son stalag à la quatrième tentative et regagne la France non occupée. Maréchaliste bon teint, il entre dans l'administration de Vichy au Service des prisonniers de guerre alors que sa fiancée (la future Catherine Langeais) rompt avec lui. Comme beaucoup de Français, il voue une grande admiration à Pétain, mais sans sombrer dans le pétainisme ni céder à l'antisémitisme. Son patriotisme fervent lui fait refuser toute forme de collaboration, ce qui ne l'empêche pas d'être décoré de la Francisque par le Maréchal en personne. À partir de l'été 1942, il entre progressivement en résistance. En janvier 1943, il fonde le Rassemblement national des prisonniers de guerre, puis passe dans la clandestinité en juin. Prenant contact avec de Gaulle, il affirme, avec une certaine arrogance et probablement une certaine jalousie, sa volonté d'indépendance et sa méfiance à son égard. C'est le début d'une opposition qui ne se démentira jamais malgré sa participation à la libération de Paris.

Un ministre indéboulonnable

Il participe alors au gouvernement provisoire avant de se marier avec Danielle Gouze. Il est désormais pleinement républicain et beaucoup moins catholique, les épreuves de la guerre et le spectacle de Vichy ayant probablement contribué à faire vaciller ses convictions. Classé au centre-gauche, mais farouchement anticommuniste, il s'empare d'un siège de député de la Nièvre avec le soutien d'Eugène Schueller. C'est le début d'une carrière politique de cinquante ans. Il occupe durant les dix années suivantes de nombreux postes ministériels dans lesquels il fait preuve de sa volonté d'ouverture aux peuples colonisés au point de devenir l'une des bêtes noires du parti colonial. Il s'efforce ainsi de limiter les exactions policières en Algérie avant de participer aux négociations aboutissant à l'indépendance de la Tunisie et du Maroc. Pourtant, il est celui qui préside au durcissement de la politique répressive en Algérie en 1956-1957 comme garde des Sceaux ! Encore un paradoxe qui montre que ses convictions de plus en plus affirmées d'homme de gauche n'entravent pas son appétit de pouvoir.

L'homme qui a dit non

Le retour au pouvoir de De Gaulle en 1958 le jette dans l'opposition. Il refuse de voter la confiance au Général et appelle à voter non au référendum sur la Constitution de la Ve République. Désormais maire de Château-Chinon et sénateur de la Nièvre, il publie en 1964 *Le Coup d'État permanent,* dans lequel il dénonce la pratique gaullienne du pouvoir et qui fait de lui l'opposant numéro un. En 1965, il réussit à regrouper les forces de gauche et à mettre de Gaulle en ballottage à la présidentielle. Désormais clairement à gauche, et même socialiste, il s'efforce de fédérer la gauche non communiste autour de lui. En 1971, il prend la tête du Parti socialiste au congrès d'Épinay. Absent de la présidentielle de 1969, il est battu en 1974 par Giscard malgré l'alliance avec les communistes qu'il a si longtemps combattus. Cette alliance contre nature est probablement son plus beau succès politique. Derrière une adhésion de façade au marxisme et une volonté sincère de changer la société, il réussit surtout à phagocyter le PCF et à en faire un allié mineur.

Tonton président

Le 10 mai 1981 lui donne enfin ce pouvoir après lequel il court depuis tant d'années. Les premiers temps de sa présidence sont l'occasion de profondes réformes : abolition de la peine de mort, dépénalisation de l'homosexualité, augmentation du SMIC, création de l'impôt sur les grandes fortunes, nationalisations massives, décentralisation, mais aussi semaine de 39 heures ou cinquième semaine de congés payés... La France est en chantier alors que les plus pessimistes craignent l'arrivée des chars soviétiques sur les Champs-Élysées. Mais la crise mondiale qui perdure et l'opposition farouche d'une partie de l'opinion entraînent des révisions déchirantes. Dès 1983, la France entre dans une période de rigueur, marquée par la lutte contre l'inflation et la hausse du chômage. Le temps des réformes est terminé.

Le temps de l'homme d'État

Défait aux législatives de 1986 mais vainqueur de la présidentielle de 1988, François Mitterrand est désormais le président d'un certain consensus. Il a fait admettre la crédibilité de la gauche dans l'exercice du pouvoir et a affaibli définitivement le PCF. Désormais concentré sur la politique internationale au moment où l'URSS s'effondre, il va s'efforcer de gouverner en bonne intelligence avec ses Premiers ministres successifs, de gauche comme de droite. On peut même dire qu'il aura été plus souple avec Balladur qu'avec Rocard… Ayant converti le PS au social-libéralisme (encore un retournement), il s'efforce de laisser sa trace dans l'histoire de façon presque obsessionnelle. Les grands travaux (Louvre, BNF, Arche de la Défense…) inscrivent son nom dans la pierre. La politique étrangère fait de lui un vieux sage dans un monde en plein bouleversement. Son entente avec Kohl, ses atermoiements en Yougoslavie, ses hésitations face à l'URSS finissante, mais sa foi européenne intransigeante, marquent la fin du xxe siècle. Polluée par les affaires, les mensonges, les révélations sur sa vie privée et la maladie, la fin de son deuxième septennat est un long calvaire. Pourtant, il réussit sa sortie de façon magistrale. Comme de Gaulle, sa disparition un an après son départ de l'Élysée le fait immédiatement entrer dans la légende, lui épargnant l'oubli d'une longue retraite. Il est désormais dans le cimetière des éléphants de notre histoire même s'il repose à Jarnac et non au Panthéon.

n° 18

Jean de La Fontaine

« Ne forçons point notre talent, nous ne ferions rien avec grâce. »

L'un des plus grands auteurs français semble être l'homme d'un seul livre. Ses *Fables choisies et mises en vers* imprègnent notre imaginaire, et ceux d'une bonne partie du monde occidental. Merveilleux passeur d'histoires, le fabuliste ne ressemble guère au moraliste dont l'école de la IIIe République a voulu faire un modèle. Léger et charmeur, très égoïste mais d'une intelligence rare, louant ses protecteurs, mais sans excès, il a imprégné ses écrits de la plus grande des gaietés. Comme Molière, il a dû, pour vivre de son art, accepter la censure, renier parfois ses écrits ou en atténuer la virulence.

Vu d'ailleurs

La Fontaine est unanimement remarquée comme l'un des plus illustres écrivains français et le plus grand fabuliste du monde occidental. Pourtant, même si sa richesse et sa subtilité sont reconnues, il se heurte à deux écueils à l'étranger. D'une part, la richesse de sa langue et les variations de son langage poétique le rendent difficile à traduire, y compris dans les langues européennes, d'autre part, il est si intimement lié au Grand Siècle qu'il en semble peu accessible au non-Français. Il trouve pourtant un écho aussi bien en Inde que dans le monde arabe. En effet, si une partie de ses *Fables* s'inspire d'Ésope ou de Phèdre qui irriguent la culture gréco-latine des Européens, ses textes puisent également dans les traditions indiennes transmises par les Perses et les Arabes. Ses traductions font l'objet, aussi bien au Maroc qu'en Algérie et en Tunisie, d'études comparées avec les versions locales des *Fables*. De façon plus anecdotique, on notera que la Monnaie de Paris a créé deux pièces de cinq euros associant La Fontaine et la Chine. Il a d'ailleurs été traduit au pays de la Grande Muraille, même si le caractère souvent elliptique du chinois en rend très complexe la traduction. En 1894, une édition de ses *Fables* a été illustrée par de grands artistes japonais. Aux États-Unis enfin, il a fait l'objet de recherches universitaires récentes et de nombreuses traductions. Sans compter les ouvrages français parus en anglais, cinq livres à son sujet ont été édités depuis 2000, preuve d'un succès qui ne se dément pas.

Vu de France

« Vous avez reconnu, enfants, ce grand poète dont vous apprenez les fables par cœur, La Fontaine. C'est un des écrivains qui ont immortalisé notre langue : ses fables ont fait le tour du monde ; on les lit partout, on les traduit partout, on les apprend partout. Elles sont pleines d'esprit, de grâce, de naturel, et en même temps elles montrent aux hommes les défauts dont ils devraient se corriger » ; c'est ainsi que *Le Tour de France par deux enfants,* ouvrage qui a accompagné l'enfance de millions de Français jusqu'aux années 1930, présente le fabuliste. Gloire nationale, beauté de la langue, morale omniprésente, tout cela constitue la vulgate construite autour de La Fontaine. Depuis la IIIe République, l'Éducation nationale continue sur cette lancée en imposant l'apprentissage des mêmes fables aux générations successives. Aucun autre écrivain ne bénéficie d'une telle continuité. C'est pourquoi il est un auteur transgénérationnel qui unit les Français au-delà des considérations sociologiques. Mais c'est aussi ce qui le cantonne à une littérature enfantine alors qu'il n'a jamais eu cette vocation. Rousseau, déjà, montrait que ses textes, par leur complexité, l'ambiguïté des morales ou le malin plaisir qu'ils prennent à brouiller les pistes, n'étaient guère adaptés à un public enfantin. Malgré tout, les *Fables* se sont imposées en raison de leur vivacité, de leur variété ou encore de la simplicité (relative) des vers face aux alexandrins de Racine. C'est bien ce qui leur permet encore aujourd'hui d'inspirer les auteurs de bandes dessinées, de chansons pour enfants ou de spectacles. On les a mises à toutes les sauces, du baroque au rap, de Bach à Chantal Goya alors que des artistes aussi divers que Fabrice Lucchini, Lambert Wilson, Fernandel, Jean-Pierre Cassel les ont contées. Et la sortie en 2007 au cinéma de *Jean de la Fontaine, le défi*, montre bien son inscription dans notre culture nationale.

Ce qu'il faut retenir

Un fils de la bourgeoisie montante

La vie de La Fontaine a laissé moins de traces pour la postérité que son œuvre elle-même. Né à Château-Thierry en 1621 dans l'hôtel particulier de ses parents, il n'est pas vraiment un enfant de la misère ! Son père est un riche bourgeois, propriétaire d'un office de maître des Eaux et Forêts. Ne l'imaginons cependant pas garde-chasse, mais plutôt juge des affaires liées aux forêts domaniales. Son fils reprendra d'ailleurs cet office avec un succès des plus mitigés. De plus, l'un de ses oncles a épousé la sœur de celui qui n'est pas encore… le cardinal de Richelieu !

Du collège à l'Oratoire

Jean est un « bon garçon, fort sage et fort modeste » qui réussit bien ses études mais préfère les flâneries aux leçons, et la lecture de *L'Astrée* aux règles de grammaire. À dix-neuf ans, sans but précis, cultivant une paresse de bon aloi, il entre au séminaire de l'Oratoire à Paris. Mais la théologie n'étant pas son fort, il abandonne son projet évangélique pour le droit.

Amour, amour, quand tu nous tiens

Mettant dans ses études la même nonchalance que pour le reste, il leur préfère la littérature. Il dévore Malherbe, Boccace, Marot... tout autant que les jeunes femmes dont il fait une consommation sans retenue. Découvrant les salons parisiens et se faisant des relations qui lui seront plus tard profitables, il n'obtient son diplôme d'avocat qu'au bout de sept ans. Au cours de ces années, il défraie davantage la chronique par ses aventures sentimentales (la femme du lieutenant général de Château-Thierry, entre autres) que par sa prose. Marié en 1647 par son père (avec une cousine de Racine), il ne sera guère meilleur époux ou père qu'étudiant.

Un officier désinvolte

Propriétaire d'un office de maître triennal des Eaux et Forêts en 1652, il s'y montre particulièrement peu rigoureux. On sait qu'il sera tancé à plusieurs reprises par le président du Parlement de Paris, et même par Colbert pour sa mollesse dans la répression des braconnages. Le mariage ne l'ayant pas assagi, de son aventure avec une abbesse, on fait des gorges chaudes dans toute la province. Ennuyé par son office, endetté, il devra se résoudre à le vendre au duc de Bouillon en 1671, ce qui le laissera sans revenus.

Au service de Fouquet

Grâce à son oncle, il entre en 1658 au service de Fouquet, alors en pleine gloire. Après une première œuvre, *L'Eunuque,* passée totalement inaperçue, il va commencer à donner sa pleine mesure. Il dédie à son protecteur un poème, *Adonis,* mais aussi *Le Songe de Vaux* tout en cherchant à attirer l'attention de la cour du jeune Louis XIV. Mais la chute de Fouquet en 1661 va marquer durablement sa carrière.

Tout flatteur vit aux dépens de celui qui l'écoute

Désormais sans mécène, il doit rentrer à Château-Thierry où il fait la connaissance de la jeune duchesse de Bouillon à qui il dédie ses premiers *Contes* dont certains sont des plus lestes. Malgré le succès obtenu auprès de la jeune femme, le scandale est grand et le recueil se vend mal. Toujours endetté, il doit accepter d'entrer au service de la vieille duchesse d'Orléans ; cette sinécure lui laisse beaucoup de temps libre mais peu d'écus. La gloire vient enfin avec la parution du premier volume des *Fables* en 1668. Il est présenté au roi mais l'ouvrage suivant, assez révolutionnaire dans sa forme, *Les Amours de Psyché et de Cupidon,* ne séduit pas le public. En 1672, la mort de la duchesse d'Orléans le laisse à nouveau sans ressources.

C'est Mme de La Sablière, épouse d'une de ses connaissances de jeunesse, qui le sort de ce tracas. Elle pourvoira à ses besoins et l'abritera jusqu'en 1693. Dans son hôtel, il fait la connaissance notamment de Charles Perrault. Il publie en 1674 ses *Contes* qui ont l'honneur de déplaire au roi. Celui-ci en fait interdire la vente. La Fontaine se voit alors obligé de vendre sa maison natale pour éponger ses dettes. Il est désormais un poète nu. La malchance ne le quittant guère, il dédie en 1678 à Mme de Montespan son second recueil des *Fables* ; malheureusement, c'est le moment où l'étoile de la maîtresse du roi vacille au profit de Mme de Maintenon !

À l'Académie

La mort de Colbert le débarrasse d'un ennemi tenace et lui ouvre en 1684 les portes de l'Académie française, malgré la mauvaise volonté du roi mais avec le soutien de l'opinion. Il est désormais un poète installé, même si la misère n'est jamais très loin. Il partage désormais sa vie entre sa pieuse protectrice qui s'est éloignée du monde, les séances à l'Académie… et la fréquentation du Temple où une société brillante s'adonne aux plaisirs les plus grivois. L'âge n'entamant pas sa vigueur, il continue à s'adonner aux joies de l'amour non conjugal, tout en prenant part à la querelle des Anciens et des Modernes. Adorateur de l'Antiquité, il se range résolument dans le camp des Anciens alors même que son œuvre, et notamment ses *Fables*, est d'une étonnante modernité.

La mort et le malheureux

La mort de Mme de La Sablière en 1693 laisse le vieil homme désemparé. Soucieux de son salut après une vie plus que dissolue, il subit la pression de l'Église et renie ses *Contes* devant une délégation de l'Académie alors qu'il se croit à l'article de la mort. Il survivra deux ans à cette confession publique qui s'apparente fort à un reniement. Jusqu'à son décès en 1695, il se tiendra fort sage et recueilli. On découvrira même sur son corps, un cilice dont il s'infligeait la torture.

n° 19

François Ier

« Souvent femme varie, bien fol qui s'y fie. »

1515 Marignan ! Cette date que l'on ne cesse de citer de façon moqueuse comme exemple de l'histoire « roman national » est une date significative du grand règne de François Ier. Ajoutons-y les châteaux de la Loire, Léonard de Vinci ou le camp du Drap d'or, et l'on dispose de tout le folklore qui s'attache à ce souverain. Pourtant, l'action de ce symbole de la Renaissance dépasse largement cette image un peu surannée mais qui fait de lui l'un des rois préférés des Français. Entre ses prédécesseurs bien fades et ses successeurs pris dans la tourmente des guerres de Religion, il a tous les atouts du roi fantasmé. Grand (plus de 1,85 mètre), majestueux, courageux, cultivé, amateur d'art, il n'a que vingt ans à son avènement. On se souvient de

Bayard et l'on oublie sa bravoure irréfléchie. On rêve à Chambord et l'on oublie les dépenses somptuaires. On pense aux humanistes et l'on oublie les premiers bûchers. Le roi-chevalier est dans nos mémoires, mais son legs est plus complexe et plus important que les charges de Marignan.

Vu d'ailleurs

Comme beaucoup de souverains nationaux, François Ier dispose à l'étranger d'une image tout aussi floue mais beaucoup moins flatteuse que dans son propre pays. Le seigneur des humanistes est inconnu en dehors du monde occidental. Pour les Italiens, s'il est un prince de la Renaissance, il est avant tout, comme Charles Quint, le symbole de ceux qui firent de la péninsule un champ de bataille au détriment des populations. Pour les Espagnols, il est le roi parjure qui déchira le traité de Madrid en se déshonorant. Pour les Anglais, il est le souverain qui n'a pas su rompre avec le pape et créer une religion nationale. Pour les Européens, il est celui qui n'hésite pas à s'allier avec l'ennemi de la Chrétienté, Soliman le Magnifique. Pour les Turcs, justement, il est le souverain chrétien qui, le premier, noue des relations d'alliance avec un État musulman. Pour tous, il est le monarque chanceux qui hérita de la *Joconde*. Seuls les Québécois ont une vision positive de ce roi qui fut à l'origine de la naissance de la Belle Province. François Ier, le souverain idéal de la Renaissance ? Un monarque sans l'ambition de Charles Quint, la brutalité d'Henri VIII ou le côté parvenu d'un Sforza ? Peut-être ; mais plus que tout cela il est un roi dans ce monde en plein bouleversement qu'il n'a pas su entièrement maîtriser…

Vu de France

Vu depuis notre République contemporaine, François Ier est bien difficile à déchiffrer. Si l'on peut lui accorder le privilège de l'éloignement qui le dédouane du passif de la monarchie absolue, il n'en reste pas moins un souverain aux pratiques fort peu démocratiques. Mais, confusément, ce qui pourrait être un défaut rédhibitoire passe aujourd'hui pour une qualité. Que serait le centralisme linguistique si cher à nos concitoyens sans l'édit de Villers-Cotterêts ? N'est-il pas le premier souverain à laïciser sa politique en séparant ses convictions religieuses des intérêts de l'État ? Lorsqu'il fonde le Collège des lecteurs royaux, futur Collège de France, ne fait-il pas œuvre de modernité en brisant le monopole ecclésiastique de l'enseignement ? En envoyant au gibet par un procès truqué le contrôleur général des Finances Jacques de Semblançay, n'a-t-il pas permis la modernisation du Trésor royal ? Mais au-delà de ces réalités, c'est par ses défauts que le roi nous parle. Souverain fastueux qui collectionne les aventures féminines, roi guerrier qui combat parmi ses chevaliers au mépris de l'efficacité militaire, prince mécène qui subventionne les artistes et grève le Trésor royal ; il nous reste les ors de la monarchie sans que nous nous rappelions ce qu'ils ont coûté de sueur, de sang et de larmes.

Ce qu'il faut retenir

Le prince à la salamandre

C'est le hasard de l'hérédité qui fait du comte François d'Angoulême le roi de France. Descendant du second fils de Charles V, il est de sang royal. Mais il doit son trône au fait que ses deux prédécesseurs, Charles VIII puis Louis XII, meurent sans progéniture mâle. La loi salique écartant, depuis 1316, les filles de la couronne, il devient le 1er janvier 1515, le plus puissant monarque d'Occident. Né en 1494, le jeune François est élevé par sa mère, Louise de Savoie, son père étant mort dès 1496. Héritier présomptif du royaume, il réside auprès du roi au château d'Amboise. Son éducation est complète et le jeune prince se révèle ouvert et vif d'esprit. Bien que médiocre latiniste, il est féru de littérature antique et se trouve bercé par la culture humaniste. On traduit même pour lui la *Cyropédie* de Xénophon qui relate l'instruction reçue par Cyrus et traite aussi bien de la vie de cour, que des pouvoirs du souverain ou de l'art de la guerre. Entouré de jeunes nobles, il révèle également ses qualités physiques et, à vingt ans, figure l'image du parfait chevalier. Pourtant, une tendance à l'orgueil que sa naissance et un entourage dévoué ne font qu'accentuer, une certaine naïveté et un caractère parfois irréfléchi lui joueront bien des tours. Comme son père, il a pour symbole la salamandre, animal mythique qui nourrit le bon feu et éteint le mauvais. La propagande monarchique le présente aussi comme un Hercule protecteur du royaume. Jeune, imposant et soucieux de sa propre gloire, il bouleverse la cour léguée par le vieux Louis XII dont la mort lui donne la direction.

Le roi-chevalier

Marié depuis 1514 à Claude de Bretagne, fille de Louis XII et d'Anne de Bretagne, le jeune roi est également le descendant de Valentine Visconti, dont il prétend tenir des droits sur le Milanais. Alors que les conflits menés par ses prédécesseurs en Italie à propos du royaume de Naples ou du duché de Milan s'étaient terminés en désastre, François Ier entend faire valoir ses « droits » et s'essayer à la guerre. Grâce à des relations pacifiées avec le roi d'Angleterre et le pape, à une alliance avec Venise et à un Trésor bien rempli, il peut s'adonner à ses rêves de gloire. Avec 40 000 hommes bien payés et équipés d'une artillerie moderne, il fonce sur la Lombardie au printemps 1515. C'est là, à Marignan, qu'il remporte une difficile victoire sur les Suisses, protecteurs du duc de Milan, Maximilien Sforza, qui doit abandonner son duché. Le triomphe est total. C'est la première de ses campagnes, mais c'est aussi la dernière à être réellement victorieuse ! La conséquence diplomatique la plus durable est la signature de la « paix perpétuelle » avec les cantons suisses qui garantit leur neutralité et permet à la France de s'approvisionner en mercenaires dans les rudes montagnes helvétiques. Le traité durera jusqu'en 1798 !

« Tout est perdu, fors l'honneur »

Mais dès 1522, le Milanais est à nouveau la proie de la coalition dirigée par celui qui sera désormais son irréductible ennemi, Charles Quint. En 1524, François Ier, après avoir repoussé une offensive sur Marseille, passe à nouveau les Alpes et s'empare de Milan. Faisant preuve d'un excès de confiance, il assiège durant l'hiver la cité de Pavie. Il est alors surpris par le retour de l'armée impériale le 24 février 1525. Dédaignant ses canons au profit d'une charge de cavalerie qu'il mène lui-même, il est fait prisonnier et l'armée française se désagrège. C'est le plus grand désastre depuis Azincourt. Comme Saint Louis et Jean II, il fait partie des rois dont les imprudences ont coûté cher au royaume. Captif, il est contraint de signer en 1526 le désastreux traité de Madrid qui le fait renoncer au Milanais, mais aussi à la Bourgogne. Laissant ses deux fils en otage, il regagne la France, bien décidé à ne pas respecter le traité.

Les guerres interminables

Après un nouvel échec à Naples, la paix est signée en 1529, mais ne dure pas. Roi catholique, François Ier est peu scrupuleux sur le choix de ses alliances pour lutter contre les Habsbourg : en 1531, il s'allie avec les princes protestants allemands et en 1536 avec l'Empire ottoman. Cette année-là, la guerre reprend et se solde par la conquête de la Savoie et du Piémont. Entre 1543 et 1546, associé aux Ottomans, il affronte à nouveau les Impériaux et les Espagnols, mais aussi les Anglais. À sa mort en 1547, les finances sont épuisées, le royaume contrôle la Savoie et le Piémont, mais a dû renoncer à Milan, ainsi qu'à sa suzeraineté sur la Flandre et l'Artois.

Le lys et l'hermine

Pourtant, l'État royal s'est consolidé durant son règne avec l'élimination des derniers grands fiefs. Le rattachement de la Bretagne à la couronne s'est fait en douceur grâce à la diplomatie habile menée depuis la fin du XVe siècle. Marié à l'héritière du duché, François Ier a obtenu des États de Bretagne, en 1532, après la mort de son épouse, sa réunion au royaume. La confiscation en 1527 des terres du Connétable de Bourbon, grand seigneur ayant des possessions dans tout le centre du pays et mort la même année, permet au roi de se débarrasser d'un trop puissant vassal. Si l'on y ajoute les terres qu'il a apportées en propre au domaine, sa politique de rattachement se révèle être une totale réussite et laisse à ses successeurs un État solide qui n'est plus sous la menace des grands barons.

« Tel est notre bon plaisir »

La consolidation de la monarchie passe également par une politique de centralisation administrative. Entre 1534 et 1532, il réorganise et centralise le Trésor. La création des receveurs généraux en 1542 permet d'améliorer la perception des impôts alors que la naissance des rentes sur l'hôtel de ville marque le début du crédit public en 1522. Au total, si le roi-chevalier a beaucoup dépensé, il a aussi su créer les bases du développement d'un État centralisé et efficace. Pour couronner le tout, l'ordonnance de Villers-Cotterêts de 1539 impose aux curés de tenir des registres de baptême en français dans tout le royaume. Même si cette mesure est diversement appliquée, elle symbolise la substitution du français au latin comme langue administrative, et donc officielle. Par ailleurs, le concordat de Bologne lui accorde la nomination des évêques en échange de leur investiture par le pape. Cela renforce encore le contrôle royal sur l'Église de France.

Le prince de la Renaissance

Roi fastueux et qui pratique (déjà) la politique spectacle, François Ier cherche à s'entourer des plus grands artistes. Son éducation l'a ouvert aux influences italiennes et sa sœur Marguerite est elle-même une femme de lettres protectrice de nombreux humanistes. Il accueille donc dans le royaume, non seulement Léonard de Vinci, mais aussi Rosso ou le Primatice. À Chambord, à Blois, à Fontainebleau, le style italien triomphe et fait de la France un nouveau centre culturel dynamique de l'Europe. Protecteur des arts et des lettres, il est le mécène de poètes, comme Clément Marot, et développe la bibliothèque royale, ancêtre de la Bibliothèque nationale. Le roi tolère même les réformateurs religieux, tant qu'ils ne contestent pas l'ordre établi.

Le temps des bûchers

Mais le roi très-chrétien ne peut accepter de réformes trop profondes qui bousculeraient les traditions. Déjà maître de l'Église de France depuis le Concordat, il n'a aucun intérêt à contester son pouvoir. Aussi, lorsque les calvinistes déclenchent un scandale avec « l'affaire des placards » (1534), il se résout à la répression. Le temps n'est pas à la tolérance et personne n'imagine deux religions coexister. Le choix du roi se fait donc pour la foi traditionnelle suivie par la grande majorité de son peuple. Les premiers bûchers s'allument pour les protestants, et le massacre des vaudois du Lubéron en 1545 entache les dernières années de son règne. Lorsqu'il meurt en 1547, il ne peut que pressentir les flammes qui ravageront le royaume pendant cinquante ans.

n° 20

Georges Clemenceau

« Ne craignez jamais de vous faire des ennemis, si vous n'en avez pas, c'est que vous n'avez rien fait. »

Orgueilleux, inclassable et solitaire, le Tigre est enterré seul dans son village de Mouchamps, dans la propriété familiale. Le Père la Victoire n'a pas les honneurs du Panthéon, lui qui a incarné la République durant toute sa vie. Avec la disparition des derniers poilus et malgré le regain d'intérêt porté à la Grande Guerre, il s'efface peu à peu de nos mémoires. Trop peu consensuel, il ne peut être érigé en symbole d'aucun camp. Républicain radical, laïc intransigeant, bouffeur de curé, défenseur de Dreyfus, il est aussi « le premier flic de France », l'homme qui envoie l'armée mater les grèves ouvrières et qui finit par instaurer une véritable dictature parlementaire au nom de la défense nationale.

Vu d'ailleurs

Clemenceau est une figure reconnue sur une grande partie de la planète. Son parcours atypique, son rôle dans l'affaire Dreyfus, son action dans la Première Guerre mondiale et le traité de Versailles en font un incontournable des manuels scolaires du monde entier. Mais son image n'est pas forcément bonne. En Italie, on lui reproche d'avoir trahi les promesses pour pousser le pays à entrer en guerre. En Allemagne, où l'empereur Guillaume II ne cachait pas son admiration pour le vieil homme, il est d'abord l'artisan du Diktat de Versailles. Aux États-Unis, on respecte le leader indomptable qui a vécu un temps à New York et s'est marié à une Américaine (il a fait la couverture du *Time Magazine* en 1926), mais on fait de lui l'exemple du nationalisme de la vieille Europe. Difficile d'oublier le mot cruel – « Dieu a donné aux hommes les dix commandements ; nous les avons brisés. Wilson nous donne les quatorze points ; nous verrons » – de celui que l'idéalisme presque religieux du président américain exaspérait. Pour les Britanniques, il incarne l'Entente cordiale et, selon le mot de Churchill, « dans la mesure où un simple mortel peut incarner un grand pays, Clemenceau a été la France ». Dans le monde arabe, même si Beyrouth a conservé sa rue Clemenceau, on s'est empressé d'oublier le discours anticolonial et antiraciste du tribun, pour ne plus se souvenir que des agressions françaises contre le Maroc durant son ministère. En bref, son image à l'étranger est bien celle d'un chantre de la France.

Vu de France

Ce n'est probablement pas une coïncidence, si on le retrouve dans le panthéon de nombreux hommes politiques allant de Jean-Pierre Chevènement à Nicolas Sarkozy. Son socialisme patriotique et national est en effet entièrement tourné vers l'amour de la patrie. Mais sa mémoire n'est pas confinée à un certain radicalisme de gauche ; elle dépasse de loin les clivages politiques. Partout, des rues, des écoles, des lycées portent son nom. On continue, en classe de première ou de quatrième, à traiter son célèbre discours anticolonial de 1885 en réponse à Jules Ferry ou à étudier son rôle dans l'affermissement et la défense du régime républicain. L'Union sacrée de 1914 semble s'incarner dans ses célèbres moustaches. Mais en 2010, Chantal Jouanno, alors secrétaire d'État, était incapable de le situer... On est donc bien en peine de classer ce médecin malgré lui, bourgeois provincial, coureur de salons et de jupons, ami de Monet mais aussi de Kipling qui défie les catégories et les convenances.

Ce qu'il faut retenir

Médecin malgré lui

Difficile de relater une vie publique qui s'étend, au minimum, sur cinquante ans ! Clemenceau, né en 1841 sous la monarchie de Juillet, est mort en 1929, juste après le krach de Wall Street... Issu d'une famille vendéenne républicaine dans une région catholique et conservatrice, il répond au souhait paternel en suivant des études de médecine à Paris. Digne fils de son père, il s'illustre par ses opinions politiques qui lui valent de connaître les geôles impériales pendant quelques mois en 1862. Devenu médecin, il s'exile aux États-Unis entre 1865 et 1869. Il y exercera quelque temps avant d'enseigner le français dans un collège de jeunes filles... et d'y épouser une de ses élèves.

Le Tigre

De retour en France à la faveur de la libéralisation politique voulue par Napoléon III, la chute de l'Empire lui permet d'être désigné maire du XVIIIe arrondissement de Paris dans lequel il côtoie son ami Auguste Blanqui et Louise Michel. Opposé au traité de paix signé avec la Prusse en 1871, mais aussi à la Commune, il s'efforce de jouer les intermédiaires dans la guerre civile, ce qui lui vaut la haine des deux camps. Démissionnaire de son poste de député, il ne sera réélu qu'en 1876. Il figure alors à l'extrême gauche de la Chambre. Républicain jacobin, patriote et anticlérical, il s'oppose à la République bourgeoise et conservatrice qui s'incarne dans le Sénat et la fonction de président de la République. À ses yeux, Gambetta et les pragmatiques sont des traîtres. Mais il ne s'accorde pas non plus avec un socialisme encore embryonnaire. Si la question sociale est importante à ses yeux, elle doit se régler par une action forte de l'État et non par la suppression de la propriété privée. C'est donc un isolé, mais un isolé redoutable qui gagne le surnom de « tombeur des ministères ». Formidable orateur, maître de la petite phrase assassine, il est d'autant plus craint que sa réputation de duelliste chevronné le rend dangereux à provoquer. Tout en fréquentant les salons et le monde des artistes, il devient une figure centrale de la vie politique. Opposé à la politique coloniale de Jules Ferry, soutien puis adversaire du boulangisme de Maurice Barrès, hostile aux lois scélérates de 1893-1894 qui visaient à réprimer le mouvement anarchiste, il est de tous les combats. Mais en 1893, discrédité par sa mise en cause dans le scandale de Panama, il est battu aux élections et ne se représente pas aux législatives de 1898.

Au pouvoir

Se consacrant désormais entièrement au journalisme, il prend rapidement parti pour Dreyfus. C'est son journal *L'Aurore* qui publie le *J'accuse* de Zola. L'affaire lui redonne une audience politique dont il profite pour être élu sénateur du Var en 1902. Il n'en est pas à une contradiction près. Mais ce poste le replace comme l'un des chefs de file de la gauche parlementaire. Chef de file, mais solitaire. À l'heure où se constitue le premier Parti radical, il refuse l'affiliation et demeure un homme seul. Restant critique malgré son soutien à la loi de 1905 (séparation des Églises et de l'État), il devient ministre de l'Intérieur puis président du Conseil en 1906. Animé d'une volonté de réforme sociale (retraites ouvrières, journées de dix heures, impôt sur le revenu, sur le capital...), il prévoit aussi le renforcement de l'effort militaire. Ses désirs se heurtent à l'agitation sociale parfois presque insurrectionnelle de ces années. Employant l'armée, arrêtant les meneurs, révoquant les fonctionnaires grévistes, il est la « bête rouge » du mouvement ouvrier. C'est aussi le réformateur de la police avec les célèbres brigades mobiles. Il soutient la création de la police scientifique par Alphonse Bertillon, qui utilise le système d'empreintes digitales. Mais tout cela lui fait rompre avec la gauche, sans le réconcilier avec la droite qui le trouve trop social et anticlérical.

Le Père la Victoire

Après presque trois ans de gouvernement (un record sous la IIIe République !), il est renvoyé dans l'opposition en 1909. Il n'a désormais plus que des ennemis dans le monde politique. Retrouvant son rôle de trublion infatigable, il harcèle tous les gouvernements, de droite comme de gauche. Même l'Union sacrée de 1914 ne trouve pas grâce à ses yeux. Son journal, *L'Homme libre*, étant censuré, il fait paraître *L'Homme enchaîné* qui ne cesse de dénoncer les faiblesses des politiques, les insuffisances des militaires ou le manque de fermeté dans la conduite de la guerre. Président de la commission de l'Armée au Sénat, il devient un véritable inquisiteur de la conduite de la guerre. Appelé au pouvoir en 1917 par Poincaré qui craint la défaite, il va donner libre cours à son tempérament. C'est une véritable dictature jacobine qu'il va exercer jusqu'en 1920. Tout en respectant la légalité, il tranche, décide, impose et gouverne seul. Le Parlement semble s'en remettre à lui comme aux plus belles heures de « la patrie en danger » en 1792 et le président de la République n'est plus qu'un comparse. Mais les résultats semblent justifier cet autoritarisme. La victoire de 1918 porte Clemenceau au zénith et lui laisse la mainmise sur les négociations de paix. Mais celles-ci marquent également son chant du cygne. Confronté non plus à des parlementaires terrorisés, mais aux responsables britanniques et américains, il ne peut faire prévaloir les vues d'une France épuisée. Malgré un dernier triomphe lors des élections de 1919 qui donnent la victoire au Bloc national du centre et de la droite, la fin est proche. Le 17 janvier, ses nombreux ennemis s'entendent pour l'écarter du pouvoir et élire président de la République le falot Paul Deschanel, l'homme qui tomba d'un train en pyjama et que Clemenceau avait humilié lors d'un duel en 1892… Il se retire alors de la vie politique, se consacrant aux voyages et à l'écriture jusqu'à sa mort le 24 novembre 1929.

n° 21

Voltaire

> « *Je ne suis pas d'accord avec ce que vous dites, mais je me battrai pour que vous ayez le droit de le dire.* »

Voltaire partage avec Rousseau une crypte du Panthéon… Quelle ironie quand on connaît leurs conflits ! Voltaire est, aux yeux des Français, l'incarnation des Lumières. Lui qui était partisan d'une monarchie libérale, qui défendit si bien le libéralisme, qui vécut longtemps aux crochets des puissants, flattant les rois et méprisant les pauvres, est enterré dans le saint des saints de la République. Mais c'est parce qu'il est le précurseur des intellectuels engagés, le penseur pour qui le fanatisme religieux est l'ennemi de l'homme, et la liberté d'expression le fondement de toute société juste, qu'il occupe la première place des hommes de son temps.

Vu d'ailleurs

Admirateur des libertés anglaises, Voltaire est l'un des pères spirituels de la révolution américaine et sa pensée continue d'être honorée aussi bien aux États-Unis qu'en Angleterre. Son nom a été donné à des rues de San Diego et même à des villes du Dakota du Nord… La prestigieuse université d'Oxford abrite une fondation Voltaire dédiée à l'étude des Lumières alors que la Bibliothèque nationale de Russie conserve pieusement sa bibliothèque personnelle achetée par Catherine II. À Potsdam, le château de Sanssouci s'enorgueillit de sa « chambre Voltaire ». Pendant trois ans, il y fut l'hôte de Frédéric II, fondateur de l'Allemagne moderne, mais qui ne tint guère compte de ses avis. Il est l'un des rares personnages de son temps à disposer d'une stature véritablement européenne et d'une reconnaissance continentale. Mais cette aura s'étend bien au-delà : la Chine voit en lui l'un des diffuseurs de la civilisation et de la culture européennes. En vantant les mérites de sa pensée politique, il aurait d'après *Le Quotidien du peuple,* apporté les Lumières aux Français.

Vu de France

« Voltairien » est un adjectif qui colle aux Français : irrévérencieux, anticlérical et sceptique, c'est ainsi que l'on pense au vieux sage de Ferney – ville qui a été rebaptisée Ferney-Voltaire. Un adjectif en son honneur, une ville à son nom, voilà qui permet de rester dans la postérité. Cependant, l'œuvre de Voltaire ne se réduit pas à son combat politique des vingt dernières années. L'affaire Calas et celle du chevalier de La Barre préfigurent l'affaire Dreyfus, mais font oublier l'écrivain, l'historien et le dramaturge. C'est son théâtre qui l'a tout d'abord fait connaître, même si ses pièces ne sont plus jouées aujourd'hui ; son approche de l'histoire, centrée sur l'analyse et pas seulement sur les grands personnages, qui a fait progresser cette discipline ; et son écriture, simple, dynamique et moderne est un legs fécond. L'étude de son combat de philosophe relayé par sa prose, depuis *Candide* jusqu'au *Dictionnaire philosophique* en passant par ses *Lettres anglaises* est toujours au programme du lycée. Son humanisme reste d'une brûlante actualité. Rappelons pour mémoire, que son *Mahomet* dut être joué sous protection policière en 2005 à Saint-Genis-Pouilly (Ain) et que la pièce fut purement et simplement annulée à Genève dans le cadre du trois centième anniversaire de sa naissance. Ironiquement, ce drame du précurseur de la laïcité avait été condamné lors de sa parution et considéré comme impie par l'Église catholique.

Ce qu'il faut retenir

Un enfant rebelle

François-Marie Arouet est né à Paris en 1694 dans une famille de la bourgeoisie ayant accédé à la noblesse de robe. Talentueux, il étudie à Louis-le-Grand en compagnie de quelques-uns des plus grands noms du royaume. Il s'y fait connaître autant pour son ironie mordante et son libertinage que pour ses qualités d'élève. Fréquentant la meilleure société, il rechigne à devenir avocat, comme le souhaite son père. Il multiplie les frasques et les aventures amoureuses et son impertinence envers le Régent finit par l'envoyer à la Bastille en 1717. Il y restera onze mois.

Un auteur reconnu

Sorti de geôle assagi, il prend le pseudonyme de Voltaire et se décide à vivre de sa plume. Le succès est immédiat avec son *Œdipe*, puis avec sa poésie *La Henriade*. Accueilli dans le grand monde, fréquentant les puissants, tout semble lui réussir. Mais, après une querelle avec le chevalier de Rohan, il constate qu'il ne reste qu'un parvenu : bastonné par des hommes du chevalier, il ne reçoit aucun soutien de ses amis et doit même s'exiler en Angleterre après un nouvel emprisonnement. L'exil anglais lui permet de se frotter aux philosophes comme John Locke. Le dramaturge s'accompagne désormais de l'historien. C'est à Londres qu'il entreprend *L'Histoire de*

Charles XII et découvre les libertés anglaises, si éloignées de l'arbitraire français dont il vient de faire les frais.

Émilie du Châtelet et les *Lettres anglaises*

Rentré en France, il entame une liaison de quinze ans avec Émilie du Châtelet. La grande mathématicienne et physicienne l'accueille en 1734 à Cirey après la parution des *Lettres anglaises*, fort mal acceptées par le pouvoir royal. Sa retraite en Champagne dure dix ans au cours desquels il rédige de nombreux ouvrages dont son *Mahomet*. Ses disputes philosophiques avec son amante prouvent son respect des femmes qui imprègne d'ailleurs son œuvre.

La gloire

Revenu en grâce en 1744, élu à l'Académie, Voltaire rejoint la Prusse en 1749, où il espère inspirer le roi Frédéric. Il y rédige *Micromégas*, ainsi que sa plus grande œuvre historique, *Le Siècle de Louis XIV*. Mais, déçu par le souverain, il se retire près de Genève où il publie *Candide* et l'*Essai sur les mœurs*. En 1760, il gagne Ferney, accompagné de sa nièce et maîtresse. Le « roi Voltaire » y accueille toute l'Europe et se lance dans une activité de polémiste. Il ferraille avec la justice arbitraire et l'intolérance, en prenant la défense de Calas, protestant toulousain pendu à tort pour l'assassinat de son fils ou celle du chevalier de La Barre, exécuté pour blasphème. Son œuvre se poursuit avec le *Dictionnaire philosophique*, de même que son activité théâtrale. À son retour à Paris en 1778, il est accueilli en triomphe. Cabotin jusqu'au bout, il se fera tirer l'oreille pour signer une rétractation lui permettant d'obtenir une sépulture chrétienne, peu désireux qu'il était « que l'on jetât son corps à la voirie » alors que sa dernière pièce, *Irène*, est portée aux nues. Il meurt le 30 mai 1778 en nous léguant une ultime pirouette : « *Je meurs en adorant Dieu, en aimant mes amis, en ne haïssant pas mes ennemis, et en détestant la superstition.* »

n° 22

Antoine de Saint-Exupéry

« On ne voit bien qu'avec le cœur. L'essentiel est invisible pour les yeux. »

L'homme qui écrit ces lignes publiées en 1943 disparaît l'année suivante en Méditerranée. Son avion ne sera retrouvé qu'en 2000 et son corps a probablement disparu à tout jamais, telle l'écorce de son héros le Petit Prince. Sa vie courte mais intense, tournée entièrement vers l'aviation et l'écriture, nous a laissé un chef-d'œuvre de la littérature mondiale, traduit en deux cent vingt langues et écoulé à 134 millions d'exemplaires !

Vu d'ailleurs

Auteur mondialement connu, héros de guerre et de paix, symbole du dépassement de soi et de l'accomplissement de son destin, Antoine de Saint-Exupéry est d'abord l'homme d'un livre, *Le Petit Prince.* La ferveur est identique partout ; depuis Tokyo et le musée consacré à son petit héros, jusqu'à l'aiguille Saint-Exupéry dans les Andes argentines en passant par le désert marocain, son nom s'inscrit dans le paysage mondial... mais aussi dans l'espace puisqu'un astéroïde porte son nom. Il inspire également un film britannique et une bande dessinée de Hugo Pratt. Quant au *Petit Prince*, on ne compte plus les adaptations, au théâtre, au cinéma (américain, soviétique ou japonais), à l'opéra et même en jeu de société ! La renommée de l'œuvre dépasse même celle de l'auteur ; il dispose, quant à lui, de deux astéroïdes... et a même été cité par Benoît XVI !

Vu de France

Sa disparition tragique, son engagement individuel dans la guerre, son rôle dans l'Aéropostale en font un héros de légende. Son nom se retrouve partout à travers la France que ce soit par les rues, avenues et boulevards, les écoles, collège et lycées ou même l'aéroport international de Lyon. En troisième position des ouvrages préférés des Français en 2009 et dans les cent plus grands livres du XXe siècle pour *Le Monde* en 2000, *Le Petit Prince*, constamment réédité, décliné en disque, en comédie musicale ou encore en bande dessinée, est toujours un best-seller et fait le délice des enfants. Il a, pour la première fois, été adapté par la télévision française et a reçu un accueil dithyrambique. D'ailleurs, de nombreuses chaînes étrangères ont acquis les droits du magnifique dessin animé.

Ce qu'il faut retenir

Le pilote écrivain

Antoine de Saint-Exupéry naît en 1900 dans une famille de la noblesse française. Orphelin de père très tôt, il connaît cependant une enfance paisible et choyée. Mais la guerre, la mort de son frère à quinze ans, celle de sa sœur en 1927, pèsent lourdement sur sa vie. Élève médiocre, il ne parvient pas à entrer à l'École navale après son baccalauréat. Il sera donc aviateur.

Fasciné par les aéroplanes depuis l'enfance, il devient pilote durant son service militaire. C'est l'époque de ses fiançailles avec Louise de Vilmorin et de ses espoirs militaires. Mais la rupture avec sa fiancée et un accident d'avion mettent fin à ses espoirs sentimentaux et professionnels. Vivotant quelque temps de métiers qui ne le satisfont pas, il est engagé en 1927 comme pilote de courrier par la compagnie Latécoère (qui deviendra l'Aéropostale). Il publie son premier roman, *L'Aviateur*, aidé par ses nombreuses relations dans les milieux littéraires parisiens. Suivent alors cinq années intenses. Assurant le courrier avec l'Afrique puis l'Amérique du Sud, avec Mermoz ou Guillaumet, il publie deux livres (*Courrier Sud* et *Vol de nuit*) et se marie en 1931 avec une Salvadorienne, Consuelo Suncin Sandoval de Gómez. L'Aéropostale ayant fait faillite, Saint-Ex survit grâce à son travail de pilote d'essai et de journaliste. Une de ses missions lui vaut, en 1935, de s'écraser dans le désert égyptien. Il ne devra sa survie qu'à des Bédouins qui le retrouvent dans les dunes. Tous ces voyages lui inspirent *Terre des hommes* en 1939.

La mort du héros

La guerre le rappelle dans l'armée, mais sa mauvaise santé et son âge le cantonnent à des missions de reconnaissance qui lui vaudront la Croix de guerre et dont il témoignera dans *Pilote de guerre*. Quittant la France lors de l'armistice de 1940, il rejoint les États-Unis qu'il s'efforce de faire entrer dans le conflit, sans rejoindre de Gaulle. En 1943, il parvient à se faire engager dans l'aviation de la France libre en Afrique du Nord. Usé, désabusé, il rejoint le terrain de Borgo, au sud de Bastia, en Corse, où son escadrille est installée. Il disparaît le 30 juillet 1944, à bord de son fameux P-38 Lightning, probablement abattu par un avion allemand, quelques jours avant le débarquement de Provence du 15 août qui allait libérer tout le sud de la France.

n° 23

Jules Ferry

« L'égalité, c'est la loi même du progrès humain ! »

« Ferry-Tonkin », « Ferry-famine » ! Voilà un homme qui a vu s'accumuler les injures et l'opprobre sur son nom durant sa carrière politique… Qu'ils soient socialistes, républicains radicaux, nationalistes de droite ou cléricaux, ses ennemis ont pris un malin plaisir à le flétrir. Pourtant, il est aujourd'hui le préféré des Français parmi les hommes politiques de la IIIe République. Comment cet avocat arrogant, journaliste polémiste et ministre au discours colonialiste affirmé a-t-il pu acquérir ce respect posthume ? Probablement parce qu'il incarne la naissance de l'école républicaine et le mythe d'un certain âge d'or en ces temps de désarroi face aux difficultés de l'Éducation nationale.

Vu d'ailleurs

À l'étranger, l'œuvre républicaine et laïque, trop française voire incompréhensible de Jules Ferry, est négligée au profit de son action coloniale, d'importance mondiale. Pour les Britanniques, il est, à l'égal d'un Disraeli, un bâtisseur d'empire dont les ambitions coloniales ne peuvent que rappeler les leurs. Pour les Américains, ce colonialisme du bourgeois républicain est à l'image de la tare congénitale de la France de la IIIe République dont les idéaux démocratiques ne s'appliquent qu'à son propre peuple. La vision est encore plus sévère dans les anciennes colonies. En Tunisie, l'indépendance a balayé de la toponymie celui qui avait été l'artisan de sa sujétion. Ainsi à Tunis, l'avenue Jules-Ferry est-elle devenue l'avenue Habib-Bourguiba, leader indépendantiste et grand démocrate… À l'inverse, Madagascar, dont la conquête a été marquée par de longs et durs combats et qui porte encore les stigmates de la révolte de 1948 réprimée dans le sang, a conservé son lycée Jules-Ferry ainsi que de nombreuses rues à son nom. Pour les Chinois, il est l'un des acteurs de l'humiliation subie au XIXe siècle par les traités inégaux. Au Vietnam, il est d'abord celui qui a présidé à l'occupation effective de tout le territoire. Comme en Tunisie, on s'est empressé, lors de l'indépendance, d'effacer toute trace de son action. En bref, « Ferry-Tonkin » est bien souvent le symbole honni de l'oppression de la « grande nation ».

Vu de France

Longtemps détesté par la gauche radicale qui voyait en lui le colonialiste et le complice de l'écrasement de la Commune, mais aussi par la droite qui vilipendait le promoteur de « l'école sans Dieu » et de son immoralité supposée, Ferry a acquis à la fin du XXe siècle une réelle popularité posthume. Le centenaire des lois de 1881-1882, puis un certain apaisement de la querelle scolaire dans les années 1980 ont remis le républicain au goût du jour. Le colonialiste a laissé la place au démocrate, l'anticlérical au laïque. Les manuels scolaires de quatrième ou de première insistent désormais sur le défenseur de la République dont les lois ont véritablement fait entrer le régime dans l'ère de la démocratie moderne. Pourtant, Ferry est tout autant l'homme de l'affirmation des droits des « races supérieures » que l'instaurateur de la liberté de la presse et bien sûr le créateur de l'école gratuite, obligatoire et laïque pour tous. De ce fait, Jules Ferry personnifie plus un engagement total et sans concession, et des choix de gouvernement clairs et précis, qu'un certain courant de la gauche radicale dont il est issu qui avait beaucoup de mal à tenir une ligne politique cohérente…

Ce qu'il faut retenir

L'opposant

Enfant de la bourgeoisie vosgienne né en 1832, Jules Ferry semble se confondre avec la IIIe République. Ce fils de bonne famille, devenu avocat, fait très tôt figure d'opposant à Napoléon III. Son pamphlet de 1868 contre le baron Haussmann (*Les Comptes fantastiques d'Haussmann*), sa défense des républicains poursuivis par le régime impérial et son activité de journaliste lui valent rapidement une grande notoriété.

Un républicain de combat

Député de Paris depuis 1868, la chute de l'Empire le propulse à la mairie de la ville et dans le gouvernement de Défense nationale lors du siège de 1870-1871. Il y gagne le surnom de « Ferry-famine » en raison du rationnement imposé aux habitants. C'est pourtant davantage la défaite finale et son action antirévolutionnaire, que les difficultés alimentaires des Parisiens, qui valent à Ferry la haine des milieux populaires. Il quitte Paris précipitamment quand éclate la Commune. Une fois celle-ci écrasée, il rejoint son banc de député des Vosges. Dans une Assemblée monarchiste, les républicains sont minoritaires et il s'impose comme l'un de leurs leaders. Rival modéré de Gambetta, il s'oppose ensuite aux radicaux de Clemenceau, tout en cherchant à pérenniser la République.

Un ministre indéboulonnable

La démission de Mac-Mahon consolide le régime et permet à Ferry de mettre en pratique ses convictions positivistes et laïques. Plusieurs fois ministre de l'Instruction publique et président du Conseil, son action jette les bases de notre démocratie actuelle. École gratuite, laïque et obligatoire (1881-1882), liberté de réunion, de la presse (1881), syndicale (1884) et élection des maires par les conseils municipaux (1882) : son œuvre est immense et décisive. Il y gagne ses galons de démocrate, mais aussi la haine des conservateurs.

Ferry-Tonkin

Mais Ferry, profondément marqué par la défaite de 1871, est aussi l'homme de l'expansion coloniale. Il affronte l'opposition conjointe et contre nature des nationalistes de droite, l'œil fixé sur la « ligne bleue des Vosges » et des républicains de gauche, ulcérés par son racisme civilisateur et les dépenses que sa politique entraîne. Pourtant, en quelques années, il offre à la France la Tunisie (1881), le Congo (1884) et une première base à Madagascar. Mais c'est le Vietnam qui marque à la fois son triomphe et sa chute. La guerre franco-chinoise au cours de laquelle il soutient l'action des militaires français permet l'incorporation de l'Annam et du Tonkin à l'empire colonial. Le revers mineur de Lang Son (1885) fait chuter son gouvernement. Indépendamment de toute considération morale, il a redonné à la France un rôle de puissance mondiale, largement remis en cause par la défaite de 1871. Mais il a aussi acquis la haine durable de ses adversaires et sera même victime d'une tentative d'assassinat en pleine Chambre en décembre 1887. Jamais vraiment remis, il meurt en 1893 après avoir été élu président du Sénat, ultime victoire politique.

n° 24

Léon Blum

« L'homme libre est celui qui n'a pas peur d'aller jusqu'au bout de sa pensée. »

« C'est un homme à fusiller, mais dans le dos » écrit Charles Maurras à propos de Léon Blum en avril 1935 dans *L'Action française*. Né à Paris en 1872, brillant normalien, conseiller d'État, il a le triple défaut aux yeux du réactionnaire xénophobe et antisémite qu'est Maurras, d'être à la fois juif, socialiste et parlementaire. Loin de cette haine, il reste pour les Français une personnalité historique reconnue mais marquée politiquement.

Vu d'ailleurs

Léon Blum est l'un des rares hommes politiques français de l'entre-deux-guerres à disposer d'une certaine notoriété à l'étranger. Son rôle dans le Front populaire, seule expérience de ce type dans les grandes démocraties occidentales, et son statut d'opposant résolu au nazisme et à Pétain en font une figure singulière pour les Anglo-Saxons. Prompts à décrier la France vaincue de 1940 et les « outrances socialistes » de 1936, les Américains voient en Blum l'homme d'État français qui sauve l'honneur de la IIIe République. Il est également reconnu en Israël, à la fois comme un adversaire et une victime du nazisme, mais plus encore comme un partisan du sionisme et d'une alliance entre l'État hébreu et la France. Un kibboutz honore d'ailleurs son action.

Vu de France

En France, son image est plus controversée. Haï par les antisémites, il est l'incarnation pour la droite conservatrice du Front populaire et donc des errements supposés qu'il aurait entraînés. On peut dire que la propagande de Vichy l'a emporté sur la vérité historique ; même les manuels d'histoire oublient l'effort de défense qu'a su impulser son gouvernement. Sa mémoire reste cependant attachée de façon incontestée aux formidables avancées sociales du Front populaire qui façonnent encore aujourd'hui notre imaginaire et imprègnent notre vie quotidienne.

Ce qu'il faut retenir

Patriote et engagé

Né en 1872, Léon Blum devient, après de très brillantes études, conseiller d'État mais aussi un critique littéraire reconnu.

Érudit, célèbre pour son élégance, il entre au Parti socialiste de Jean Jaurès en 1902. Durant le premier conflit mondial, Léon Blum figure dans plusieurs cabinets ministériels dont celui de Marcel Sembat, ministre des Travaux publics. À partir de 1919, il est élu député de Paris et sera constamment réélu député jusqu'en 1940.

Socialiste réformateur

Socialiste non-marxiste, il refuse obstinément l'inféodation à Moscou. Animé par un profond patriotisme, Léon Blum n'adhérera jamais à l'Internationale communiste. Il préserve la SFIO au congrès de Tours, reconstruit son parti et défend l'idée d'une alliance vers le centre, avec les radicaux. Réélu député de Narbonne de 1929 à 1940, il prépare une grande alliance de tous les partis de gauche par laquelle il espère sauver la France du danger fasciste. En 1936, son parti s'impose comme le premier parti de France. Ce succès électoral provoque l'enthousiasme parmi les ouvriers qui votent la grève générale. Président du Conseil du Front populaire, Léon Blum réunit, dans l'urgence, patrons et ouvriers à Matignon. En juin 1936, un accord aboutit à une augmentation des salaires de 10 % et à la reconnaissance de libertés syndicales. Pendant l'été, le gouvernement réduit la durée du travail hebdomadaire à 40 heures (contre 48 jusque-là !) Des entreprises passent sous le contrôle de l'État : la SNCF voit alors le jour. Enfin, pour la première fois, tous les Français auront droit à quinze jours de vacances tout en continuant à être payés par leur patron. Mais, en butte à de violentes attaques antisémites, Blum démissionne en 1937. Il est, en juillet 1940, l'un des quatre-vingts parlementaires à refuser les pleins pouvoirs à Pétain et est arrêté dès septembre. Remis aux Allemands par Laval, il est interné près de Buchenwald. Il sera le dernier président du gouvernement provisoire de la République française du 16 décembre 1946 au 16 janvier 1947. Il meurt le 30 mars 1950.

n°25

Simone Veil

« Aussi longtemps qu'on s'entend, qu'on partage, on vit ensemble... »

Simone Veil a été élue en 2010 femme politique préférée des Français. Bien qu'elle n'occupe plus une place de premier plan dans la vie politique française, elle en reste un acteur écouté. Cela rend difficile toute appréciation de l'empreinte qu'elle laissera dans la mémoire collective, même si son rôle fut décisif à diverses reprises. Adolescente persécutée, magistrate engagée, ministre déterminée, européenne passionnée, elle a connu tous les combats du dernier demi-siècle, depuis la Shoah jusqu'à la défense des droits des Palestiniens en passant par la guerre d'Algérie et les droits des femmes.

Vue d'ailleurs

Rarement une femme aura cumulé autant d'honneurs. Symbole vivant du génocide juif, elle est docteur *honoris causa* d'une vingtaine d'universités dont celles, prestigieuses, de Yale et de Princeton aux États-Unis, mais aussi de Cambridge. Elle a reçu cet honneur de trois universités israéliennes. Ces distinctions reconnaissent son rôle politique et moral, et non son statut de victime. Pourtant, elle accumule aussi les haines, comme celle des intégristes qui ne lui pardonnent pas son combat pour l'IVG. L'Association des rabbins orthodoxes des États-Unis et du Canada a ainsi comparé en 2005 son action à celle des nazis (« Ainsi, elle est l'un des principaux responsables d'une poursuite dans l'anéantissement de la vie humaine, qui dépasse de beaucoup celui des nazis ») ! Bien que célébrée en Israël comme l'une des personnalités juives les plus influentes, elle a dénoncé l'arraisonnement brutal de la « flottille de la paix » à destination de Gaza. De façon plus consensuelle, elle est reconnue en Europe comme l'une des grandes figures de l'unification.

Vue de France

En France, Simone Veil est un personnage respecté de la vie politique, et plus largement de l'histoire contemporaine de notre pays. Pourtant, le durcissement récent de la vie politique depuis 2007 a brouillé son image. Soutien de Sarkozy, elle a perdu une partie de son aura auprès de la gauche qui voyait en elle une figure acceptable de la droite modérée. Par ailleurs, la montée des tensions religieuses et un certain renouveau du racisme ont permis à certains de lier son action passée à ses origines juives. L'ignominie n'ayant pas de limite, il lui faut alors beaucoup de courage et de constance dans son refus de tout dogme pour assumer ses positions. Qu'il s'agisse de la défense des Roms, du refus d'instrumentaliser la Shoah à l'école ou de son engagement en faveur des Palestiniens, elle est rarement là où on l'attend, en dehors de sa fidélité à sa famille politique de toujours, la démocratie chrétienne. Toujours est-il qu'elle continue, pour les Français, à incarner, année après année, la femme en politique. Son entrée sous la Coupole en 2010 est une belle récompense de son combat féministe.

Ce qu'il faut retenir

Sous le signe de l'horreur

Simone Veil naît en 1927 à Nice dans une famille bourgeoise bientôt frappée par la crise de 1929. D'origine juive, sa famille est laïque et Simone reçoit une éducation éclairée et républicaine. Malgré la montée de l'antisémitisme, la petite fille mène une existence parfaitement ordinaire. L'horreur la rattrape en 1944. Arrêtée et déportée à Auschwitz, elle perdra dans les camps ses parents et son frère.

Magistrate engagée

Ayant survécu à l'horreur des camps, elle réussit à intégrer Sciences-Po après un baccalauréat obtenu quelque temps avant sa déportation, tout en suivant des études de droit. Son mariage l'entraîne en Allemagne puis au Maroc à la suite de son mari. Avocate à vingt-neuf ans, elle renonce au barreau pour entrer dans l'administration pénitentiaire. Elle s'y bat contre les préjugés machistes, pour l'amélioration des conditions de vie des détenus et pour la défense des droits des prisonniers algériens. Pendant quinze ans, tout en fréquentant la bonne société parisienne (elle y rencontre d'ailleurs Jacques Chirac), elle se construit une réputation de haut fonctionnaire efficace. Elle est même, en 1970, la première femme à la tête du Conseil supérieur de la magistrature.

La ministre de l'IVG

Gravitant depuis longtemps aux côtés de son mari dans les abords du pouvoir, elle se voit nommée en 1974, ministre de la Santé. À charge pour elle de défendre le délicat projet de l'IVG au nom du président Giscard d'Estaing. On se souvient de la campagne haineuse qui accompagne son combat, des députés qui l'accusent de créer une loi permettant aux embryons d'être « jetés au four crématoire ou de remplir des poubelles » ! Malgré tout, la loi perdure depuis 1975.

L'Européenne

Menant en 1979 la liste de l'UDF aux premières élections européennes, elle les remporte et devient la même année la première présidente élue du Parlement européen. Elle y joue un rôle actif jusqu'en 1992 et permet l'ancrage de cette nouvelle institution dans le jeu politique. Profondément européenne, soucieuse de la réconciliation franco-allemande, elle ne cesse d'appeler à l'élargissement. C'est cette conviction bien ancrée qui la pousse, alors qu'elle est membre du Conseil constitutionnel, à militer pour le « oui » au référendum de 2005 – car sa carrière politique s'est poursuivie au-delà des années 1970. Entre 1993 et 1995, elle est ministre dans le gouvernement Balladur. Aujourd'hui, ayant cessé d'exercer tout mandat, elle n'en continue pas moins à incarner une certaine idée de l'engagement.

n°26

Jean-Jacques Rousseau

“ *L'homme est né libre, et partout il est dans les fers* ”

proclame Rousseau en 1762 dans *Du contrat social*. Le philosophe né à Genève, est alors l'un des penseurs les plus influents d'Europe. Cette influence se fait toujours sentir et continue à créer le débat, des États-Unis à la Chine. Moins flamboyant mais plus profond que Voltaire, moraliste abandonnant ses cinq enfants, inhumé au Panthéon sans avoir jamais été naturalisé français, penseur universel mais incarnant la passion française de l'égalité, Rousseau reste l'un des plus grands esprits de l'histoire de l'humanité.

Vu d'ailleurs

Pour les Indiens, les Russes et les Américains, Rousseau est à l'origine de l'idée de liberté. Pourtant, de nombreux penseurs américains, comme Jonah Goldberg notamment, placent Rousseau à la source conceptuelle des totalitarismes du XXe siècle. Ce vieux refrain, essentiellement anglo-saxon, reproche au philosophe d'avoir entraîné les excès de la Terreur et inspiré les théories communistes et fascistes. En bref, un dangereux révolutionnaire égalitariste ! En dehors de l'outrance du propos, on retrouve cette critique chez des philosophes sérieux comme Karl Popper – par ailleurs un des apôtres du libéralisme économique. En Chine, traduit dès 1898, *Du contrat social* devient un ouvrage de référence et inspire largement la révolution de Sun Yat-sen en 1911. Aujourd'hui encore, il agite les milieux intellectuels chinois qui peuvent s'appuyer sur ses œuvres dont la totalité a été traduite. Que Rousseau soit encore présent dans les esprits dans les deux plus grandes puissances mondiales est bien la preuve de la pertinence de sa réflexion.

Vu de France

La France a, quant à elle, admis très tôt sa valeur. De son vivant, il est déjà reconnu comme l'un des plus grands penseurs et il entre au Panthéon parmi les premiers, dès 1794, la République reconnaissant ainsi l'influence de son idéal d'une démocratie de citoyens. Précurseur du romantisme et d'une nouvelle sensibilité de l'enfance et de l'éducation, il reste un des piliers de l'enseignement de la philosophie dans notre pays. On ne compte plus les biographies ou les ouvrages traitant du personnage et de son œuvre, mais curieusement, il n'a fait l'objet d'aucune œuvre de fiction. Peut-être parce que, comme chez tous les philosophes majeurs, sa pensée est plus grande que sa vie.

Ce qu'il faut retenir

Né citoyen genevois

Les relations de Rousseau avec sa petite patrie genevoise ont toujours été compliquées. Né en 1712 dans une famille de la classe moyenne de la cité-État, il abandonnera une première fois sa citoyenneté à l'âge de seize ans avant de la solliciter à nouveau en 1754 puis de quitter définitivement la ville quelques années après. C'est donc en France qu'il produira l'essentiel de sa réflexion philosophique et qu'auront lieu ses polémiques avec Voltaire, Diderot ou Rameau. Sa protectrice Mme de Warrens l'accueille en Savoie en 1728. Non contente de l'entretenir, elle le pousse à se convertir au catholicisme, assure sa formation intellectuelle, et plus tard... lui ouvrira son lit. Mais leurs relations sont tumultueuses, d'autant que le jeune homme a beaucoup de mal à se fixer, multipliant les métiers, les relations amoureuses et vagabondant sur les routes au gré de ses lubies.

Paris, Diderot et *L'Encyclopédie*

Monté à Paris en 1740, Rousseau fait la connaissance de Diderot. Il échoue à faire accepter son projet de notation musicale et trouve un emploi auprès de l'ambassadeur de France à Venise de 1743 à 1744. Ce séjour dans la cité des doges l'ouvre à la musique italienne qui restera sa grande passion. De retour à Paris, il vivote en copiant de la musique tout en collaborant à la naissance de *L'Encyclopédie* pour laquelle il publie des articles sur la musique, mais aussi sur l'économie politique. Rousseau se fait connaître en 1750 avec son *Discours sur les sciences et les arts* primé par l'Académie de Dijon. Il y déploie déjà sa réflexion sur la nature corruptrice du progrès. Deux ans plus tard, il obtient un succès d'estime auprès de Louis XV pour sa pièce musicale *Le Devin du village*. Mais ce succès, en pleine « querelle des bouffons » entre les tenants de la musique italienne et ceux de la musique française, reste sans lendemain. Au contraire, regagnant pour un temps la très calviniste Genève, il renonce à l'expression musicale pour se consacrer à la philosophie.

Le penseur européen

Les années 1755-1762 sont des années de créativité bouillonnante. Il écrit successivement le *Discours sur l'origine et les fondements de l'inégalité parmi les hommes*, l'*Émile* et *Du contrat social*. Il est désormais un philosophe reconnu, mais aussi un homme dont les écrits sont condamnés et censurés dans la plus grande partie de l'Europe. Réfugié en Suisse puis en Angleterre, il se brouille avec la plupart de ses collègues, aussi bien Voltaire que Hume ou encore d'Alembert. C'est l'époque où se développe chez lui l'obsession du complot. En 1764 puis en 1770, il rédige, à la demande des Corses puis des Polonais, des constitutions qui ne seront toutefois jamais appliquées. Dans ces deux textes, il fait la preuve qu'il n'est pas un penseur désincarné, mais aussi un pragmatique. Ainsi, il n'hésite pas, dans son projet polonais, à rejeter son idée fétiche de démocratie directe, inapplicable selon lui dans un pays aussi vaste.

De l'exil à la mort

Revenu en France en 1770, il y termine les *Confessions* qui demeurent l'un des grands textes de la littérature française et lancent le genre de l'autobiographie. Il poursuit dans cette veine introspective jusqu'à sa mort avec *Dialogues de Rousseau avec Jean-Jacques* et *Les Rêveries du promeneur solitaire*. Le penseur politique a désormais laissé la place à l'écrivain philosophe. La mort l'emporte en 1778, la même année que son ennemi Voltaire avec qui – ultime dérision – il partage un caveau à l'entrée de la crypte du Panthéon.

n° 27

Pierre Mendès France

« Gouverner, c'est choisir. »

En choisissant de ne pas transiger avec ses principes, Pierre Mendès France n'aura eu qu'une carrière gouvernementale bien courte. Est-il un météore sans descendance, un homme dont on n'invoque le nom que pour mieux éviter de suivre les traces ? Résistant sans être gaulliste, homme de gauche non marxiste, artisan de l'indépendance de la Tunisie et du Vietnam mais hostile à celle de l'Algérie, dénonciateur des dérives de la IVe République mais adversaire du système de la Ve… Il est difficile de le ranger dans une case ! Surtout cité par les intellectuels et les socialistes nostalgiques, il est un peu oublié du grand public.

Vu d'ailleurs

À l'étranger, il est d'abord l'homme des accords de Genève qui tournent la page du conflit colonial en Indochine. À ce titre, il fait partie intégrante de l'histoire du Vietnam, mais aussi des États-Unis. Son image aux États-Unis est d'ailleurs ambivalente. Adversaire de la position américaine lors des accords de Bretton Woods en 1944, il préside un gouvernement qui ne parvient pas à imposer la Communauté européenne de Défense (CED) en 1954 et négocie le réarmement allemand après avoir laissé le Vietnam dans une situation difficile. Son image est celle d'un syndic de faillite. Pour les Européens, il est celui qui n'a pas été capable de lancer l'union du continent. En Tunisie, en revanche, son action en faveur de l'indépendance lui vaut une reconnaissance officielle et quelques rues à son nom, notamment à Tunis. L'Inde le voit comme celui qui a su négocier en douceur la restitution des comptoirs français. Par conséquent, sa reconnaissance internationale provient surtout de sa capacité à solder les comptes de l'empire et à faire entrer la France dans la modernité.

Vu de France

Pierre Mendès France a été l'homme politique le plus haï ou le plus admiré de la IVe République. Il est aussi l'un des rares à avoir donné son nom à une tendance politique, le mendésisme. On ne doit donc pas s'étonner, à l'approche de la présidentielle de 2012, de voir tous les candidats socialistes potentiels, se réclamer de lui. D'Arnaud Montebourg à Dominique Strauss-Kahn, le mendésisme semble être une référence obligée d'autant plus obligatoire qu'elle est nébuleuse… Dans les manuels scolaires traitant du XXe siècle, il est présenté comme celui qui, le premier, accepte les indépendances. Mais il est dépeint également comme l'homme qui, par son refus d'engager la responsabilité de son gouvernement, porte la responsabilité de l'échec de la Communauté européenne de Défense, dont les conséquences sont encore visibles aujourd'hui. C'est donc un homme respectable, aux convictions morales admirées, mais qui n'aura peut-être pas su se donner les moyens de les mettre durablement en pratique.

Ce qu'il faut retenir

La jeunesse d'un prodige

Pierre Mendès France naît à Paris en 1907 dans une famille bourgeoise. Il connaît une scolarité brillante : bachelier à quinze ans, avocat à dix-neuf, docteur en droit à vingt et un ! Parallèlement, son engagement en politique est tout aussi précoce et atypique. À seize ans, il est déjà inscrit au Parti radical qui, certes, domine la IIIe République, mais n'est pas le mouvement le plus apte à susciter des enthousiasmes juvéniles. Hostile à Herriot, le dirigeant historique du parti, il souhaite ancrer celui-ci à gauche. De la pensée à l'action, il est élu député de l'Eure dès 1932 (c'est alors le plus jeune membre de l'Assemblée). Ferme partisan de la stratégie du Front populaire, il est récompensé de ses choix par le poste de sous-secrétaire d'État au Trésor dans le second cabinet Blum en 1938. Il n'a alors que trente et un ans.

Un politique en guerre

Mobilisé en 1939, il est envoyé en Syrie, mais se trouve en France durant la débâcle. Il est de ceux qui prônent la résistance et tentent de gagner l'Afrique du Nord sur le *Massilia*. Arrêté, il est condamné à six ans de prison, mais parvient à s'évader et à gagner Londres. Il sert quelque temps dans les Forces aériennes françaises libres avant d'être recruté par de Gaulle dans le Comité français de libération nationale où il prend en charge les Finances. Il représentera la France aux négociations de Bretton Woods qui mettent en place le système monétaire international. À la Libération, il devient ministre de l'Économie. Puis il est nommé au FMI et à la BIRD (Banque internationale pour la reconstruction et le développement).

Président du Conseil

Mendès France se distingue par son refus des pratiques politiques de la IVe République et son opposition à la guerre d'Indochine. Isolé au sein de son propre parti, et minoritaire dans sa position à l'Assemblée, il ne peut faire prévaloir ses vues avant 1954. Le désastre de Dien Bien Phû renforce ses positions et lui ouvre les portes du pouvoir. Appuyé par *L'Express* de Servan-Schreiber (il en épousera la cousine en 1971), il impose un nouveau tempo. Les accords de Genève consacrent l'abandon de l'Indochine par la France. Pierre Mendès France fait alors preuve d'une étonnante modernité en s'adressant à l'opinion publique lors de ses « causeries du samedi soir » à la radio. Mais ses projets se heurtent à la dure réalité de la question coloniale. Après l'Indochine, c'est à la Tunisie qu'il accorde l'autonomie par le fameux discours de Carthage. Son grand échec est, comme nous l'avons mentionné plus haut, le refus de la CED par le Parlement, projet qu'il n'a pas su appuyer. Il accumule alors les ennemis, des gaullistes aux proeuropéens en passant par les poujadistes qui lui reprochent sa volonté de combattre l'alcoolisme et de réduire les privilèges des bouilleurs de cru. Le début de la guerre d'Algérie leur offre la possibilité de le renverser en février 1955. Son gouvernement aura duré neuf mois…

Une conscience de la gauche ?

Désormais dans l'opposition, il conserve son siège de député, mais échoue à réformer le Parti radical. En 1958, il est de ceux qui disent « non » à de Gaulle dont les conditions du retour au pouvoir l'indignent et dont les propositions constitutionnelles l'inquiètent. Farouche opposant au Général, il soutient la naissance du Parti socialiste unifié et croit à sa revanche politique en mai 1968. Mais, détesté par les communistes, lâché par Mitterrand, il n'apparaît plus comme un recours réel pour la gauche. L'échec de Gaston Defferre, qu'il soutient à l'élection présidentielle de 1969, marque la fin de sa carrière politique. Se consacrant désormais à l'écriture et à la réflexion, il meurt en 1982 après avoir assisté à la victoire de la gauche et d'un homme dont les mœurs politiques étaient très éloignées des siennes…

n° 28

Nicolas Sarkozy

« Je préfère risquer en osant, que regretter de ne pas avoir su saisir l'occasion qui se présentait. »

Comme tous les présidents de la République avant lui, Nicolas Sarkozy dispose d'une visibilité nationale et internationale liée à sa fonction. La question de savoir si cette célébrité perdurera n'est, quant à elle, pas tranchée. Si l'on se réfère au palmarès surprenant du sondage de 2004 pour France 2, on peut en douter. On y trouve, parmi les hommes politiques contemporains, Mitterrand et Chirac, mais pas Giscard… La mémoire sélective étant ce qu'elle est, nous ne pourrons guère nous prononcer avant une vingtaine d'années. D'ailleurs, l'action politique se mesurant uniquement dans la durée, il serait présomptueux et malhonnête de faire autrement. Mais sa célébrité actuelle est réelle. Que ce soit sur le mode critique ou élogieux, l'action, la personnalité ou… les femmes de Nicolas Sarkozy font l'objet des conversations quotidiennes. On retrouve ce même intérêt à l'étranger où la presse fait ses choux gras de ce président si peu conforme à l'image de ses prédécesseurs.

Vu d'ailleurs

Comme tous les hommes de pouvoir, Sarkozy est d'abord l'objet des comparaisons traditionnelles et des poncifs les plus éculés qui semblent à eux seuls résumer un pays. Après la traditionnelle lune de miel que connaît tout nouvel élu avec les médias, les habitudes ont repris leur cours. La presse anglo-saxonne, et surtout britannique, utilise généralement l'image du « petit Napoléon » alors que les Allemands insistent sur les dérives monarchiques du présidentialisme français. Les petits États européens se préoccupent d'abord de « l'arrogance française » qu'elles imputent à nos chefs d'État depuis toujours et à Sarkozy dans ses velléités protectionnistes ou son activisme à la tête de l'Europe en 2008. Pour les Chinois, cette arrogance du « pays des droits de l'homme » s'affiche au moment du parcours de la flamme olympique ou de la rencontre avec le dalaï-lama. En Inde, le président français, dont la politique intérieure préoccupe beaucoup moins la presse que les robes de Carla Bruni-Sarkozy, on insiste sur son soutien à l'obtention d'un siège permanent au Conseil de sécurité pour New Delhi. En Afrique, entre la Françafrique finissante, la crise ivoirienne, le discours de Dakar mal compris et mal interprété (« l'homme africain [...] pas assez entré dans l'histoire »), les médias ont rapidement diabolisé le président, surtout sur « les pratiques de république bananière » qu'a révélée la tentative d'élection du fils du président à la tête de l'Etablissement public pour l'aménagement de la région de la Défense (EPAD). Finalement, il s'agit de critiques et de remarques traditionnelles, simplement amplifiées par l'hyperactivité présidentielle et l'affichage de ses promesses de rupture.

Vu de France

Les révélations de WikiLeaks sur la façon dont l'ambassade américaine de Paris voit Nicolas Sarkozy résument à elles seules les opinions de la population française sur son président : impulsif mais pragmatique et brillant, susceptible mais charmant, frénétique mais énergique, « bling-bling » mais décontracté... On retrouve tous les qualificatifs dont ses concitoyens l'affublent, en bien ou en mal. On serait bien en peine de trouver un citoyen sans opinion sur la personnalité de son président à défaut de sa politique ! Son activité permanente (on a pu parler d'hyper-présidence), relayée par son omniprésence médiatique, son langage direct et ses affinités assumées avec les riches chefs d'entreprise ne peuvent laisser indifférent. Le temps médiatique et politique n'étant pas celui de l'histoire, il est impossible d'émettre un jugement objectif sur ses choix et ses orientations, tout au moins quant à leurs résultats. Nous devons donc nous contenter des opinions, culturellement, idéologiquement ou moralement fondées. La question du bilan de son action de président ne se pose pas encore, même si l'on peut émettre des constats sur sa carrière d'homme politique et d'élu déjà vieille de trente-trois ans !

Ce qu'il faut retenir

Le *melting pot* à la française ?

Nicolas Sarkozy est issu d'une famille originale dans le paysage politique français. Son père appartient à la petite noblesse hongroise catholique alors que sa mère française est issue d'une famille de Salonique (ottomane jusqu'en 1912) de culture grecque et juive, ayant immigré en 1913 et dont les lointains ancêtres venaient d'Espagne. Difficile de faire plus singulier en regard du Corrézien Chirac, du Charentais

Mitterrand ou de l'Auvergnat Giscard d'Estaing ! C'est, en tout cas, un exemple de la capacité d'intégration de la société française.

Un jeune homme pressé

Les études de Nicolas Sarkozy, sans être particulièrement brillantes, sont tout de même très honorables. Titulaire d'une maîtrise de droit privé, avocat, il a la particularité d'avoir étudié à Sciences-Po Paris sans avoir obtenu son diplôme contrairement à Chirac, Villepin, Fabius ou Ségolène Royal. De ce point de vue et à l'exception de cet échec, son cursus est conforme à celui d'une grande partie de la classe politique française. Rappelons par exemple, que les députés revendiquant la profession d'avocat sont trente-huit à l'Assemblée nationale (6,5 %) et cinq dans le troisième gouvernement Fillon (16 %). L'originalité du président, réside davantage dans la rapidité de son ascension politique. Entré à l'UDR en 1974 puis, dès sa naissance, au RPR en 1976, il se fait remarquer au congrès de Nice en 1975. Militant infatigable et dévoué, à la tête des jeunes du parti, il se rapproche de Charles Pasqua et d'Achille Peretti, le maire de Neuilly-sur-Seine dont il épouse la nièce. Élu conseiller municipal de Neuilly dès 1977, il profite de l'hospitalisation de Charles Pasqua pour prendre la tête de liste aux municipales de 1983 après la mort d'Achille Peretti. À vingt-huit ans, le jeune ambitieux a coiffé son premier parrain pour devenir l'un des plus jeunes maires de France.

Une carrière de météore

Maire d'une des villes les plus riches de France dans laquelle se concentrent les hommes d'affaires et d'influence, Nicolas Sarkozy voit désormais les portes s'ouvrir devant lui. Étoffant son carnet d'adresses, notamment grâce à son épouse Cécilia, il soutient activement Jacques Chirac aux élections de 1988. Malgré la défaite, il est élu député puis à nouveau maire en 1989, et ce constamment jusqu'en 2002. La deuxième cohabitation, en 1993, le fait accéder au gouvernement. Porte-parole et ministre du Budget, il n'a que trente-huit ans. Dans un cabinet d'inspiration libérale, il fait ses gammes de dirigeant, tout en acquérant une image nationale, en particulier grâce au fait-divers de la prise d'otages de la maternelle de Neuilly.

La traversée du désert

La chute n'en est que plus dure lorsque Jacques Chirac s'empare de la présidence en 1995. Ayant tout misé sur Édouard Balladur, il se retrouve exclu du nouveau gouvernement. Sans audience nationale, il se consacre à nouveau à sa mairie de Neuilly et à son siège de député. La victoire de la gauche en 1997 le renvoie dans l'opposition mais lui permet de devenir secrétaire général du RPR au milieu de la déconfiture de son camp. Cependant les européennes de 1999 sont l'occasion d'une nouvelle déconvenue. Assurant la direction intérimaire du parti et la tête de liste après la démission surprise de Philippe Séguin, il n'obtient que le troisième score derrière les socialistes et... Charles Pasqua. Cette amère potion l'amène à se retirer de la vie politique nationale jusqu'en 2002. Ayant digéré ses échecs, il soutient fermement Chirac aux élections de 2002. Un moment pressenti comme Premier ministre, il ne sera nommé, au lendemain de la victoire, qu'au poste de ministre de l'Intérieur. Jacques Chirac ne pratiquant pas forcément le pardon des offenses, la performance reste cependant remarquable... Il impose rapidement un style musclé fondé sur une répression souvent sans nuances : extension du fichage ADN, défense des peines plancher, « tolérance zéro » pour les infractions routières, le ministre affiche une politique sécuritaire nettement marquée à droite. Parallèlement, il fait de la lutte contre l'antisémitisme un de ses chevaux de bataille.

L'ascension finale

Le deuxième gouvernement Raffarin (mars 2004) le voit passer au ministère de l'Économie et des Finances. Il préside à un certain nombre de privatisations ou d'ouvertures de capital d'entreprises publiques, dans une logique libérale. Mais il n'occupe ce poste que par intérim. Dès novembre, devenu président de l'UMP, il démissionne pour se conformer aux exigences du chef de l'État. L'échec du référendum sur la Constitution européenne entraîne la démission du gouvernement et le retour de Sarkozy à l'Intérieur sous la direction de Dominique de Villepin. Sa politique répressive s'accentue. Ses déplacements en banlieue et ses discours passent pour des provocations, alors que la lutte contre le terrorisme semble justifier le durcissement des lois sur le contrôle de l'immigration ou la délinquance. Des interventions régulières dans le domaine judiciaire, des évacuations musclées de squats, des arrestations de clandestins, un soutien sans faille aux policiers, un discours prônant la « tolérance zéro » lui assurent une popularité certaine dans une grande partie de l'opinion, malgré les émeutes de l'automne 2005. Déjà dans une posture de candidat à l'élection présidentielle de 2007, il se désolidarise du gouvernement sur le dossier du Contrat de première embauche (CPE) et entame son bras de fer avec le couple Chirac-Villepin. L'affaire Clearstream fait étaler au grand jour la haine grandissante entre les trois hommes, alors que les problèmes de couple du candidat Sarkozy font la une des médias. Maîtrisant parfaitement son parti, droitisant son discours pour récupérer le maximum de voix du Front national tout en affichant ses références à la culture de la gauche (Jaurès), il s'impose à la présidentielle face à Ségolène Royal. Mais cela est une autre histoire…

n°29

Le général Leclerc

« Jurez de ne déposer les armes que lorsque nos couleurs, nos belles couleurs, flotteront sur la cathédrale de Strasbourg. »

S'il est un militaire contemporain dont le statut de héros semble incontesté, c'est bien le général Leclerc. Combattant de 1940, blessé, prisonnier et évadé à deux reprises, il rejoint Londres dès juillet de la même année. Il donnera à la France libre son premier fait d'armes à Koufra et libérera Paris. De quoi faire oublier que cet aristocrate partagea longtemps les idées de l'extrême droite de Maurras… Enterré aux Invalides, maréchal de France à titre posthume, il a rejoint le panthéon de nos grands chefs militaires.

Vu d'ailleurs

Comme la plupart des combattants français de la Seconde Guerre mondiale, Philippe Leclerc est ignoré à l'étranger. Il paie ainsi l'humiliation de 1940 malgré le poids réel des armées françaises dans la libération de l'Italie puis de la France. Cependant, il est le moins méconnu des grands chefs de la France libre. Sa participation à la libération de Paris, l'intégration de la 2e DB aux armées américaines et non françaises, la course vers Berchtesgaden lui donnent une place à part. Le dernier survivant français de l'épopée de Leclerc, Daniel Névot, vit d'ailleurs aux États-Unis. Mais la mémoire dominante oublie ou néglige le rôle militaire de la France pour se concentrer sur l'action de De Gaulle ou la Résistance. Leclerc reste un héros français et non pas une figure internationale. Il y a fort à parier que son nom évoque à l'étranger d'abord un char et non un homme. C'est au Tchad qu'on en conserve peut-être le mieux le souvenir. En 2010, on y a célébré le ralliement de la colonie à la France libre devant le monument Éboué-Leclerc. Le régiment de Marche du Tchad avait célébré en 2006 le soixante-cinquième anniversaire du serment de Koufra en Libye.

Vu de France

Élevé à la dignité de maréchal à titre posthume en 1952, Leclerc est avant tout l'homme d'une histoire, celle de la France de 1940. Comme tous les résistants de cette période si noire, son rôle est rehaussé par la singularité de son engagement au milieu de la résignation ou de la collaboration. Son action dans la résistance, comme Jean Moulin qui en incarne la face intérieure, en fait un mythe intouchable. Quelle ville ne possède pas de rue à son nom ? Quel manuel scolaire ne propose pas sa photo ? Qui ne se souvient de Claude Rich dans *Paris brûle-t-il ?* Pourtant, Leclerc n'est pas seulement un symbole. Il sut gagner le respect de ses compagnons d'armes britanniques puis américains, et s'attirer celui de Hô Chi Minh. Combien de malheurs et de morts aurait-on évité si l'on avait écouté, en 1946, celui qui déconseillait d'engager l'épreuve de force contre le Viet Minh ? Même sa mort prématurée en 1947 participe de sa légende. Les partisans des théories conspirationnistes s'en sont donné à cœur joie, alors que les nostalgiques ont pu rêver à une armée française commandée en Algérie par l'homme du serment de Koufra. Une icône donc ; un mythe probablement ; mais avant tout un homme d'engagement et un grand général.

Ce qu'il faut retenir

Monsieur le comte

Philippe de Hautecloque est né le 22 novembre 1902 dans une vieille famille de la noblesse picarde. Monarchiste et catholique, il suit la voie d'excellence de ses ancêtres, l'armée. Sorti de Saint-Cyr en 1922, il effectue sa carrière dans la cavalerie, alternant les commandements dans les forces d'occupation en Allemagne et le service dans les colonies, notamment au Maroc durant la guerre du Rif. Bien noté, il devient instructeur à Saint-Cyr puis entre à l'École de guerre dont il sort major en 1939. La guerre le surprend capitaine à l'état-major de la 4e division d'infanterie. Encerclé dans Lille, il parvient à s'échapper et à regagner les lignes françaises. À nouveau capturé en Champagne, il s'évade le jour où Pétain demande l'armistice et gagne Londres par l'Espagne.

Un Français libre

Présenté à de Gaulle, il change son nom en Leclerc pour protéger sa famille et se trouve chargé de gagner l'Afrique équatoriale française à la France libre. Rusé et payant de sa personne, il y parvient en quelques mois. Il rayonne désormais à la tête de sa colonne légère, harcelant le Sahara italien. C'est à Koufra qu'il prononce son célèbre serment. Il faut alors un patriotisme chevillé au corps pour espérer en un avenir si lointain. Il participe à la libération de la Tunisie aux côtés de la VIIIe armée britannique avant de voir son unité transformée en division blindée en 1943.

De la Manche à Berchtesgaden

Transféré en Angleterre, il se voit affecté à l'armée de Patton après le débarquement. Sa 2e division blindée est alors de toutes les offensives, contribuant à l'encerclement de la poche de Falaise en août 1944. Soutenu et poussé par de Gaulle, il est le fer de lance de la libération de Paris le 25 août. Mais ses exploits ne s'arrêtent pas là. Détruisant par une magistrale manœuvre les défenses allemandes en Lorraine, il perce jusqu'à Strasbourg qu'il libère, respectant ainsi le serment de Koufra. Ultime symbole de la France renaissante, il s'empare du nid d'aigle de Hitler à Berchtesgaden, à la barbe des Américains. Cet épisode clôt sa participation à la guerre avec l'exécution sommaire d'un groupe de SS français, crime de guerre indéniable.

Une fin tragique

Envoyé en Extrême-Orient pour participer à la lutte contre le Japon, il signe la capitulation de l'empire du Soleil levant le 2 septembre 1945 avant de prendre le chemin de l'Indochine. Il y participe au rétablissement de l'autorité française sur ses colonies tout en se montrant sans illusion quant à l'avenir. Peu soutenu par son gouvernement et faisant face aux jusqu'au-boutistes, il jette l'éponge et se trouve nommé en Afrique du Nord. Il meurt le 28 novembre 1947 dans un accident d'avion.

n° 30

Jacques Chirac

“ *Abracadabrantesque.* ”

Quatre ans après la fin de son dernier mandat, Jacques Chirac figure aujourd'hui encore à la troisième place des hommes politiques préférés des Français ! Mais ce paradoxe apparent n'en est pas un. Pour tous les Français nés après 1965 (55 % de la population), il a, en effet, toujours été là... Alors que Mitterrand incarne, déjà, un passé éloigné pour les moins de vingt ans, Chirac reste, pour eux, un contemporain. Il bénéficie en tant qu'ancien chef de l'État d'une visibilité et donc d'une reconnaissance hors norme. Son parcours politique très long – quarante ans – et en particulier son action de président ne peuvent pourtant pas encore être soumis à une critique historique objective.

Vu d'ailleurs

Comme dans l'Hexagone, le personnage jouit à l'étranger d'une aura réelle, aussi bien positive que négative : que ce soit Chirac l'Africain au discours généreux et au comportement débonnaire mais dont les relations avec de nombreux dictateurs s'inscrivent dans la plus pure tradition de la Françafrique ; Chirac l'Américain, un temps étudiant à Harvard, publiant un mémoire, *Le Port de la Nouvelle-Orléans*, mais dont la présidence est marquée par la disparition... des « french fries » de la carte de la Maison-Blanche pour n'avoir pas soutenu l'invasion de l'Irak ; Chirac l'Arabe qui s'en prend violemment aux services de sécurité israéliens, multiplie les gestes de bonne volonté vers le Maghreb, mais parle du « bruit et de l'odeur » dus à la présence des immigrés dans certains immeubles d'habitation, ou Chirac l'Asiatique, passionné par le Japon, qualifié de « vieil ami de la Chine », qui crée un prix de la présidence française pour le sumo, et qui laisse en Extrême-Orient un souvenir flatteur, bien différent de l'image de son successeur. En Asie, il reçoit un hommage sans mélange. Pour tous, il est celui qui s'opposa à la politique unilatérale de George W. Bush... mais relança les essais nucléaires de façon tout aussi unilatérale.

Vu de France

Si de Gaulle pouvait dire que Tintin était son seul rival international, Chirac peut se vanter d'avoir existé autant par ses caricatures successives, que par son action politique ! Du « Caius Saugrenus » *d'Obélix et compagnie* au « super-menteur » des *Guignols* en passant par le « Black Jacques » du *Bébête Show*, ses doubles ont occupé et occupent encore l'espace médiatique. S'il a inspiré peu de films, il est en revanche le sujet d'un nombre impressionnant de biographies et d'études, à charge ou à décharge. Pour les Français, entre un prédécesseur énigmatique et distant et un successeur populiste à force de vouloir être populaire, il incarne peut-être un juste milieu, sachant à la fois « taper sur le cul des vaches » et élever son discours à la tribune de l'ONU : « Notre maison brûle et nous regardons ailleurs. » Le temps du bilan du président n'est pas encore venu, et celui du Premier ministre est déjà lointain. Les affaires ne sont pas encore toutes jugées, et certaines ne le seront jamais. Comme pour ses compagnons de route ou ses adversaires, l'histoire est encore à écrire.

Ce qu'il faut retenir

Entre Sainte-Féréole et Paris

Enfant de la Corrèze, Jacques Chirac a passé la majeure partie de sa vie à Paris où il naît en 1932. Issu d'une famille d'instituteurs, son père est un proche collaborateur et ami de Marcel Dassault. Cela vaudra à son fils Jacques d'obtenir son premier train électrique et, plus tard, son premier poste de député… Député, ministre, maire, président du conseil général de Corrèze ou président de la République, il passera le plus clair de son temps à Paris.

Une jeunesse originale

Ses études sont classiques pour un homme politique (grand lycée parisien, Sciences-Po) malgré un baccalauréat scientifique et pas de philosophie, mais les à-côtés le sont beaucoup moins : matelot durant trois mois après son bac, sympathisant communiste (il a, comme il l'avoue lui-même, distribué *L'Humanité*…), étudiant prenant un congé sabbatique aux États-Unis, il a même signé l'Appel de Stockholm prônant l'interdiction de l'armement nucléaire ! On ne peut pas dire qu'il suive alors le parcours du jeune militant de droite tel qu'on le voit aujourd'hui… Mais le fougueux jeune homme s'assagit, se marie en 1956 avec Bernadette Chodron de Courcel, et est reçu à l'ENA. Il rentre donc dans le rang, dans tous les sens du terme, puisqu'il part pour l'Algérie où il effectue son service militaire.

Le jeune loup

La guerre, dont il sort partisan de l'Algérie française, son mariage, ses études à l'ENA et le soutien de Dassault lui ouvrent désormais une autre carrière. Bien noté, bien soutenu, mais aussi efficace, il ne tarde pas à graviter autour du gouvernement dans la haute administration. Son entrée en politique change véritablement sa vie. Élu député en 1967 avec les « jeunes loups » de Pompidou, il obtient un poste de secrétaire d'État à l'Emploi qui le rendra très actif au moment de la signature des accords de Grenelle en 1968. Il ne quittera plus jamais les responsabilités politiques. Ministre en 1972, cumulant les mandats, il s'impose peu à peu comme une valeur montante de la droite.

Au pouvoir

La mort de Pompidou est l'occasion d'une première décision cruciale (ou d'une première trahison, selon le point de vue adopté). Il soutient Giscard d'Estaing à l'élection présidentielle contre Chaban-Delmas, le candidat « naturel » des gaullistes. La victoire de VGE lui donne Matignon et le pouvoir à quarante-deux ans. Mais peu soutenu par des gaullistes qui lui reprochent sa trahison, et considéré comme un subordonné par le président, il peine à s'imposer malgré son soutien aux réformes les plus emblématiques (avortement, majorité à dix-huit ans). Il démissionne avec éclat en août 1976.

Maire de Paris

Chirac s'emploie désormais à bâtir son propre parti pour conquérir la présidence et se donner une assise politique personnelle. Le RPR naît en 1976 autour d'un « travaillisme à la française », conception nébuleuse qui lui évite de s'afficher trop à droite. Fort d'une popularité grandissante et de la mainmise sur ce nouveau parti, il emporte la mairie de Paris en 1977 et devient le premier maire de la capitale depuis Jules

Ferry en 1871. Obtenant le soutien des Parisiens, et des fonds pour financer le RPR, il transforme la municipalité en contre-pouvoir et en place forte électorale. Il la conservera jusqu'en 1995.

Le chef de l'opposition

Malgré des difficultés dans son propre camp, il se présente en rival de VGE et en opposant à Mitterrand en 1981. Il arrive troisième lors du premier tour ; l'échec est net, mais la victoire finale du socialiste et l'effacement progressif de ses rivaux de droite – il n'a pas appelé à voter Giscard – lui permettent de se poser en chef de l'opposition. Affichant sans rougir un libéralisme très reaganien, il milite pour l'Europe et la dérégulation tout en votant l'abolition de la peine de mort. Sa nouvelle victoire aux municipales de 1983 et l'effondrement progressif du programme commun de gouvernement lui ouvrent une voie royale.

Premier ministre de cohabitation

Assagi, relooké et affichant des ambitions culturelles, il s'efforce de se poser en candidat crédible au pouvoir. Le triomphe des législatives de 1986 le conduit à nouveau à Matignon. Mais face à un Mitterrand qui refuse de démissionner et dont la rouerie le désarçonne, il va passer deux années de calvaire. Bien que son bilan économique soit honorable dans un contexte difficile, sa politique libérale et sécuritaire et les crocs-en-jambe de Mitterrand le mettent en difficulté face à l'opinion. Confronté à un président au mieux dans son rôle de chef d'État, il est battu à la présidentielle de 1988.

L'éternel opposant

Bien qu'il se trouve toujours à la tête de la plus importante formation de droite, son leadership est affaibli. Face à un socialisme adepte du marché et confronté à la fin de la guerre froide, il peine à trouver son orientation et subit la fronde des opposants internes. Mais, en l'absence de véritable rival, il reste le chef de l'opposition. Les législatives de 1993 lui donnent l'occasion de la revanche. Échaudé par la cohabitation précédente, il envoie son « ami de trente ans », Édouard Balladur, à Matignon. Mais, trompeur trompé, il est trahi par ce dernier, fort de sa popularité, en 1995.

Enfin président

Contre toute attente, c'est en surfant sur la « fracture sociale » (il n'en est pas à un revirement près), et bravant l'hostilité d'une grande partie de son camp, qu'il remporte la présidentielle. Doté d'une majorité conséquente, il semble enfin pouvoir gouverner selon ses souhaits. Las, désireux de châtier les traîtres et de se doter d'une stabilité jusqu'en 2002, il dissout l'Assemblée en 1997. Il se retrouve vaincu, en situation d'opposant interne dans son propre État, comme Mitterrand quelques années auparavant ! On ne peut que difficilement lui imputer les réussites ou les échecs des cinq ans de gouvernement de cohabitation avec Lionel Jospin qui s'ensuivent. L'entente est même en apparence si bonne, qu'elle semble aller dans le sens de la boutade de Bernadette : « Vous savez, mon mari a toujours été de gauche. » En 2002, virant à nouveau de bord, il choisit comme thème de campagne l'insécurité et la peur qu'est censé ressentir le Français moyen. Après le choc du 21 avril, où Jean-Marie Le Pen se qualifie pour le second tour, il se présente en rassembleur. Sa victoire, avec un score digne d'un dictateur, lui ouvre la voie d'une fin de carrière en apothéose. Nicolas Sarkozy, les « affaires » et la lassitude de l'opinion en décideront autrement. Mais cela n'est pas encore de l'histoire…

n°31

Saint Louis

« Les hommes sont étranges, on me fait un crime de mon assiduité à la prière ; on ne me dirait mot si j'employais les heures que j'y passe à jouer aux jeux de hasard, à courir la bête fauve ou à chasser les oiseaux. »

La Sainte-Chapelle, l'un des monuments les plus visités de France (905 710 visiteurs en 2009), perpétue au cœur de Paris le souvenir de l'un de nos rois les plus célèbres. Le grand nombre de visiteurs étrangers qui viennent l'admirer témoigne de la permanence dans les mémoires de Louis IX, ou Saint Louis, depuis sa canonisation en 1297.

Figure patrimoniale, les historiens ne le présentent plus actuellement comme le modèle que l'on proposait autrefois aux enfants. La sévérité de sa justice qui confine à la dureté et sa piété intransigeante en font une figure plus complexe que l'image d'Épinal que l'on avait de lui et jettent une ombre sur sa formidable œuvre de bâtisseur de l'État royal.

Vu d'ailleurs

Saint Louis a donné son nom au XIIIe siècle européen comme Louis XIV a donné le sien au XVIIe. Pour tous les Européens, il est le symbole de la domination du royaume de France, mais aussi le roi chrétien par excellence. Arbitre des conflits entre souverains, sa piété le place au-dessus de ses pairs. Les Allemands le comparent souvent à son contemporain, l'empereur Frédéric II. Pourtant, sa foi profonde s'oppose à la tolérance (relative) du Hohenstaufen ; l'un est sanctifié, l'autre est excommunié ; le Français est le souverain d'un royaume relativement homogène, l'Allemand règne sur un empire disparate. Tout les oppose : la comparaison n'a pas lieu d'être. Pour les Siciliens, Saint Louis est celui qui a voulu imposer son frère à la tête de leur royaume. Aux États-Unis, outre la métropole qui porte son nom, il figure parmi les portraits qui ornent la Chambre des représentants… Être honoré par la plus ancienne démocratie du monde, voilà bien une victoire posthume pour un roi ! En revanche, pour les musulmans et en particulier les musulmans arabes, il est un envahisseur, le symbole des croisades, mais aussi d'une certaine agressivité de l'Occident envers eux. Dans les années 1990, des attentats antioccidentaux ont eu lieu en Algérie aux cris de « Mort aux croisés ». Ce lourd passif fait du roi Saint Louis un héros chrétien plutôt qu'un modèle de législateur universel.

Vu de France

« Le bon temps du roi Saint Louis » est une rengaine qui apparaît dès le XIVe siècle pour regretter les temps anciens ; une sorte de « c'était mieux avant » qui aurait tendance à prouver que le déclinisme est une spécialité bien française ! Autrefois figure intouchable de l'histoire de France, le roi a perdu depuis trente ans une bonne partie de son aura. Jusque-là, il avait bénéficié de la propagande officielle, tant de la monarchie qui en faisait son modèle, que de la République qui vantait son sens de la justice et sa lutte contre les grands féodaux. L'historien Jacques Le Goff a proposé une relecture du mythe, débarrassé des stéréotypes. Aujourd'hui, il ne nous reste plus l'image figée du justicier sous son chêne à Vincennes, ni celle du rénovateur de l'État royal, ou même celle du souverain intolérant qui persécuta les juifs et mourut en croisade, tant Saint Louis est étrangement écarté des manuels scolaires.

Ce qu'il faut retenir

Un fils de France

La naissance de Louis en 1214 est placée sous les meilleurs auspices. La victoire de Bouvines, trois mois plus tard, fait de son grand-père Philippe II le souverain le plus puissant d'Europe. Quatrième enfant de Louis VIII et de Blanche de Castille, il n'est pas destiné à régner. Mais la disparition de son frère aîné puis la mort dès 1226 de son père après trois ans de règne placent prématurément la couronne sur sa tête. À douze ans, il est peu apte à être roi. C'est sa mère qui va faire face aux révoltes de la noblesse et les mater en alliant vigueur et diplomatie. Ce qui peut expliquer en partie les raisons de sa fermeté future contre les grands barons.

Un réformateur du royaume

Prenant le pouvoir en 1241, Louis IX hérite d'un royaume puissant et d'un domaine royal considérablement étendu. Il se préoccupe très vite de son administration : il réduit les exactions des baillis en les faisant contrôler par des enquêteurs royaux, tout en multipliant leur nombre afin de disposer d'une véritable administration. Il poursuit également la spécialisation de la cour royale en réservant les affaires judiciaires au Parlement et les finances à la Chambre des comptes. Il s'efforce par ailleurs d'étendre l'autorité de la justice royale au royaume entier en acceptant les appels de tous ses sujets, au-dessus des seigneurs haut justiciers. Ainsi, par exemple, il condamne le puissant baron de Coucy à une lourde amende pour avoir exercé indûment sa justice. Il faut dire que celui-ci avait fait pendre trois jeunes gens qui braconnaient un lièvre sur ses terres ! Ce contrôle sévère sur les grands passe aussi par une réforme monétaire et l'institution du cours forcé de la monnaie royale sur l'ensemble de son royaume.

Un combattant du Christ

Il semble que sa décision de partir en croisade soit liée en partie à une maladie qui manque de le terrasser en 1244, mais aussi à des ambitions politiques en Méditerranée. Lancée en 1248 à grands frais, la croisade se termine en désastre. Son frère Robert d'Artois meurt ; lui-même est capturé en Égypte en 1250 et doit sa libération à une énorme rançon qui grève les finances du royaume. Mais animé d'une foi ardente, le roi reste dans les royaumes latins jusqu'en 1254 pour fortifier leurs défenses. Transformé par cette expérience, il revient d'Orient profondément pieux. Cette piété est, sans nul doute, à l'origine de sa deuxième expédition, vers Tunis cette fois. À cinquante-six ans – âge déjà avancé à l'époque –, le roi prend à nouveau la croix. Usé, ébranlé par la mort de son fils Jean Tristan, il meurt, emporté par la dysenterie ou le typhus en 1270. Cinquante ans plus tard, il sera canonisé.

Le plus puissant roi d'Occident

Entre les deux croisades, il s'impose comme le plus puissant roi d'Occident. Obligeant le roi d'Angleterre à se reconnaître comme vassal, il lui restitue cependant une partie de ses domaines. Profitant de la vacance du pouvoir dans le Saint Empire, il offre à son frère la couronne de Sicile. Partout, sa réputation de justicier et sa piété lui confèrent une position d'arbitre. Lorsqu'il meurt, il laisse à son fils Philippe un royaume respecté, agrandi et modernisé.

n°**32**

Louis Lumière

« Le cinéma est une invention sans avenir. »

C'est ce qu'aurait dit Louis Lumière à Méliès venu lui acheter le brevet de son appareil ! Comme son frère Auguste, Louis Lumière fait partie aussi bien du patrimoine national que de l'histoire de l'humanité. Cependant, le personnage ne cumule pas les qualités humaines : industriel aisé, il n'hésite pas à racheter et à breveter les inventions des autres et sera, plus tard, un pétainiste bon teint décoré de la Francisque. Mais c'est aussi un touche-à-tout de génie qui développera la photographie couleur, ainsi que des remèdes de bonne femme.

Vu d'ailleurs

Les frères Lumière cumulent les premières : première projection cinématographique payante, premier film, premier documentaire, premier film d'actualités, première comédie *(L'Arroseur arrosé)*. Bien que leur carrière dans le cinéma soit courte, ils sont reconnus partout pour avoir jeté les bases du septième art. Bollywood leur doit beaucoup : non seulement leur tournée en 1896 passe par Bombay, mais leur démonstration impressionne tant le jeune Harishchandra Sakharam Bhatvadekar (dit « Save Dada ») qu'il sera le premier réalisateur indien, dès 1899. En Amérique latine, on ne leur conteste pas la paternité du grand écran. Il n'y a guère qu'aux États-Unis, le pays d'Edison, que l'on s'efforce de présenter le Kinetoscope comme l'ancêtre du cinéma, comme s'il était difficile de reconnaître la domination technologique du pays des fromages. À la mort de Louis, le *New York Times* titrait : MORT DE LOUIS LUMIÈRE, 83 ANS, UN PIONNIER DE L'ÉCRAN ; LA FRANCE LUI ATTRIBUE L'INVENTION DU FILM. L'ombre d'un doute sur Lumière…

Vu de France

Louis et son frère font partie des institutions françaises. Symbole de la Belle Époque et d'une France encore rurale mais dynamique dans le domaine des « nouvelles technologies » d'alors (l'avion, l'automobile…), ils figurent au panthéon du cinéma national. L'Institut Louis Lumière à Lyon est un véritable temple du septième art alors que l'École nationale supérieure Louis Lumière de Paris forme à tous les métiers du cinéma. Nombreuses sont les rues ou les cinémas qui portent leur nom, tout comme l'université Lyon-II. Reste la fécondité de son œuvre. En 2010, les cinémas français ont accueilli 206 millions de spectateurs…

Ce qu'il faut retenir

Un « touche-à-tout » de génie

Louis Lumière est né à Besançon en 1864. Son père, Antoine, est l'un des pionniers de la photographie. Après des études brillantes à l'école technique La Martinière de Lyon, il rejoint l'entreprise de photographie familiale, en compagnie de son frère Auguste. Excellent chimiste, il met ses talents au service de l'amélioration des plaques et des procédés chimiques. Les deux frères reprennent l'entreprise en 1892. Leur succès commercial est fulgurant. En 1894, ils traitent 15 millions de plaques par an ! C'est à cette époque que, après avoir assisté à une démonstration à Paris du Kinetoscope d'Edison, il se lance dans la recherche sur les images animées. Inventant la pellicule perforée, Louis réalise au cours de l'année 1895 le premier cinématographe. À la fois caméra, projecteur et développeur, son invention lui permet de réaliser son premier film, *La Sortie de l'usine Lumière à Lyon*. Après une projection privée, ce film et les neuf suivants – moins de dix minutes en tout – sont montrés à Paris le 28 décembre 1895 au Salon indien du Grand Café. Trente-trois spectateurs, bouche bée, assistèrent ainsi à la première représentation cinématographique payante. La séance rapporta… trois francs aux deux hommes. Mais la mode était lancée. En bons commerciaux, Louis et Auguste multiplièrent les projections et lancèrent dès 1896 une tournée mondiale. Dépêchant sur toutes les mers du globe une équipe de techniciens équipés de leur invention, ils purent se faire connaître dans le monde entier. Mais la réussite économique n'est pas au rendez-vous. Les deux frères choisissent alors de se concentrer sur la photographie et notamment le développement de la première pellicule couleur, l'autochrome, sortie en 1907. Pendant la première partie du XXe siècle, leur entreprise est l'un des acteurs majeurs de l'industrie de la photographie jusqu'à sa fusion avec la compagnie Ilford. Cette spécialisation ne les empêche pas de continuer à travailler à de nombreuses inventions, comme le cinéma en relief. À la mort de Louis Lumière à Bandol en 1948, la France perd un des pionniers du cinéma.

n° 33

Danton

> *« De l'audace, encore de l'audace, toujours de l'audace et la France sera sauvée. »*

Avec cette phrase, prononcée à l'Assemblée le 2 septembre 1792, Danton a assuré sa place dans l'histoire. Aujourd'hui, il figure parmi les rares personnages que les Français évoquent à propos de la Révolution. Tribun populaire au verbe fougueux, il se distingue plus par son appétit de vivre que par son aptitude au travail prolongé. Patriote ardent, il est opportuniste et probablement corrompu. Hostile aux excès de la Terreur, il a contribué à la créer et a couvert les massacres de Septembre. Mais il propose un visage de révolutionnaire humain opposé à un Robespierre que ses qualités mêmes, intellectuelles et morales, rendent glaçant.

Vu d'ailleurs

Probablement davantage qu'en France, Danton fait encore l'actualité dans le monde anglo-saxon. La sortie récente, des deux côtés de l'Atlantique, d'une biographie (*Danton The Gentle Giant of Terror*, de David Lawday) a fait l'objet de chroniques dans tous les journaux importants. Et ce n'est que le dernier-né d'une longue série d'ouvrages traitant de la Révolution française ou de l'une de ses figures de proue. De Dickens en 1859 – *Le Conte de deux cités* dont 200 millions d'exemplaires ont été tirés – à Hilary Mantel en 1992 – *A place of Greater Safety* rééditée en 2006 –, Danton est un personnage récurrent de la littérature. La pièce de Georg Büchner, *La Mort de Danton* est régulièrement jouée, y compris au National Theatre de Londres, pendant toute l'année 2010. Peut-être cette fascination provient-elle de la profonde originalité de la Révolution française par rapport à la supposée « réforme tranquille » anglaise et américaine ? À l'autre bout du monde, c'est la Chine qui se penche sur l'homme et son époque. Danton a bénéficié d'un traitement à part au cours d'un colloque franco-chinois en 2003 ! Depuis les années 1980, les historiens chinois réfléchissent au culte de la révolution, véritable institution dans leur pays. Ils insistent à la fois sur le rôle fondamental de l'exemple français dans leur propre révolution de 1911, mais aussi sur les excès de la Révolution culturelle. Les transformations du pays les amènent d'ailleurs souvent à critiquer sévèrement la Révolution française (on parle même de « l'adieu à la révolution ») et à mettre en valeur les pratiques politiques anglo-saxonnes plus aptes à développer les libertés et le capitalisme !

Vu de France

Danton n'est jamais sorti des mémoires depuis sa mort. Encensé par les républicains du XIXe siècle, il est l'objet du célèbre débat historiographique entre Aulard et Mathiez dans les années 1900. Héros pour le premier, vendu pour le second, il incarne avec Robespierre le duel entre modérés et extrémistes et montre que la Révolution est encore un enjeu de mémoire. Le débat s'est d'ailleurs poursuivi, en se déplaçant vers la sphère médiatique. Magnifié dans le film d'Andrzej

Wajda en 1983, il est la figure centrale de *La Révolution française* de Robert Enrico en 1989. À l'occasion de leur sortie, ces deux films ont d'ailleurs fait l'objet de polémiques. Les libertés prises avec les faits, la sympathie évidente des auteurs pour leur héros, la figure noire de Robespierre montrent un rejet évident du programme ou, au moins, du pouvoir robespierriste. Danton incarne alors l'homme qui se dresse pour empêcher le pays de sombrer dans l'horreur. Médiatiquement, il semble avoir gagné son duel avec son rival au bout de deux cents ans ! Les chercheurs ont aujourd'hui une vision beaucoup plus nuancée. Du fait de son rôle ambigu à l'égard du roi Louis XVI, l'historien François Furet va ainsi jusqu'à refuser à Danton le titre de grand homme de la Révolution. Le débat n'est donc pas clos.

Ce qu'il faut retenir

L'avocaillon

Danton voit le jour à Arcis-sur-Aube en 1759. Son père est le procureur du lieu et jouit d'une honnête aisance. Des études au petit séminaire et au collège des oratoriens lui ouvrent les portes d'une carrière chez un avoué parisien en 1780. Fréquentant les brasseries et les cafés parisiens, il se distingue davantage par la joyeuse vie qu'il y mène que par son assiduité au travail. Licencié en droit en 1784, il devient cependant avocat en 1787 grâce à la dot de son épouse. Sa laideur (il a été blessé au visage par un taureau dans son enfance et a souffert de la variole) ne l'a pas empêché d'épouser une femme riche et haut placée…

Le révolutionnaire

Il n'est en 1789 qu'un avocat totalement inconnu de la petite bourgeoisie. Comme beaucoup, la Révolution l'enthousiasme.

Animateur du club des Cordeliers qui se crée dans son quartier du Luxembourg, il joue un rôle d'agitateur populaire durant les années 1789-1791 et commence à acquérir une certaine notoriété au sein du peuple parisien. Il fait aussi partie de ceux qui sont « arrosés » régulièrement par le roi. Sans que l'on sache bien les services qu'il a pu rendre, il profite de cet argent pour rembourser ses dettes et s'acheter une propriété dans sa province natale. Il doit fuir en Angleterre quelque temps après la fusillade du Champ-de-Mars qui voit les partisans de la République réprimés par Bailly et La Fayette.

Sauveur de la Patrie ?

Revenu en France à la fin de l'année 1791, il est élu à la commune de Paris. Ses discours préparent les journées révolutionnaires et il est l'un des artisans discrets du 10 août 1792 qui voit la monarchie s'effondrer. Nommé ministre de la Justice, il est le pivot du gouvernement. Impulsant les mesures les plus énergiques de défense nationale, couvrant les massacreurs de Septembre, il nomme à des postes importants ses amis, dont Camille Desmoulins. Après Valmy et la proclamation de la République, il abandonne son poste de ministre pour son siège de député à la Constituante. Envoyé en mission auprès des armées en Belgique, il parvient à éviter de participer au procès du roi, même s'il revient pour voter sa mort. Il semble d'ailleurs qu'il ait souhaité le faire simplement déporter, envisageant même d'acheter les voix des députés avec de l'argent fourni par l'Angleterre. Mais son influence se réduit, de forts soupçons de corruption pesant sur sa participation au gouvernement et il ne peut réconcilier girondins et montagnards.

Le Comité de salut public

En mars 1793, il est à l'origine de la création du Tribunal révolutionnaire et du Comité de salut public qu'il préside jusqu'en juillet. Chargé des Affaires étrangères, il tente de négocier avec l'ennemi alors que la France est menacée de toutes parts. Veuf inconsolable en mars (il a fait déterrer sa femme pour faire réaliser un moulage mortuaire), il se remarie en juin devant un prêtre réfractaire, ce qui est un comble pour un révolutionnaire, car ce prêtre n'a pas prêté serment à la Constitution… Dans le même temps, il ne parvient pas à s'opposer à l'élimination des députés girondins par leurs ennemis montagnards que soutiennent les sans-culottes. Absorbé par ses affaires domestiques, il semble se désintéresser de la politique.

Duel avec Robespierre

Par manœuvre ou par lassitude, il demande à ne pas être réélu au Comité en juillet 1793, laissant aux autres, et notamment à Robespierre, les risques du pouvoir. Il est élu président de la Convention, mais se trouve en proie aux critiques de son ancien club des Cordeliers qui l'accusent de modérantisme. Bien que toujours révolutionnaire, Danton souhaite désormais limiter la Terreur et prône la fin des mesures d'exception. Épuisé ou soucieux de se protéger, il s'isole à la campagne de septembre à novembre. Mais le scandale de la compagnie des Indes qui menace ses amis et sa volonté d'affronter les extrémistes, « les Enragés », lui font regagner Paris. Allié à Robespierre, il parvient à les éliminer en mars 1794 avant d'être emprisonné à son tour en avril par son partenaire. Jugé, il se défend si bien qu'on l'exclut du procès. Sa tête roule sous l'échafaud le 5 avril après avoir dit au bourreau : « Tu montreras ma tête au peuple, elle en vaut la peine. » Il avait trente-quatre ans.

n° 34

Albert Camus

« Le monde est ce qu'il est, c'est-à-dire peu de chose. »

C'est ainsi que commence l'éditorial de *Combat* écrit par Camus à la nouvelle du bombardement d'Hiroshima. Cet humaniste, qui ne peut se réjouir pleinement de cette victoire acquise au bord du gouffre, qui rejette la peine de mort, est un homme pétri de contradictions apparentes : Français d'Algérie sensible aux souffrances des populations arabes mais désireux de maintenir son pays natal dans la France ; dénonciateur des idéologies et des religions totalisantes, tout en étant ancien militant communiste ; convaincu de l'absurdité du monde, mais soucieux d'une révolte solidaire des individus.

Vu d'ailleurs

Prix Nobel de littérature en 1957, Camus est, pour le monde entier, un immense écrivain dont la pensée a imprégné et imprègne encore des générations de lecteur. De Londres à Tokyo, on ne compte plus les sociétés d'études camusiennes. Non seulement ses livres ont été traduits dans la plupart des langues, mais on continue à jouer ses pièces qui constituent pourtant la partie la moins célébrée de son œuvre. Ainsi, *Caligula* a-t-il été représenté à Londres (par l'acteur Michael Sheen rendu célèbre depuis par *The Queen*) ou encore au Japon en 2007, en Inde ou aux Philippines ! Ses ouvrages les plus célèbres ont fait l'objet d'adaptations cinématographiques en Italie (*L'Étranger*, par Luchino Visconti en 1967), en Turquie (*Le Destin* par Zeki Demirkubuz en 2001) ou encore en Argentine (*La Peste* par Luis Puenzo en 1992).

Vu de France

La polémique qui a fait rage en France en 2009 à l'annonce de la volonté présidentielle de transférer sa dépouille au Panthéon montre que l'écrivain n'a rien perdu de sa force et de son actualité. Là où l'on ne peut enterrer l'antisémite et fabuleux écrivain Céline, on ne doit pas non plus inhumer le révolté Camus, qui sa vie durant, refusa toute récupération, toute classification facile. Bien malgré lui, il est devenu un enjeu de mémoire et sort de la Pléiade ou des manuels scolaires pour entrer dans l'arène politique où il n'a jamais cessé d'agir sa vie durant. En prévoyant d'installer trois statues, de De Gaulle, de Jean-Paul II et de Camus, la ville de Nice lui rend un bien étrange hommage. Il est peu probable que l'écrivain révolté aurait souhaité se voir associé à un pape, fût-il relativement ouvert... La France, patrie de la littérature, est peut-être le seul pays au monde capable de se déchirer autour d'un écrivain. Au-delà des querelles politiciennes, son œuvre reste une référence. Son théâtre est toujours joué, et ses livres connaissent encore le succès. *Le Premier Homme* (manuscrit qui se trouvait parmis ses affaires lors de sa mort) est paru à titre posthume en 1995 et a fait l'objet d'une adaptation cinématographique. Cinquante ans après sa mort, sa notoriété est toujours intacte.

Ce qu'il faut retenir

Un petit « pied-noir »

Albert Camus est né en 1913 près de Mondovi (aujourd'hui Dréan) en Algérie dans une famille d'un milieu très modeste. La mort de son père en 1914 plonge la famille dans une quasi-misère. Élevé par une mère presque sourde et totalement illettrée, il doit à son instituteur, Louis Germain, une grande partie de sa réussite scolaire et sociale. Poussé et aidé par son maître, il réussit à obtenir une bourse pour entrer au lycée d'Alger. Passionné de football, il doit y renoncer à la suite de la découverte de la tuberculose qui le menacera toute sa vie. Il réussit cependant d'excellentes études et se montre un brillant élève en philosophie. Soutenant une thèse dans cette discipline, il cumule parallèlement les petits boulots et anime le Théâtre du Travail.

Un intellectuel reconnu

Devant renoncer à devenir enseignant en raison de sa tuberculose, Albert Camus entre au journal de gauche *L'Alger républicain* après avoir été exclu du PCF en 1937. Ses articles sur la misère en Kabylie le font connaître. Il publie cette année-là son premier livre, *L'Envers et l'Endroit*. En 1939, il rejoint la France où il travaille à *Paris-Soir*. Marié et divorcé très jeune, il se remarie en 1940 avec la mathématicienne Francine Faure. Malgré leurs deux enfants, il multipliera les liaisons, notamment avec l'actrice Maria Casarès dans les années 1950. Il ne participe pas à la guerre à cause de sa maladie.

Un penseur mesuré

L'Occupation le fait peu à peu basculer dans la Résistance tout en publiant *L'Étranger, Le Mythe de Sisyphe* et *Caligula* dans lesquels il développe sa philosophie de l'absurde. En 1943, il entre au journal clandestin *Combat* et en prend la direction en 1944. Pacifiste, cette résistance d'information est son meilleur moyen de lutte. À la Libération, et durant trois ans, il est de tous les combats politiques, tout en refusant d'adhérer à une quelconque idéologie. Il prône à la fois l'épuration et le refus de la peine de mort (notamment pour Brasillach). Malade, il continue à écrire (*La Peste* en 1947, *La Chute* en 1956). La publication en 1951, de *L'Homme révolté* le coupe de Sartre et de la gauche marxiste sans lui valoir les faveurs de la droite.

Prix Nobel de littérature

À partir de 1956, il milite pour la paix civile en Algérie tout en proclamant son attachement au maintien du pays dans la République. Homme paradoxal, il dénonçait en 1945 l'indifférence des Français aux misères du peuple arabe tout en réfutant l'image du colon exploiteur. Haï par les uns et détesté par les autres, il incarne une figure morale singulière. Son Nobel de littérature de 1957 est d'ailleurs l'occasion d'une dernière polémique : après la réception du prix de Stockholm, lors d'une rencontre avec des étudiants, Camus répond ainsi à un étudiant arabe qui l'interroge : « En ce moment, on lance des bombes dans les tramways. Si c'est cela la justice, je préfère ma mère. » Phrase que l'on a souvent déformée en : « Entre la justice et ma mère, je choisis ma mère. » Pour Albert Camus, l'Algérie veut rester française et, déchiré entre ses racines et son refus de la violence, il n'oppose pas la justice à sa terre natale, mais cherche avant tout à dénoncer le terrorisme. Il mourra dans un accident de la route près de Sens (Yonne), en 1960, sans avoir vu la fin de la tragédie algérienne.

n°35

Colbert

« L'art de plumer l'oie consiste à obtenir le plus possible de plumes, avant d'obtenir le moins possible de cris. »

Colbert serait-il l'esprit tutélaire des pères Fouettards de l'économie en temps de crise ? La réalité est plus compliquée : il n'était pas plus le bourreau de travail dévoué corps et âme à son roi et à l'État décrit par l'imagerie républicaine, qu'un esprit obtus dont la compréhension des finances se serait arrêtée au nombre de pièces entrant dans les coffres royaux. Homme de son siècle et de sa condition, attaché à la fortune des puissants parce qu'elle était aussi la sienne, il a consacré sa vie au service du roi, mais aussi à l'avancement de sa famille.

Vu d'ailleurs

Dans l'esprit de beaucoup d'Européens, Colbert a une image très négative. Il est celui qui donne au royaume de France les bases économiques utilisées par Louis XIV pour sa politique d'agression contre tous les autres. Il est aussi celui qui prône une politique économique qualifiée aujourd'hui de rétrograde et dangereuse : le mercantilisme. Il a donc mauvaise presse chez les auteurs anglo-saxons ou hollandais adeptes du libéralisme et qui oublient que leur prospérité s'est en partie construite sur des pratiques similaires. À l'inverse, les historiens allemands ou japonais le perçoivent comme un acteur de la construction de l'État-nation dont ils ont suivi le modèle. Symbole de la collusion inefficace du pouvoir et de l'économie pour les uns, organisateur de l'État moderne en ce qui concerne les finances pour les autres, son rôle est toujours discuté.

Vu de France

Comme Sully, Colbert fait partie de ces ministres mythiques dont l'image est attachée à un âge d'or bien davantage rêvé que réel. Ainsi, il incarne lui aussi le travailleur de l'ombre dont le labeur infatigable permet à la France de guérir des blessures causées par les erreurs des rois et les crimes de la noblesse. L'image d'Épinal propagée par les manuels scolaires ou par *Le Tour de France par deux enfants* mérite d'être sérieusement revisitée. Doublure de Mazarin puis de Louis XIV, moins énigmatique que Richelieu, moins flamboyant que Fouquet, Colbert ne retient plus aujourd'hui l'attention de nos concitoyens. Il n'apparaît plus dans aucun sondage de notoriété, et son côté « gratte-papier » ne fait plus recette… Pourtant, on le trouve encore dans les nouveaux manuels d'histoire de cinquième, mais la part dévolue à Louis XIV se réduisant comme peau de chagrin, il y a fort à parier que sa disparition précédera celle de son maître !

Ce qu'il faut retenir

Originaire de Reims

Contrairement à la légende, Colbert n'est pas le fils d'un marchand drapier rémois dont Mazarin aurait distingué les qualités. Il est un fils de la bonne bourgeoisie parisienne (même si son père vient de Reims) installée dans la finance depuis quelque temps déjà, et qui fraye avec le pouvoir en place. C'est son père qui lui achètera son office de Commissaire des guerres, et son cousin qui l'appuie dans l'entourage du secrétaire d'État à la Guerre, Le Tellier.

Un travailleur opiniâtre

Né en 1619, le jeune Jean-Baptiste n'est pas sans mérite. De bonnes études et un labeur déjà acharné le font reconnaître dans le milieu de la bourgeoisie et des officiers parisiens. Mais c'est paradoxalement la guerre civile qui va le plus le servir. Obligé de fuir en Allemagne en 1650, Mazarin lui laisse la gestion d'une grande partie de ses affaires parisiennes. Colbert se montre très vite indispensable en sauvegardant les biens de son protecteur. Lorsque celui-ci revient en 1653, il n'aura plus qu'à les faire prospérer… en n'oubliant pas de se servir au passage : à une époque où l'État paie fort mal ses serviteurs (quand il les paie), il est normal de ne pas oublier ses propres intérêts quand on le sert. Le tout est de ne pas en abuser.

Six ministères à la fois !

À sa mort, Mazarin recommande vivement son serviteur au roi. Celui-ci est décidé à se passer de Premier ministre, mais pas d'hommes compétents. Il prend donc Colbert à son service. Après s'être débarrassé de l'encombrant Fouquet,

Colbert va donc cumuler pendant vingt ans les responsabilités et les charges. Ministre d'État, surintendant des Bâtiments et des Arts, contrôleur général des Finances, secrétaire d'État à la Maison du roi, à la Marine, il n'y a guère que les Affaires étrangères et la Guerre qui lui font défaut ! Même la Justice n'échappe pas à son action : organisateur du Code noir, des ordonnances sur les Eaux et Forêts ou sur la Marine ou sur la procédure civile et criminelle, rien ne lui est étranger.

Le colbertisme

Parallèlement, il se consacre à son grand œuvre, l'enrichissement de la France. Persuadé comme tous les mercantilistes que le commerce ne peut se faire qu'au détriment des parts d'autrui, il s'efforce de contrôler sévèrement les importations et les contrefaçons, de développer l'industrie et les manufactures tout en s'appuyant sur l'émergence d'une flotte de commerce apte à concurrencer Hollandais et Anglais. Il soutient vigoureusement la création artistique intérieure par de nouvelles académies et encourage l'espionnage industriel en débauchant des architectes navals allemands, des drapiers hollandais ou des verriers italiens ! L'objectif est de rendre le royaume exportateur afin d'attirer les monnaies pour enrichir le Trésor royal et développer la richesse nationale. Cette politique passe aussi par un effort de rationalisation du commerce intérieur et de l'administration royale afin de rendre l'imposition plus efficace et moins lourde.

Mais ces efforts de rationalisation et de développement se heurtent bien vite à la soif de gloire de Louis XIV et à l'opposition des puissances étrangères menacées par ce programme. Dès 1671 et la préparation de la guerre de Hollande, Colbert devra sacrifier ses désirs au financement de la politique étrangère royale. Lorsqu'il meurt en 1683, il connaît déjà un discrédit relatif au profit de son rival Louvois. Considérablement enrichi, il disparaît en disant du roi selon la légende : « Si j'avais fait pour Dieu tout ce que j'ai fait pour cet homme, je serais sauvé dix fois ! »

n°36

Richelieu

« En matière de crime d'État, il faut fermer la porte à la pitié »

écrit Richelieu dans son *Testament politique*. Cent cinquante ans avant l'exécution de Louis XVI, trois cents ans avant celle de Bastien-Thiry, il définissait la raison d'État. Néanmoins, il prête le flanc à la légende qui, de ses contemporains jusqu'au film de Stephen Herek *Les Trois Mousquetaires* en 1993, en passant par Dumas et Alfred de Vigny, nous le dépeint comme « l'homme rouge », retors, cruel et avide de pouvoir. Il reste parmi les personnages historiques les plus connus des Français, et l'un des Français les plus notoires à l'étranger. Symbole de l'homme d'État, il est pour Michelet, le troisième plus grand personnage que la France ait connu.

Vu d'ailleurs

La notoriété d'Armand du Plessis à l'étranger n'est pas seulement due aux *Trois Mousquetaires*. Certes, il apparaît dans quatre-vingt-onze films ou séries télévisées et dans de nombreux romans, dont l'un d'Umberto Eco (*L'Île du jour d'avant*), il est aussi l'objet de biographies, d'études et d'essais dans tout le monde occidental. En Espagne, il est le pendant français du grand Olivares et l'adversaire maudit qui mit à bas l'Empire espagnol. On le retrouve dans de nombreuses études, aussi bien que dans une série animée (*D'Artacan y los tres mosqueperros*) où les personnages sont des chiens anthropomorphes. Il est l'incarnation de l'ennemi français dans les romans de Perez-Reverte, dont le héros récurrent est le capitaine Alatriste. Aux États-Unis, comme au Royaume-Uni, c'est le roman de Dumas qui l'a rendu célèbre. Il a été incarné deux fois au cinéma par Charlton Heston dans les années 1970, et par Stephen Rea en 2001. L'historien anglais John H. Elliott a montré toute son importance dans son portrait croisé avec celui d'Olivares alors que le Québec l'honore comme l'un de ses fondateurs. En Asie, on le retrouve dans une série animée japonaise de 1989 et dans des jeux vidéo !

Vu de France

Malheureusement pour la postérité de Richelieu, Alexandre Dumas est un grand auteur... Qui ne préfère le bondissant d'Artagnan au machiavélique cardinal ? Pourtant, monument de notre mémoire collective, il est reconnu depuis sa mort par la plupart des historiens et des hommes d'État. Colbert le citait en exemple et l'histoire de la IIIe République en faisait un modèle malgré sa noblesse et son statut de cardinal. Pour les Français, il incarne l'homme d'État à la poigne de fer dont nous semblons si épris depuis Charlemagne jusqu'à de Gaulle. La République l'a toujours célébré, donnant son nom à ses navires les plus prestigieux (il est le nom initial du porte-avions *Charles de Gaulle*) ou à des rues et une station de métro. Il nous a laissé le Palais-Royal ou encore la chapelle de la Sorbonne. Malheureusement, les manuels scolaires de cinquième l'ont supprimé. Mi-ange, mi-démon, il est réhabilité par Robert Merle dans la seconde partie de *Fortune de France*, qui en fait un ministre puissant dévoué à l'État et dont la cruauté supposée est un instrument au service de la France. Pour reprendre Voltaire, il est donc « très difficile de connaître un homme dont ses flatteurs ont dit tant de bien, et ses ennemis tant de mal ».

Ce qu'il faut retenir

L'évêché familial

Né en 1585 dans une famille de la moyenne noblesse du Poitou (elle remonte au moins à la fin du XIVe siècle), le jeune Armand du Plessis est le troisième fils d'un Grand Prévôt de France, capitaine des gardes d'Henri III puis d'Henri IV et titulaire de l'ordre du Saint-Esprit. C'est donc une famille en pleine ascension qui est menacée par la mort prématurée du père en 1590. Mais l'énergie de sa mère pallie les difficultés. En 1603, alors que son frère renonce à l'évêché de Luçon, traditionnellement dans la famille, pour devenir moine, Richelieu, qui était pourtant destiné à la carrière des armes, en obtient le siège grâce à la protection royale. Passant ses grades de théologie puis présenté au pape, il est ordonné évêque dès 1607 ! Sans vocation particulière, il se révèle pourtant un prélat dévoué à ses ouailles.

Une ascension rapide

Isolé dans son évêché du Poitou, il défend ardemment la Réforme catholique dans une région largement protestante. Sa chance vient en 1614 : élu aux états généraux, il s'y distingue suffisamment pour s'attirer les faveurs de la régente, Marie de Médicis. Aumônier de la jeune reine Anne, secrétaire du conseil de la reine mère, tout semble lui réussir. Mais, en 1617, les Concini l'entraînent dans leur chute. Jugé trop proche d'eux, il est exilé à Avignon par Louis XIII. C'est son influence modératrice qui lui permettra de réconcilier le jeune roi et sa mère, d'obtenir le chapeau de cardinal en 1622 (il n'a alors que trente-sept ans !) et une place au conseil royal en 1624.

Au pouvoir

Habile politique, dévoué au roi et au royaume, il entreprend simultanément une politique de renforcement du pouvoir monarchique dans la continuité de celle d'Henri IV et de Sully, et une ascension personnelle en brisant ses adversaires et ses rivaux potentiels (Pierre de Bérulle, Michel de Marillac). Le royaume souffre alors de la turbulence des Grands qui ont pris les armes durant la régence, de l'agitation des protestants, véritable État dans l'État, et de l'encerclement par les Habsbourg. Il n'aura de cesse de réduire ou de détruire ces menaces, sacrifiant à son œuvre la réforme intérieure et le bien-être des sujets du roi. En 1629, il est parvenu à briser les protestants en leur enlevant leurs privilèges politiques tout en maintenant la tolérance religieuse (paix d'Alès). En 1630, la journée des Dupes, au cours de laquelle il écarte définitivement la reine mère et le parti des dévots, renforce son autorité. Les Grands sont peu à peu domptés. L'interdiction des duels, l'exécution des comploteurs ou des rebelles (Montmorency, Chalais, Cinq-Mars…) ont pour objectif de renforcer le pouvoir du roi sur la noblesse. Seul Gaston, le frère de Louis XIII, comploteur impénitent, néanmoins héritier du trône jusqu'en 1638, et la reine Marie de Médicis bénéficient de sa clémence malgré leurs multiples intrigues. Parallèlement, il s'efforce de réorganiser l'État par la création embryonnaire des intendants, la réforme de la législation et du conseil royal ou encore la création de compagnies de commerce. On lui doit aussi l'Académie française dont la vocation première est d'honorer le pouvoir royal. Mais le souci d'alimenter le Trésor royal pour permettre la réussite de la politique royale est primordial.

Le cardinal en armure

Bien que n'ayant pas participé à des opérations militaires en dehors du siège de La Rochelle (1627-1628), Richelieu a largement conduit avec Louis XIII les affaires militaires du royaume. Opérant par alliés interposés (les États protestants d'Allemagne, la Suède...), il s'efforce, par une « guerre couverte », de briser la puissance des Habsbourg, tant d'Autriche que d'Espagne jusqu'en 1635. En Italie et en Lorraine, il cherche à rompre leur encerclement. À partir de 1635, la France connaît une « guerre ouverte ». D'abord désastreuse (Corbie, 1636), elle se poursuit victorieusement tant dans le Roussillon qu'en Alsace ou en Artois. Pressurant les contribuables, soutenant le roi qui lui accorde sa confiance, il ne cesse de travailler à la victoire. Mais il ne verra pas celle-ci. En 1642, épuisé, il meurt, détesté de tous, ayant donné à un royaume consolidé les fondements de sa domination européenne lors du siècle suivant.

n° 37

Napoléon III

« *La pauvreté ne sera plus séditieuse lorsque l'opulence ne sera plus oppressive.* »

Rarement un personnage aura dû subir une telle légende noire. Le président élu au suffrage qui confisque le pouvoir par un coup d'État, le « neveu » sans talents militaires, le chef d'État trompé par Bismarck, l'époux manipulé par sa femme : aucune avanie ne lui est épargnée, et pourtant son règne a coïncidé avec l'une des périodes de développement économique les plus rapides de notre histoire. De tous nos chefs d'État, aucun n'a autant modernisé le pays. Mais depuis cent quarante ans, Napoléon III expie à la fois le « crime » de son coup d'État du 2 décembre 1851 et l'humiliation de 1870…

Vu d'ailleurs

Malgré son rôle fondamental dans l'unification de l'Italie et son attachement au principe des nationalités qui permit, entre autres, la naissance de la Roumanie, Napoléon III n'est pas vu de façon positive à l'étranger. Pour les Italiens, il est celui qui leur a permis de vaincre les Autrichiens et d'entamer l'unification de leur pays. Cependant il est aussi celui qui s'est obstinément opposé au rattachement de Rome au nouveau royaume. Pour les Américains, il est le souverain qui a tenté de faire du Mexique un protectorat français. Pour les Mexicains, et la récente et douloureuse affaire judiciaire Cassez l'a rappelé, il est celui qui a envahi leur pays. Pour les Vietnamiens, il est le conquérant de la Cochinchine ; pour les Chinois, l'un des grands artisans des traités inégaux et de l'humiliation du sac du palais d'Été (1860). Une image extérieure désastreuse, qui montre paradoxalement l'ampleur de son activité.

Vu de France

Napoléon III est l'homme qui a redonné à la France le rôle central en Europe et dans le monde après un sommeil de cinquante ans. Mais comment revaloriser une personnalité dont l'action a été tournée vers la colonisation, malgré des conceptions modernes et audacieuses (un royaume arabe en Algérie rattaché à la France) ? Pendant longtemps, son image est d'abord celle d'un empereur autoritaire qui met fin à l'expérience républicaine de 1848. Cette image fut avant tout façonnée par Victor Hugo et par toute l'historiographie de la IIIe République, bien aise de trouver en lui un coupable idéal. Ses innombrables réalisations ont longtemps été considérées avec mépris. Depuis une vingtaine d'années cependant, une relecture plus sereine de la période est à l'œuvre. On note la libéralisation progressive du régime, le réel souci de l'empereur pour les classes populaires (c'est lui qui a instauré le droit de grève en 1864), et les réalisations économiques. En 1870, le régime impérial est l'un des plus démocratiques d'Europe (du moins l'un des moins autoritaires). Cependant la légende noire demeure et Napoléon III est généralement dénigré quand il n'est pas tout simplement supprimé des manuels scolaires.

Ce qu'il faut retenir

« Le neveu très proche »

Fils du roi de Hollande, Louis Bonaparte, et d'Hortense de Beauharnais, Louis Napoléon Bonaparte est donc le neveu du Corse. Né en 1808, il part en exil en 1816 aux côtés de sa mère (ses parents sont séparés) en Suisse. Il y mène une existence confortable et reçoit une éducation libérale de la part de son précepteur, fils du révolutionnaire Le Bas.

Un combattant de la liberté

En 1830, la révolution qui secoue la France gagne les principautés Italiennes. Avec son frère aîné, Napoléon Louis, il combat aux côtés des insurgés, notamment dans les États pontificaux. L'échec de cette vague révolutionnaire et la perte de son frère l'obligent à regagner la Suisse. À partir de 1832, la mort du duc de Reichstadt (le fils de Napoléon Ier, dit l'Aiglon), en fait la figure de proue et l'héritier de la famille Bonaparte. Il s'essaie alors à l'écriture pour défendre la mémoire de son oncle et faire avancer ses idées. Il se lance aussi à deux reprises dans des tentatives de soulèvement militaire. Le premier échec à Strasbourg en 1836 est sans conséquence, mais la deuxième tentative, à Boulogne en 1840, est une véritable déconfiture. Arrêté, il est condamné à la prison à perpétuité. Six années d'emprisonnement lui permettent de rédiger un livre, *L'Extinction du paupérisme*, dans lequel il montre son souci des classes populaires. Il s'évade en 1846 et s'installe à Londres avec sa maîtresse Miss Howard.

Premier président de la République

La révolution de 1848 lui offre une nouvelle chance. Élu aux élections législatives, il profite de l'écrasement de la révolution populaire de juin pour se poser en défenseur du peuple. En décembre, il est élu président de la République. Pourtant c'est un homme isolé, qui ne connaît pas le personnel politique et parle français avec un fort accent suisse. Habilement, il va profiter du conservatisme de l'Assemblée qui restreint le suffrage universel et de nombreuses tournées en province pour se faire connaître et apprécier. L'impossibilité voulue par la Constitution de solliciter un deuxième mandat le pousse à l'affrontement, d'autant qu'il se sent fort du soutien populaire. Le 2 décembre 1851, appuyé par l'armée et une partie des élus, il dissout l'Assemblée : c'est un coup d'État. Quelques résistances vite réprimées montrent que le peuple n'est pas prêt à lutter pour les députés conservateurs et que les paysans le soutiennent. La répression est cependant très brutale et aboutit à l'arrestation et à la déportation en Algérie ou à Cayenne de plusieurs milliers de personnes. Rapidement, un plébiscite (au suffrage universel qui a été rétabli) lui donne des pouvoirs constituants. Le nouveau régime se met en place durant l'année 1852 qui se clôt par le rétablissement de l'Empire.

De l'Empire autoritaire à l'Empire libéral

C'est alors un système autoritaire appuyé sur le plébiscite qui se met en place. Assemblées muselées, gouvernement aux ordres, préfets aux pouvoirs étendus, presse censurée, emprisonnements politiques, c'est d'abord un régime d'ordre. Mais l'empereur est aussi soucieux du bien-être des populations et du développement économique. Des investissements massifs dans les infrastructures, l'encouragement à l'industrie et aux banques permettent une croissance rapide. À partir de 1860, ses orientations changent. Soumis à l'hostilité des catholiques qui lui reprochent sa politique italienne et aux critiques de la bourgeoisie d'affaires qui lui reproche son manque de protectionnisme, il va libéraliser le régime et s'ouvrir aux républicains ! Droit de grève (1864), liberté de la presse (1868), extension des pouvoirs des Assemblées, l'Empire devient quasiment parlementaire en 1870. Malgré l'opposition des démocrates, il demeure réellement populaire comme le plébiscite d'avril 1870 le montre.

Le désastre final

Mais, depuis quelques années, les difficultés extérieures s'accumulent. Après avoir brisé le système d'alliance traditionnel et s'être allié avec l'Angleterre, il est intervenu en Russie (guerre de Crimée 1854-1856), en Italie (1859) contre les Autrichiens et a imposé la France comme la principale puissance européenne. Toutefois la montée en puissance de la Prusse, l'échec mexicain (1862-1867) et l'absence de réorganisation de l'armée portent les germes du déclin. Manipulé par Bismarck, malade et usé, il se lance dans une guerre contre les États allemands en cours d'unification. Mal préparée, le conflit tourne au désastre. Prisonnier à Sedan le 2 septembre 1870, il voit l'Empire s'effondrer avec lui. Libéré par Bismark en mars 1871, il s'exile en Angleterre et y meurt deux ans plus tard.

n° 38

Louis XI

> « *Qui ne sait dissimuler ne sait régner.* »

Le personnage difforme au petit chapeau couvert de médailles pieuses, l'« universelle aragne » jouissant du spectacle des prisonniers politiques, le roi préférant les négociations tortueuses et les intrigues sournoises aux combats en champ ouvert, sont des clichés de notre histoire. Pourtant, si le souverain n'était guère impressionnant, le bilan de son règne l'est beaucoup plus. Il a réduit les Grands, abattu la menace bourguignonne et agrandi le royaume. De constitution malingre, c'est un homme cultivé, pieux, qui sépare déjà religion et raison d'État. Parfois cruel avec les puissants, il s'efforce de limiter la violence envers son peuple. Louis XI est-il donc un roi idéal ou un repoussoir ?

En France et dans le monde

Si, pendant longtemps, cette mauvaise image a prévalu dans l'imaginaire populaire, on le doit au talent de Walter Scott. Nationaliste impénitent, francophobe, le romancier écossais a accablé de son talent le pauvre Louis XI. Son *Quentin Durward* dépeint le roi sous un jour particulièrement sombre et les adaptations du roman n'ont pas été en reste. Le film de Richard Thorpe ne nous le rend pas plus sympathique ! Dès 1938, on le voyait déjà dans une autre production hollywoodienne, mettre en scène sa mort de manière étrange. Et, comme si cela ne suffisait pas, la plupart des versions cinématographiques du *Bossu de Notre-Dame* en font un souverain sournois et méprisable. En France, dès le règne de ses successeurs, et à quelques exceptions près, la propagande royale en a fait le contre-modèle bien pratique du bon roi. Les critiques du pouvoir royal l'ont, eux aussi, honni. Ainsi, Voltaire a largement diffusé et amplifié la légende noire, n'hésitant pas à ajouter des inventions de son cru aux exagérations des temps précédents. Il faut attendre la IIIe République pour qu'on en donne une image plus positive, celle du monarque constructeur de l'idée nationale et ennemi des aristocrates… sans renoncer pourtant à noircir l'individu ! Pour autant, même si Louis XI apparaît dans les sondages spécialisés (notamment celui de la revue *Histoire* en 2000) comme une figure importante, il n'y a que l'Éducation nationale qui relaie cette vision. Il n'est pas sûr que cela suffise à redorer son blason auprès des générations d'élèves fâchés avec la discipline historique…

Ce qu'il faut retenir

Le petit Louis n'a pas de chance. Lorsqu'il naît en 1423 à Bourges, son père, Charles VII, est le premier roi de France depuis longtemps à n'avoir que l'illusion du pouvoir. Retranché à Bourges depuis l'occupation de la capitale par les Anglais, celui que l'on surnomme « le petit roi de Bourges » par dérision, a même été renié par Charles VI ! Grandir dans un royaume dépecé par les Anglais et humilié par les Bourguignons ne contribue pas à donner à Louis XI une bonne image de son père. Il reçoit de son précepteur, Jean Majoris, une éducation très complète et deviendra un fin lettré, mais aussi un chevalier accompli et un grand chasseur. Marié en 1436 avec Marguerite d'Écosse, Louis XI sera un époux froid qui délaissera la couche de sa femme. La légende dit que celle-ci aurait accueilli sa propre mort avec gratitude, à vingt et un ans…

Le jeune homme se révèle très vite rebelle à l'autorité paternelle. En 1440, il s'associe avec quelques Grands pour réclamer davantage d'autonomie et de pouvoir dans le royaume. Cette « Praguerie » vite écrasée, le roi lui confie le Dauphiné et des troupes pour combattre Anglais et Bourguignons, mais aussi ses propres compagnons de révolte ! Le revirement du futur Louis XI ne fait rien pour améliorer son image. Dès 1446, le démon de l'intrigue reprend le Dauphin et le roi l'exile alors dans la province du Dauphiné. Il y apprend son métier de roi, organisant l'administration et les finances et fondant l'université de Valence. Sa première épouse morte, il en profite, en 1451, pour se remarier avec la fille du duc de Savoie contre la volonté de son père.

Impatient d'être roi, et multipliant les complots, il doit fuir le Dauphiné devant la colère de son père en 1456. Réfugié sur les terres du puissant duc de Bourgogne, il y côtoie son futur ennemi, Charles le Téméraire, en attendant patiemment la mort de Charles VII. Celle-ci survient en 1461. À trente-huit ans, il devient enfin roi de France. Dès l'année suivante, il profite de la difficile succession d'Aragon pour arracher à son voisin le Roussillon et la Cerdagne. En 1463, il rachète les villes de la Somme aux Bourguignons et doit affronter en 1464 une révolte des grands féodaux (ducs de Bretagne, de Bourbon, Charles le Téméraire…) qui cherchent à obtenir plus d'autonomie (ligue du Bien public). En 1465, l'indécise bataille de Montlhéry l'oblige à négocier et à remettre les villes de la Somme à Charles le Téméraire et le gouvernement

de Normandie à son propre frère. Le patient monarque reprend bien vite la Normandie et obtient l'hommage du duc de Bretagne.
À partir de 1468, s'engage une lutte de longue haleine contre le Téméraire, désormais duc de Bourgogne. Après l'humiliation du traité de Péronne qui oblige le roi à assister le duc dans la répression des révoltés de Liège, il n'aura de cesse de préparer sa revanche. Attisant les révoltes (Liège, Beauvais…), finançant les ennemis de la Bourgogne (Suisses, Lorrains…), négociant avec les Anglais, il isole le duc et prépare sa chute. Parallèlement, il manœuvre pour récupérer l'important héritage du roi René d'Anjou (Provence, Anjou, Maine…) et s'emploie à réduire les autres féodaux. L'échec du Téméraire devant les Suisses, puis sa mort sous les murs de Nancy (1477) permet à Louis XI de mettre la main sur une grande partie de ses terres (Picardie et Bourgogne) par le traité d'Arras en 1482. Le reste de l'héritage passe aux Habsbourg dont on ne soupçonne pas encore le brillant avenir.
Résolument moderne, Louis XI s'emploie à réduire l'importance de la grande aristocratie dans les conseils et à augmenter l'importance des spécialistes du monde financier ou judiciaire et des représentants de la petite noblesse. Toute cette politique passe par une augmentation des impôts qui n'est pas sans susciter des révoltes, mais qui se passe sans trop de dommages dans un royaume en pleine croissance économique. Le roi peut d'ailleurs multiplier les charges de franchise accordant des privilèges de foires ou de marchés, signe de la bonne santé du commerce. Ces ressources renouvelées permettent l'accroissement de l'appareil administratif (nouveaux parlements à Bordeaux, Dijon, Aix-en-Provence…) et de l'armée permanente (16 000 hommes à la fin du règne) tout en offrant les moyens à la diplomatie. Sa politique économique passe aussi par un encouragement de l'industrie de la soie, notamment dans le Midi et le Lyonnais.
À sa mort, en 1483, Louis XI laisse un royaume renforcé et agrandi dans lequel la menace des Grands est réduite.

n°39

Claude Monet

« *J'ai toujours eu horreur des théories… […] et je reste désolé d'avoir été la cause du nom donné à un groupe dont la plupart n'avaient rien d'impressionniste.* »

913 064 spectateurs pour l'exposition Monet au Grand Palais qui s'est terminée en janvier 2011 ! Depuis l'exposition Toutankhamon en 1967 (1,2 million de visiteurs), aucune n'avait rassemblé autant de monde. Ce flot de visiteurs, et, parmi eux, près d'un tiers d'étrangers, illustre bien la renommée mondiale du peintre, symbole de l'impressionnisme. Artiste famélique avant quarante ans, dans la gêne jusqu'à cinquante, il meurt auréolé de gloire à quatre-vingt-six.

Refusant l'académisme, il propose une peinture qui reste figurative, accessible à tous, source peut-être de son succès durable.

En France et dans le monde

Qui peut se vanter d'avoir fait la une du *New York Times* ou rempli les pages principales des journaux du monde entier, quatre-vingts ans après sa mort ? L'exposition du Grand Palais a été l'événement artistique de l'année 2010, précédée par le festival Impressionnistes en Normandie dont l'attraction principale était le rassemblement des cathédrales peintes par Monet. À ces deux occasions, la popularité de l'artiste français, dont les toiles sont exposées dans le monde entier, s'est vérifiée. En 2004-2005, ses œuvres et celles de ses compagnons de route ont fait l'objet d'une exposition itinérante de Pékin à Hong Kong en passant par Shanghai. Sa série des cathédrales de Rouen est dispersée de Paris à Tokyo en passant par Bâle, Weimar, Moscou, Boston, Philadelphie ou encore New York et il n'est pas un musée au monde qui ne souhaite avoir son » Monet pour bâtir ou entretenir sa réputation. En 2008, son *Bassin aux nymphéas* s'est vendu 80 millions de dollars ! La France, qui a toujours préféré ses écrivains à ses peintres, lui a donné cependant une place particulière. Promu – de façon quelque peu abusive – porte-étendard de la peinture moderne, Monet est un « lieu de mémoire ». Chantre de la Ville lumière (même s'il a peu vécu à Paris), reflet du rôle universel de la France de la Belle Époque, il nous baigne dans la douceur de ses paysages. Peintre du fugitif, du subjectif, il est intemporel, d'autant que le caractère subversif de sa peinture s'est dissipé. Alors que la France n'est plus la plaque tournante de l'art mondial, il incarne peut-être la nostalgie de cette époque.

Ce qu'il faut retenir

Bien que né à Paris en 1840, le jeune Claude Monet se définit essentiellement comme Normand. Sa famille s'installe au Havre en 1845, et c'est le ciel changeant de la Manche qui baignera sa jeunesse. Une enfance sans histoire dans une famille de petits commerçants ne semble pas le destiner à une carrière artistique. Pourtant, sa vocation s'affirme très tôt. Sa rencontre à l'adolescence avec le peintre Eugène Boudin est déterminante. Celui-ci le convainc de peindre en extérieur et Monet lui en sera toujours reconnaissant. En 1860, il tire le « mauvais numéro » et se retrouve dans la cavalerie de l'armée d'Afrique ! La typhoïde contractée en Algérie fait qu'il est réformé et il peut regagner la métropole en 1862. Il suit alors des cours de peinture et fait la rencontre du peintre hollandais Jongkind qui l'influencera profondément. Il se lie aussi d'amitié avec Bazille et Renoir. Ses premières peintures (des marines et des femmes au jardin) sont acceptées au Salon de Paris. Il ne s'inscrit pas encore dans les marges de l'art.
La guerre de 1870 est, comme pour ses amis, une étape décisive. Il se réfugie à Londres et y fait la connaissance de Paul Durand-Ruel qui sera le marchand privilégié des impressionnistes. Revenu en France après s'être imprégné des tableaux de Turner, il infléchit clairement sa façon de peindre. Mais le marché de l'art est désorganisé et le pays appauvri. La création d'une société anonyme d'artistes et d'un salon concurrent en 1874 est alors un moyen de se faire connaître. C'est là qu'il expose son *Impression, soleil levant* dont la féroce critique de Louis Leroy fera naître un mouvement artistique, l'impressionnisme. Installé à Argenteuil, à la fois pour peindre en plein air et pour éviter les loyers parisiens prohibitifs, il crée, ne gagnant cependant pas encore la reconnaissance publique. Pour Zola, les impressionnistes sont de « pauvres

techniciens ». Monet flirte alors avec la misère et s'installe à Giverny dans l'Eure en 1883. La mort de sa femme Camille le désespère ; mais il continue néanmoins à peindre.
Il lui faut attendre la fin des années 1880 pour connaître la réussite financière : en 1888, il vend une *Vue d'Antibes* 1 200 francs à Théo Van Gogh. Quelques années plus tard, en 1894, quatre *Cathédrale de Rouen* étaient cédées pour 50 000 francs ! Ce succès lui permet d'acheter sa maison de Giverny et de l'agrandir peu à peu. Entouré de ses enfants et de ceux de sa nouvelle épouse, il prend comme sujets privilégiés son jardin et la campagne normande. Il se rend tout de même en Italie et à Londres dont la lumière – ou le brouillard – l'inspire particulièrement. Reconnu, vivant dans une confortable aisance, il se lie d'amitié avec Clemenceau. Il emploie alors une véritable escouade de jardiniers pour entretenir son parc de Giverny et notamment le fameux bassin aux nymphéas qui lui inspire ses dernières œuvres. Atteint de la cataracte, il vit ses dernières années dans une véritable souffrance morale. Déjà bouleversé par la mort de son fils aîné en 1914 et à nouveau veuf depuis 1911, il n'en continue pas moins à peindre, ses derniers tableaux se ressentant néanmoins des altérations de sa vue. Il meurt en 1926 en nous laissant une œuvre immense de plus de deux mille toiles.

n°40

Le maréchal Lyautey

« Il convient de montrer sa force pour n'avoir pas à s'en servir. »

Lyautey fait partie des icônes de la France républicaine. Il incarne l'image du colonisateur respectueux des colonisés et d'un protectorat intelligent qui fonde le Maroc moderne. Pourtant la réalité est sensiblement plus complexe : monarchiste au service de la République, militaire convaincu de l'étroitesse d'esprit de ses pairs, chrétien soutenant l'islam, intellectuel féru d'art et de littérature, il est bien loin du héros viril et moustachu de nos vieux livres d'histoire.

En France et dans le monde

Lyautey bénéficie d'un privilège très rare, celui d'être un colonisateur dont la mémoire est honorée par ceux qu'il a conquis. Sa statue trône toujours au centre de Casablanca. Cependant, son œuvre est controversée et il fait davantage figure de restaurateur de l'autorité monarchique que de modernisateur du pays. À cet égard, il faut reconnaître qu'il n'a pas fait œuvre de démocrate, mais bien de gestionnaire avisé des intérêts de la France, quitte à soutenir systématiquement les grands féodaux au détriment du plus grand nombre. C'est d'ailleurs son rôle de pacificateur qui lui vaut aujourd'hui d'inspirer... les généraux américains en Afghanistan ! La France continue à voir en lui le versant présentable de la colonisation et lui offre une place de choix aux Invalides, le Panthéon des militaires.

Ce qu'il faut retenir

Louis Hubert Gonzalve Lyautey naît en 1854 dans un milieu aristocratique de tradition militaire. Entré à Saint-Cyr dont il sortira vingt-neuvième, il est officier dans la France de la Belle Époque où l'aventure est synonyme de conquêtes coloniales. Alternant les commandements jusqu'en 1893, il fréquente les salons de Paris et des villes de province où il tient garnison. Cela lui sera très utile lors de son élection à l'Académie française en 1912. En 1894, il gagne l'outre-mer où il fait la connaissance de Gallieni qui sera son protecteur et son mentor. En Indochine, puis à Madagascar, il combat, administre et pacifie sous sa férule. En 1903, il rejoint les confins algériens où il se bâtit une réputation de non-conformiste peu respectueux de la légalité internationale. Il est persuadé de la nécessité de conquérir le Maroc pour conserver l'Algérie. En 1912, général de corps d'armée, il est le fer de lance de cette conquête. Résident général du protectorat, il devient le dirigeant de fait du royaume dont il a déposé le souverain pour le remplacer par son frère plus docile. Suivent alors treize ans de pacification. S'appuyant sur les seigneurs de l'Atlas et sur une monarchie docile, il gouverne en respectant les coutumes locales et en s'efforçant de préserver le territoire des appétits des colons. Mais il ne faut pas s'illusionner sur la profondeur des liens ainsi créés. Ce sont avant tout des rapports de sujétion amplifiés par les préjugés racistes de la plupart des administrateurs. La révolte d'Abd el-Krim en 1925 signe le chant du cygne de cette politique et son éviction. Lyautey ne s'est d'ailleurs guère fait d'illusions sur le maintien de la domination française, s'efforçant de créer les conditions les meilleures en vue de l'indépendance qu'il juge inéluctable. Malgré son élévation à la dignité de maréchal en 1921, il ne fait pas l'unanimité. Son conservatisme social le rend peu fréquentable pour la gauche alors que son humanisme le maintient à l'écart de la droite nationaliste. Sa dernière mission en 1931 est d'organiser l'exposition qui marque l'apogée de la France coloniale. À sa mort en 1934, il est enterré à sa demande à Rabat. Son tombeau y demeurera jusqu'en 1961.

n° **41**

Vercingétorix

*« Je suis brave,
mais tu es plus brave encore,
et tu m'as vaincu. »*

Vercingétorix est l'exemple parfait du perdant magnifique qu'aiment les Français. Un héros qui se lève seul contre tous, un adversaire hors du commun, une défaite grandiose et une mort tragique, notre homme a tout pour plaire ! La réalité est moins prestigieuse, et surtout moins claire. Façonnées par César, sa personnalité et son histoire ne nous sont connues que par son ennemi. Quelques pièces de monnaie, des traces archéologiques, des auteurs antiques attestent son existence et celle de la grande révolte de 52 avant J.-C., tout cela reste bien maigre pour celui qui fait encore figure de héros national.

En France et dans le monde

Comme la Bretonne Boudicca (ou Boadicée), Vercingétorix est le symbole de la lutte des peuples barbares contre Rome. Comme elle, le héros celte a été vaincu. Cette figure historique, dont l'impact réel a été mineur, n'est connue à l'étranger que par l'intermédiaire des chantres de la celtitude comme l'Américano-Irlandaise Morgan Llywelyn ou par les traductions des albums d'*Astérix*. C'est d'ailleurs avec une ironie non dissimulée que les Anglo-Saxons se moquent de l'habitude bien française de célébrer les héros vaincus... Vercingétorix n'a fait l'objet d'aucune adaptation cinématographique étrangère, même s'il apparaît, vaincu et humilié dans la série *Rome*. On le retrouve dans des jeux vidéo comme Civilisation IV, mais aussi dans *Les Simpson* où Omer est comparé à lui... On aurait pu rêver postérité plus reluisante.

Son image est, bien sûr, beaucoup plus positive en France, bien qu'il ait totalement été oublié jusqu'au XIXe siècle. Napoléon III en a lancé la mode, reprise à des fins idéologiques par la IIIe République. Soucieuse de héros positif à proposer à sa jeunesse, elle voit dans le chef gaulois une figure idéale. Un jeune homme qui s'oppose aux aristocrates nantis et capitulards et s'appuie sur le peuple pour s'opposer à l'envahisseur. L'image du chevelu est fixée dans nos mémoires au prix d'une « légère » réécriture. *Astérix* a perpétué le mythe sur le mode ironico-tendre jusqu'à nos jours. Malgré les ouvrages de l'inénarrable Roger Caratini ou le navet sublime qu'est le film de Jacques Dorfmann en 2001, les jeunes générations plébiscitent l'Arverne que les manuels scolaires continuent à présenter. En 2000, il était classé sixième dans l'échelle de sympathie des Français envers leurs grandes personnalités.

Ce qu'il faut retenir

Vercingétorix est une figure singulière, connue essentiellement par son ennemi César. Même sa date de naissance est approximative. Bien qu'on la fixe traditionnellement à

72 avant J.-C., César le décrit en 52 comme un « *adulescens* », c'est-à-dire un homme de moins de trente ans. On ne sait, en fait, presque rien de son enfance et de sa jeunesse. Fils d'un aristocrate arverne nommé Celtillos, son nom signifie « roi des grands guerriers ». Son père, qui semble avoir voulu rétablir la royauté, est exécuté lorsqu'il est encore jeune. Son éducation ne nous est pas connue, même s'il semble qu'il ait suivi l'enseignement des druides, comme tous les adolescents de son milieu.

Vers 57 ou 56 avant J.-C., il se serait engagé dans la cavalerie auxiliaire de César alors en pleine conquête de la Gaule ! Il ne se distingue en rien des autres Gaulois qui ne partagent aucun sentiment de solidarité et ne voient dans les Romains que des partenaires utiles dans leurs éternelles luttes entre peuples. Toujours est-il qu'il combat aux côtés de César durant quelques années. D'après l'historien grec Dion Cassius, il en aurait même été assez proche ! Mais rien ne permet de corroborer ce fait. Cependant, il montrera durant la révolte des qualités militaires indéniables et une conscience réelle des forces et des faiblesses romaines.

Vers 53 avant J.-C., il abandonne le camp romain et rentre à Gergovie où il s'impose à la tête des Arvernes inquiets des avancées romaines. Il tente de fédérer les Gaulois autour de lui et il semble qu'il soit élu par les révoltés « chef de guerre contre Rome ». Il impose sa stratégie pour détruire les armées de César : la terre brûlée. Villes, villages, récoltes, sont détruits et les Romains présents sur le sol gaulois, massacrés. Après ces quelques revers, Jules César se reprend. Avaricum (Bourges), la capitale des Bituriges, est prise d'assaut et détruite, ainsi que Cenabum (Orléans). Vercingétorix doit alors se réfugier à Gergovie, très vite assiégée par César. Cependant, le siège est un échec retentissant pour ce dernier. Repoussé, menacé par de nouvelles révoltes, il se replie vers la province Narbonnaise. C'est le grand triomphe de Vercingétorix.

La nouvelle du succès lui apporte de nouveaux ralliements, dont celui des Eduens, peuple puissant et allié des Romains depuis longtemps. La victoire semble proche. Lançant sa cavalerie à l'attaque des légions en retraite, il échoue à les briser et choisit donc de gagner Alésia. Fuite ou piège, il est probable qu'il espère réitérer l'exploit de Gergovie. Mais c'est compter sans le génie de son adversaire : l'*oppidum* est enserré dans deux lignes de fortifications infranchissables. Seule une armée de secours peut le délivrer. À l'été 52 avant J.-C., bien que dominés en nombre, les légionnaires disciplinés triomphent de la fougue des Gaulois. Ses troupes brisées et affamées, les secours en fuite, le chef arverne doit se rendre. Enchaîné, il est emmené à Rome, où il croupit dans une geôle jusqu'en 46 avant J.-C., pour être finalement étranglé le soir même du grand triomphe de Jules César.

n° **42**

Alexandre Dumas

« On peut violer l'Histoire à condition de lui faire de beaux enfants. »

Rebattue à l'infini, cette citation n'en reste pas moins pénétrante pour comprendre Alexandre Dumas. Écrivain prolifique, « industriel de la littérature » pourchassé par ses créanciers, révolutionnaire romantique soucieux de réussite sociale, il est tout cela à la fois. En 2004, les Français le plaçaient entre Maupassant et Balzac parmi les grands Français. Bel hommage populaire pour l'un des écrivains français les plus célèbres au monde, mais dont il semble que la lecture ne soit pas à avouer lorsque l'on est soucieux de respectabilité littéraire.

En France et dans le monde

En 2006, le *New York Times* publiait un article sur deux colonnes à l'occasion de la parution, non pas d'une nouveauté littéraire, mais d'une nouvelle traduction des *Trois Mousquetaires*, la première remontant à 1846 ! Dumas est le vingtième auteur le plus traduit au monde et dans presque toutes les langues existantes. Les adaptations cinématographiques de ses œuvres (ou de celles de ses nègres) ne se comptent plus. En 2011 sort un nouveau film de Paul W. S. Anderson : *Les Trois Mousquetaires*... Ce ne sera jamais que la deux cent quarante et unième adaptation à l'écran (films, téléfilms ou dessins animés) et la onzième en moins de dix ans. Le cinéma mondial aura bientôt dépassé en volume la production de l'auteur lui-même. Partout, il représente l'incarnation du feuilletoniste, et l'expression la plus parfaite de l'écrivain de cape et d'épée. Ses rivaux comme Walter Scott font bien pâle figure à ses côtés. Ses personnages se retrouvent dans tout le monde occidental et au-delà. L'URSS, le Japon, l'Inde ou la Turquie ont adapté ses romans au cinéma, tant ses personnages peuvent se mouvoir dans toutes les sociétés et toutes les époques. N'est-ce pas là la plus belle preuve de son caractère universel, et des beaux enfants que le viol de l'histoire a conçus ?
Comme souvent, la France, si sourcilleuse dans le domaine de la littérature, réserve un accueil mitigé à ses auteurs les plus célèbres. Même si le président Chirac l'a fait entrer au Panthéon à l'occasion du bicentenaire de sa naissance, sa reconnaissance artistique n'est pas aussi évidente. Déjà critiqué en son temps pour sa frénésie d'écriture, son manque de soin, ses invraisemblances, on lui reproche aussi ses nombreux « nègres », qui firent le sujet du film *L'Autre Dumas*, en 2010, interprété par Gérard Depardieu et Benoît Poelvoorde. Comment encenser un auteur dont une grande partie des textes n'est pas de lui ? Il est donc un écrivain lu (deux de ses romans se classent parmi les cent préférés des Français dont *Les Trois Mousquetaires* en dixième) tout en étant mal considéré. Peut-être parce que, loin d'être un grand écrivain par son écriture et sa rigueur, il est d'abord l'incarnation d'une France fantasmée où les héros ont du panache, où les méchants sont punis et les gentils

Le trio de tête

© Jacques Boissay / akg-images

n° **1** Charles de Gaulle

© akg-images / Erich Lessing

n° **2** Napoléon Ier

© akg-images / Erich Lessing

n° **3** Louis Pasteur

Respectables souverains

n° 19 François Ier

n° 5 Louis XIV

L'esprit français

n° 66 Montesquieu

n° 34 Albert Camus

n° 26 Jean-Jacques Rousseau

Poètes maudits

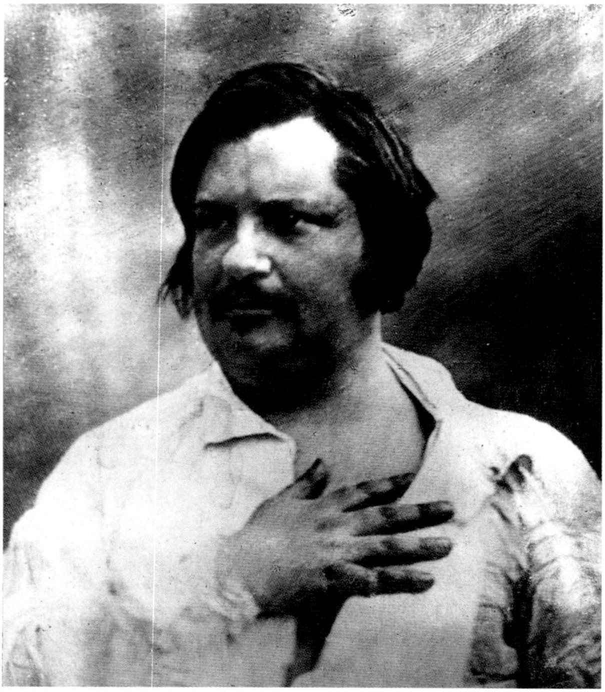

n° 47 Honoré de Balzac

n° 68 Charles Baudelaire

ou artistes phares ?

© akg-images

n° **46** Maurice Ravel

© akg-images

n° **70** Jean Cocteau

Admirables

n° 86 Louise Michel

n° 63 Catherine de Médicis

n° 53 Édith Piaf

et admirées...

© akg-images / ullstein bild

n° **25** Simone Veil

© akg-images

n° **80** Sarah Bernardt

Militaires

© akg-images

n° **82** Maréchal Foch

© akg-images / Erich Lessing

n° **71** Murat

récompensés. Son entrée au Panthéon est sans doute davantage due au souci de réparer une injustice et à l'affirmation d'un certain « politiquement correct » (c'est un petit-fils d'esclave antillais) qu'à la volonté de le classer parmi les monstres sacrés de la littérature.

Ce qu'il faut retenir

Le personnage de Dumas est tout aussi insolite que son œuvre. Petit-fils d'un marquis normand (Davy de la Pailletterie) et d'une esclave noire de Saint-Domingue, fils d'un général révolutionnaire et d'une aubergiste, il a une généalogie peu commune ! Né en 1802, il est orphelin dès l'âge de quatre ans, son éducation est négligée, mais elle peut se nourrir des grands événements de l'époque. Filleul du maréchal Brune, il assiste au passage de Napoléon à Villers-Cotterêts en 1815 et au retour piteux de l'armée après Waterloo.
Monté à Paris en 1822, il est engagé comme clerc de notaire. Les protections que lui procure le souvenir de son père lui permettent ensuite d'entrer comme secrétaire auprès du duc d'Orléans (le futur Louis-Philippe). Il côtoie alors Victor Hugo et le Tout-Paris littéraire. Soucieux de gloire, il se fait connaître par quelques poèmes romantiques puis obtient un triomphe en 1829 avec son *Henri III et sa cour,* premier drame romantique en prose. En 1830, il s'engage dans les Trois Glorieuses et rompt avec son protecteur devenu roi. Contraint de vivre de sa plume, il écrit des pièces de théâtre (*La Tour de Nesle, Kean...*) et se lance dans le roman-feuilleton. Assisté de nombreux nègres dont Auguste Maquet, il publie des romans, des récits de voyage et engrange une fortune considérable. Il crée le Théâtre historique en 1847 où il fait travailler Balzac. Cependant, son insouciance, ses nombreuses maîtresses et ses dépenses somptuaires font qu'il gaspille à tort et à travers. Sa production assistée devient frénétique mais n'empêche

pas la faillite de son théâtre en 1850. La révolution de 1848 l'a vu aussi échouer dans ses ambitions politiques. Engagé dans la course à la députation, il sera battu par son adversaire par 75 286 voix contre... 261. Harcelé par ses créanciers, il se réfugie en Belgique durant deux ans. Revenu en France, il se lance dans la presse tout en continuant à signer de son nom les romans préparés par ses nombreux nègres. Jamais rassasié d'aventures, quoique toujours soucieux de son confort, il soutient Garibaldi depuis son yacht, dans sa conquête du royaume de Naples et la naissance du royaume d'Italie. Il y gagnera d'être le directeur des fouilles de Pompéi durant trois ans, avant d'en être chassé par les Napolitains excédés par son goût du faste et son dilettantisme. Usé, ruiné, il rentre en France où il ne connaît plus le succès alors que brille l'étoile de son propre fils. C'est dans la demeure de ce dernier, à Dieppe, qu'il meurt le 5 décembre 1870.

n° **43**

Jean Monnet

« Nous ne coalisons pas des États, nous unissons des hommes. »

Avec cette phrase, on comprend mieux pourquoi de Gaulle, qui voyait en l'État-nation l'alpha et l'oméga de la politique, a pu traiter Jean Monnet de « petit financier à la solde des Américains ». Père de l'Europe, il est parfois l'objet de véritables hagiographies. Artisan de l'Union européenne (UE) atlantiste, libéral, il provoque la haine des eurosceptiques. Jamais élu, homme de l'ombre, il représente la cible parfaite des technophobes et des théoriciens du complot. Comme toutes les figures historiques, et alors que son rôle s'efface dans un lointain nébuleux pour les jeunes générations, il n'échappe pas à la caricature.

En France et dans le monde

Dans le manuel d'histoire franco-allemand de terminale, Jean Monnet est présenté comme l'un des six personnages clefs de la période 1945-1989 aux côtés de Kennedy, Gorbatchev et Nasser. Si l'hommage est beau, il est altéré par le caractère éminemment consensuel de ce manuel. Accorder des mentalités et des mémoires différentes et si souvent opposées nécessite des personnages consensuels... Mais Monnet est honoré d'une autre manière en Grande-Bretagne et aux États-Unis. Il y est d'abord célébré comme la cheville ouvrière de l'effort de guerre interallié durant les deux guerres mondiales, davantage que pour son rôle de père de l'Europe même si de nombreuses universités ont donné son nom à des centres de recherche. Le programme Jean Monnet est d'ailleurs un projet officiel de l'UE pour l'intégration scolaire et culturelle. Quant à la Chine, si tant est qu'elle s'intéresse à l'Europe et à ses nains politiques, il est probable qu'elle voit d'un mauvais œil celui qui fut, durant deux ans, un conseiller de Tchang Kai-chek, le leader nationaliste chassé en 1949. C'est donc la France qui lui voue la plus grande reconnaissance et l'a fait entrer au Panthéon en 1988. Tout comme il est impossible d'évoquer l'Europe sans parler de Maurice Schumann, on se doit de mettre en lumière le rôle de Jean Monnet. Père de l'Union européenne, il est présenté comme une figure intouchable dont les choix idéologiques ne sont pas contestables. Dans les manuels, on passe généralement sous silence son refus de travailler pour la France libre au profit d'un poste de conseiller de Roosevelt. Refus qui explique ses relations compliquées avec de Gaulle et qui, aux yeux de certains eurosceptiques, montrent que le projet européen a été piloté en sous-main par les États-Unis.

Ce qu'il faut retenir

Né en 1888 dans une famille de grands producteurs de cognac, il abandonne le lycée à seize ans pour travailler dans l'entreprise familiale. Installé à Londres, parfaitement bilingue, il a vingt-six ans lorsque la Première Guerre mondiale éclate. Réformé, il met ses talents au service de la coordination de l'effort de guerre franco-britannique. La guerre terminée, il devient secrétaire général adjoint de la Société des Nations, mais en démissionne dès 1923 pour reprendre les affaires familiales. Il se lance dans la finance aux États-Unis (fondation de la Bankamerica-Blair à San Francisco) et travaille aussi comme conseiller financier pour divers pays. Entre 1934 et 1936, il conseille le gouvernement chinois dans la restructuration de ses chemins de fer. Il faut attendre 1939 pour le voir revenir dans le service public en France et retrouver, à l'entrée en guerre, un poste de coordinateur de l'armement allié. Resté à Londres en 1940, il conserve ses fonctions au service du gouvernement britannique, étendues aux États-Unis. Il part pour Washington en août 1940 et devient très influent auprès de Roosevelt dont il inspire en partie le Victory Program. Membre du Comité français de libération nationale dès 1943, il y travaille aux côtés du général Giraud, le favori des Américains, et de De Gaulle. C'est à la Libération qu'il trouve un destin proprement national avec le commissariat au Plan que lui confie le Général malgré leurs divergences. Son rôle de penseur, d'apôtre de l'idée européenne, sera décisif dans la naissance de la Communauté économique du charbon et de l'acier (CECA), puis de la Communauté économique européenne (CEE). Poussant Robert Schuman dont il rédige une bonne partie de la déclaration du 9 mai 1950, il devient le premier président de la CECA (1952-1955). Fédéraliste convaincu, il tente de relancer l'Union après l'échec de la Communauté européenne de défense (CED) et fonde le Comité d'action des États-Unis d'Europe. Bien que septuagénaire, il se révèle infatigable et participe à l'élaboration du traité de Rome. Jusqu'en 1965, il dirige à Lausanne un institut de recherches historiques européennes. Il se consacre ensuite à l'écriture de ses Mémoires et meurt en 1979.

n° 44

Léon Gambetta

« Pour gouverner les Français, il faut des paroles violentes et des actes modérés. »

Avec cette phrase, adressée par Léon Gambetta aux monarchistes, à l'occasion de la crise de 1877, le tribun de Cahors joue une fois encore le rôle d'apôtre de la République, rôle qu'il assume depuis son célèbre réquisitoire de 1868 contre le Second Empire. Mort à quarante-quatre ans, il reste pour nous le ténor qui incarna la résistance aux Prussiens et le « commis voyageur » de l'idéal républicain. Son action politique, bien que brève, lui donne une place à part dans le cœur des Français et au Panthéon.

En France et dans le monde

Comme la plupart des politiques de la IIIe République, la notoriété de Gambetta ne dépasse guère les limites de l'Hexagone. Origines italiennes obligent, les manuels scolaires transalpins le citent comme l'un des animateurs du gouvernement de Défense nationale, et les Anglo-Saxons lui reconnaissent sa défense de la démocratie et des libertés. Il est l'un des rares bourgeois à ne pas être vilipendé par Marx au moment des négociations avec Bismarck. Pourtant, les historiens marxistes en font un de ces démocrates bourgeois qui manipulent le peuple. Si son action essentiellement intérieure ne le destine pas à la reconnaissance internationale, il est, en revanche, l'un des rois de la toponymie française. Son départ de Paris assiégé, dans un ballon dirigé par un pilote ivre, sous le feu des Prussiens, est l'une des images d'Épinal de notre histoire. Mais cet avocat flamboyant est surtout le défenseur d'idées vouées à la postérité : suppression des armées permanentes, séparation des Églises et de l'État, liberté de la presse et de réunion, école gratuite pour tous...

Ce qu'il faut retenir

Gambetta est l'un de ces nombreux hommes politiques issus de la bourgeoisie du Sud-Ouest, comme Jaurès. Mais il est aussi un produit de l'immigration italienne comme Zola. Né en 1838, il étudie le droit à Paris et devient avocat. Exubérant et ardemment républicain, il se fait un nom grâce à son talent oratoire et à son rôle d'opposant à l'Empire. L'ouverture politique de 1869 lui offre l'opportunité d'être élu député de Belleville sans rien renier de son intransigeance. La défaite de Sedan et la capture de Napoléon III, durant la guerre contre la Prusse, lui permettent avec Jules Favre de proclamer la République le 4 septembre 1870. Ministre de l'Intérieur, il est le Danton du régime et anime la résistance. Cependant, la majorité monarchiste de l'Assemblée et la crainte de l'agitation populaire conduisent le gouvernement à la négociation et Paris à la capitulation. Gambetta se trouve isolé. Ses convictions républicaines le poussent à mettre de côté ses idées les plus radicales pour mieux défendre un régime menacé de tous côtés. Accusé un peu vite d'opportunisme, il est d'abord un démocrate dans une France conservatrice. Infatigable, il va sillonner le pays et se battre à l'Assemblée pour pérenniser l'œuvre de 1870. Peu aimé de la gauche et de Clemenceau, détesté par les monarchistes, il emporte peu à peu l'adhésion de la majorité. Les crises de 1877-1879 lui permettent de faire triompher la République. Mais il n'aura pas le temps de savourer cette victoire. Blessé stupidement en nettoyant son revolver, il meurt en 1882.

n° **45**

Robert Schuman

> « *L'Europe n'a pas été faite, nous avons eu la guerre.* »

Le 9 mai 1950, ce constat de Schuman est le point de départ d'une Europe nouvelle et non un aveu d'échec. Reste que l'unification du continent est à l'origine de sa formidable renaissance économique mais aussi de sa plus longue période de paix intérieure. Si la reconnaissance officielle ne fait pas défaut à Schuman, il est oublié dans la mémoire populaire française et ignoré superbement par les autres Européens. Catholique intransigeant mais profondément démocrate, député votant les pleins pouvoirs à Pétain, puis arrêté par la Gestapo, Allemand devenu Français, il défie les classifications et semble incarner les méandres de l'histoire du début du XXe siècle.

En France et dans le monde

La mémoire de Robert Schuman est honorée dans toute l'Europe. Un quartier entier de Bruxelles porte son nom alors que l'université de Limerick en Irlande l'a donné à l'un de ses bâtiments. Dans tous les manuels scolaires européens, la naissance de la CECA et le nom de son promoteur sont cités et le centre européen Robert-Schuman continue à porter le message du père fondateur de l'Union. Ces hommages restent toutefois limités et, il faut le reconnaître, très officiels, même s'il fait l'objet d'un procès en béatification de la part du Vatican ! La reconnaissance française se manifeste de la même manière. Rues, boulevards, collèges portent son nom dans tout l'Hexagone et il est difficile de trouver un manuel d'histoire qui ne le cite pas. Malgré son importance, il ne parle guère au cœur des Français. Le rêve européen semble s'évanouir dans la crise et le repli identitaire, et citer Schuman ne semble plus très porteur en période électorale...

Ce qu'il faut retenir

Né Allemand en 1886 au Luxembourg, d'un père lorrain qui a choisi la nationalité allemande en 1871 et d'une mère d'origine luxembourgeoise, Robert Schuman semble prédestiné à être le père de l'Europe. C'est d'ailleurs son engagement européen plus que français qui fait toute la valeur de sa carrière politique. Après des études secondaires dans son pays natal, le jeune homme poursuit son droit dans l'empire de Guillaume II et devient avocat à Metz en 1912. Profondément croyant, il est l'un des animateurs du mouvement catholique et est proche du grand parti Zentrum. En 1914-1918, il exerce dans l'administration allemande avant de prendre la nationalité française à la fin de la guerre. Son catholicisme fervent et son pacifisme expliquent une partie de son action ultérieure, notamment son militantisme pour refuser l'application de la loi de séparation des Églises et de l'État en Moselle et en Alsace. Réélu constamment député de Lorraine de 1919 à 1940, il vote les pleins pouvoirs à Pétain, mais ne participera pas à la collaboration. Sous-secrétaire d'État aux réfugiés du gouvernement Reynaud en mars 1940, il est reconduit par Pétain, mais démissionne au bout de deux jours. Rentré à Metz, refusant de servir l'occupant, il y est arrêté par la Gestapo et interné dans le Palatinat. Il s'évade en 1941 et échappe à l'arrestation durant l'Occupation en trouvant abri dans divers monastères. Il doit à ce refus de servir l'ennemi d'être relevé de son inéligibilité pour avoir voté les pleins pouvoirs à Pétain, sur l'insistance de De Gaulle. Député MRP, il est ministre des Finances en 1947, président du Conseil en 1947-1948, puis ministre des Affaires étrangères pendant près de cinq ans (sous neuf gouvernements différents). Signataire de l'Otan en 1949, fondateur du Conseil de l'Europe, son action est décisive pour la formation de l'Europe. C'est sa déclaration du 9 mai 1950 qui le fait entrer dans l'histoire. Conseillé et épaulé par son ami Jean Monnet, il propose une autorité commune franco-allemande pour la production de charbon et d'acier qui aboutit un an plus tard à la naissance de la CECA. C'est l'acte fondateur de l'Europe. Infatigable, il négocie la CED qui doit donner au continent une force militaire multinationale intégrée. Démissionnaire à la fin de l'année 1952 en raison de l'opposition conjuguée des communistes et des gaullistes, il retrouve un maroquin de ministre de la Justice en 1955. Il est cependant confronté à l'insurrection algérienne et aux indépendances marocaine et tunisienne. La chute du gouvernement d'Edgar Faure met un terme à ses responsabilités hexagonales. De 1958 à 1960, il préside la première Assemblée européenne à Strasbourg. Retiré de la politique, il meurt en 1963.

n°**46**

Maurice Ravel

« Vous savez, jamais une chose pareille ne pourrait arriver à Paris »

confiait Ravel, ému, après avoir reçu une ovation de dix minutes à New York. Chaque année, le plus gros chèque que la SACEM verse à ses ayants droit est, contre toute attente, destiné aux héritiers de Maurice Ravel… Dernier des grands compositeurs classiques, il a créé une œuvre tellement singulière qu'elle en est presque inclassable. Malgré une vie lisse et presque morne, à l'inverse de tant d'artistes tourmentés, il laisse un héritage fécond dont les chefs-d'œuvre inspirent toute la musique occidentale que ce soit le *Concerto pour la main gauche* ou la *Pavane pour une infante défunte.* Sa transcription pour orchestre des *Tableaux d'une exposition* de Moussorgski est même devenue plus célèbre que l'original.

En France et dans le monde

Ravel fut, durant les années 1920, le compositeur le plus célébré au monde. De Londres à New York, il remplit les salles et ameute les foules qui se pressent à ses concerts. Docteur *Honoris causa* d'Oxford, compositeur pour le chorégraphe Diaghilev ou le pianiste Wittgenstein, défenseur de Stravinski, il est l'inspirateur de nombreux musiciens occidentaux. Aux États-Unis, il est révéré pour avoir admiré et soutenu Gershwin et reconnu le jazz comme une part noble de la musique. Pour les Français, souvent peu férus de musique, il reste peu connu, l'homme d'une œuvre : le *Boléro*, dont il estimait lui-même qu'elle n'était pas la plus emblématique de son travail. Même s'il a toujours vécu de sa musique, il a été reconnu tardivement. Preuve de son oubli relatif, l'Orchestre de Paris ne le joue qu'une fois au cours de la saison 2010-2011. Comme tant de musiciens français, il est victime de ce complexe ou de cette croyance que la musique est d'abord un art allemand, italien ou autrichien avant d'être français.

Ce qu'il faut retenir

Né en 1875 au Pays basque dans une famille de musiciens, il développe très tôt ses talents et montre une maturité artistique étonnante dès sa jeunesse. Étudiant au Conservatoire de Paris, il est reconnu par ses maîtres et produit dès 1899 la *Pavane pour une infante défunte*. Influencé par Debussy, Satie ou encore Rimski-Korsakov, il est cependant regardé comme trop audacieux dans ses compositions. Alors qu'il est déjà connu, ses cinq échecs successifs au prix de Rome provoquent un scandale et même la démission du directeur du Conservatoire en 1905 ! Les premières années du XXe siècle sont pour lui une période particulièrement féconde : entre la *Sonatine* et *Ma mère l'Oye*, il écrit de nombreux chefs-d'œuvre.

Bien que sa célébrité soit déjà internationale, l'accueil de son ballet *Daphnis et Chloé* est mitigé. Il s'engage comme volontaire pendant la Première Guerre mondiale ; cependant, sa faible constitution l'oblige à rentrer dans ses foyers. Patriote sans être nationaliste, il refuse d'adhérer à la Ligue nationale pour la défense de la musique française et plaide en faveur de l'universalité de l'art. La paix revenue, il s'impose comme le plus grand musicien français vivant. Installé à Montfort-l'Amaury, il produit cependant moins d'œuvres, mais parmi celles-ci, *L'Enfant et les Sortilèges,* en collaboration avec Colette. De tournées européennes en tournées mondiales, il devient un artiste adulé. En 1928, il effectue une saison entière aux États-Unis, tout en trouvant encore le temps de composer son *Boléro.* Il y découvre la musique noire américaine, et connaît encore quelques années fastes. À partir de 1933, une maladie neurologique le rend aphasique. Peu à peu incapable d'écrire, de parler et de jouer, il se retire à Montfort-l'Amaury où il meurt en 1937.

n° 47

Honoré de Balzac

« *Qui dit art, dit mensonge.* »

Partout dans le monde, Balzac est lu, réédité et adapté. Quatre-vingt-dix romans et 2 500 personnages composent *la Comédie humaine* ! Sa peinture des passions, des misères et des splendeurs de ses contemporains ainsi que ses personnages récurrents interrogent toujours le lecteur et fondent le roman moderne. Au-delà de l'écrivain, Balzac est aussi le séducteur rondouillard, le monarchiste impénitent et perpétuellement endetté, le drogué de travail et de café, persuadé de ses talents d'homme d'affaires et se comportant parfois en véritable « pisse-copie » qui nous émeut encore.

En France et dans le monde

Engels et Dickens, Henry James et Dai Sijie, Raúl Ruiz et Orson Welles, tous ont Balzac en commun. De l'auteur du *Manifeste du parti communiste* au réalisateur américain en passant par l'écrivain chinois, ils ont revendiqué l'influence du romancier français et ont adapté ses œuvres. Pour le Suisse Blaise Cendrars, il est « le créateur du monde moderne ». De 1913 (*La figllia dell'avaro*) à 2008 (*La Maison Nucingen*), le cinéma ne cesse de mettre en scène ses romans, signe que Balzac n'est pas seulement l'écrivain réaliste auquel on l'a souvent réduit. Ses archétypes ne sont ni d'un seul temps ni d'un seul pays. En France, ses contemporains, comme les critiques modernes, oscillent souvent entre l'exaspération et l'admiration. On lui reproche ses effets d'écriture faciles et ses lourdeurs, tout en admirant ses créatures romanesques et la vie qui transpire de ses pages. Les adaptations de ses œuvres à l'écran se comptent par centaines alors que la langue française a fait de son patronyme un adjectif et de son personnage Rastignac, un nom commun. Rues, collèges, lycées portent son nom et sa statue par Rodin, qui défraya la chronique, n'est que l'une des nombreuses représentations de l'écrivain qui trônent à Paris ou au Cap d'Agde. Son imaginaire continue à influencer le nôtre. Comment penser à un chouan autrement que comme Marche-à-Terre ? Comment enseigner les bouleversements sociaux liés à la Révolution autrement que par la fortune du père Grandet ? Qu'on adapte ses archétypes au cinéma ou que l'on utilise sa peinture de la société de son temps, Balzac nous est indispensable.

Ce qu'il faut retenir

Honoré Balzac naît en 1799 à Tours dans une famille bourgeoise. Interne au collège de Vendôme, il rejoint Paris en 1814 lorsque son père devient directeur des vivres de la première division militaire. Bachelier en droit en 1819, il travaille chez un notaire comme « saute-ruisseau » (ce qui lui inspirera le fameux Derville du *Colonel Chabert*). Lorsque sa famille déménage à Villeparisis, le jeune homme, qui se veut écrivain, s'installe dans une mansarde rue Lesdiguières. Il collectionne alors davantage les bonnes fortunes féminines que les succès littéraires... Les échecs se succèdent et il doit regagner le nid familial et il « collabore » à des romans alimentaires tout en affichant ses sentiments monarchistes dans divers essais. C'est alors qu'il rencontre Mme de Berny qui a vingt-deux ans de plus que lui et sera son premier grand amour. Cette liaison de quinze ans ne sera pas sans influence sur *Le Lys dans la vallée*. Cherchant à s'installer dans l'édition, il connaît un échec retentissant ; ce ne sera pas le dernier. En 1829, paraissent *Les Chouans* et *Physiologie du mariage* qui lui apportent enfin la réussite. Il peut s'installer confortablement et fréquenter les salons où il se lie avec la duchesse d'Abrantès, veuve du général Junot, le compagnon d'armes de Napoléon. Il aime décidément autant les femmes que leur argent... Il lui dédiera d'ailleurs ses *Mémoires*.

Entamant une gigantesque entreprise littéraire qu'il signe désormais Honoré *de* Balzac, il écrit en moyenne quatre romans par an ! Toutefois, les revenus procurés par les ventes ne suffisent pas à satisfaire son goût du luxe et des voyages et à éponger ses dettes. Toujours à court d'argent, toujours endetté, il change d'adresse et emprunte à tous pour ne rembourser à personne. Écrivant douze à quinze heures par jour tout en ayant une vie mondaine tumultueuse, le café (ou plutôt la bouillie de caféine) qu'il consomme par litres entiers lui permet de tenir et d'élaborer son ambitieux projet de *La Comédie humaine*. En 1833, il rencontre la comtesse Hanska, illustre aristocrate polonaise qui deviendra sa femme dix-sept ans plus tard. Monarchiste proclamé, ses ambitions politiques connaissent la même déconfiture que ses projets financiers. Son goût des cannes précieuses, des meubles, des appartements et de l'argenterie le ruinent et l'obligent à écrire pour le théâtre, sans véritable succès en dehors de *La Marâtre* en

1848. Ses amitiés avec Sand, Hugo (malgré les démêlés de la bataille d'*Hernani*) et Théophile Gautier ne se démentent pas. Il se bat également pour défendre les droits des gens de lettres face aux éditeurs et aux contrefaçons et fonde notamment la Société des gens de lettres qui protège leurs intérêts. Les chefs-d'œuvre se succèdent au cours des années (*Le Père Goriot, Splendeurs et misères des courtisanes, La Peau de chagrin*...) mais ne lui apportent pas la stabilité.
En 1841, la mort du comte Hanska lui laisse espérer le mariage avec son aimée. Cependant, entre les préventions de la comtesse qui craint pour sa fortune, et les barrières administratives de l'empire du tsar, il devra patienter jusqu'en 1850... Éternel malchanceux, il ne l'épouse que pour mourir cinq mois plus tard d'une artérite qui s'est transformée en gangrène. Hugo qui le visite sur son lit d'agonie dit alors qu' «il ressemblait à Napoléon». Hommage à la démesure de celui qui disait de l'empereur «Ce qu'il n'a pas achevé par l'épée, je l'accomplirai par la plume.»

n° 48

Michel de Montaigne

« *Si haut que l'on soit placé, on n'est jamais assis que sur son cul.* »

Cette affirmation de Montaigne, prince des sceptiques, est-elle une illustration de sa pensée qui refuse tout dogmatisme, aussi bien du doute permanent que de la vérité absolue ? Même si l'on ne retient généralement de lui que le « parce que c'était lui ; parce que c'était moi » qui résume son amitié avec Étienne de La Boétie, ce penseur étonnamment moderne, dont l'influence reste profonde, est aussi un intellectuel engagé dans l'action. Plus que tout, c'est sa sagesse éminemment accessible et empreinte de tolérance qui demeure.

En France et dans le monde

« Qu'un tel homme ait écrit augmente le plaisir de vivre sur cette terre. Son scepticisme est martial et joyeux » disait Nietzsche de Montaigne. Pour l'Autrichien Stefan Zweig, « son combat est resté le plus actuel de tous ». Le philosophe bordelais a aussi influencé les écrivains Emerson et Hoffer, et l'université de Chicago publie tous les ans des *Montaigne Studies* qui prouvent que son influence outre-Atlantique reste grande. Il y a d'ailleurs suscité de nombreuses biographies et études. Il aurait également influencé Shakespeare pour *Le Roi Lear* et *Hamlet*. Même la Chine fait référence à lui ! Certes, davantage pour exprimer l'antériorité de la pensée de Confucius, ou encore, comme dans *Le Quotidien du peuple* en 2003, pour rappeler que Montaigne considéra la Chine comme « modèle pour l'Europe ». En France, il a toujours été lu. Critiqués par certains (Pascal), encensés par d'autres (Voltaire), admirés par beaucoup (Flaubert, Gide…), ses *Essais* demeurent incontournables pour tout étudiant en philosophie. Peut-être parce qu'il nous présente une face souriante de ce XVIe siècle gorgé de sang et d'intolérance ? L'Institut Montaigne, *think tank* influent (et libéral…), perpétue son nom – il n'aurait peut-être pas aimé cette association ! – ainsi que de nombreux collèges ou lycées, ou encore l'université de Bordeaux-III et son village natal (Saint-Michel-de-Montaigne).

Ce qu'il faut retenir

Michel de Montaigne est né en 1533 dans les « douces retraites paternelles » du château de Montaigne dans le Périgord. Sa famille est de noblesse récente, puisque son père est le premier à être reconnu comme tel, en 1519. Sa fortune provient de ses activités marchandes. Jusqu'à quatre ans, Michel est élevé chez sa nourrice (c'est la coutume de l'époque) pour « s'affermir dans la frugalité et l'austérité ». Revenu dans la demeure familiale, il y reçoit une éducation originale. Convaincu des bienfaits de l'éducation humaniste, son père, qui a lu Érasme, interdit à tous de s'adresser à lui autrement qu'en latin. À six ans, le bambin ne connaît donc pas le français ! On évite aussi de le réveiller brutalement, on préfère la douceur d'un joueur d'épinette. Mais à sept ans, l'entrée au collège de Guyenne à Bordeaux est un dur rappel à la réalité. Lorsqu'il en sort à l'âge de treize ans, son latin s'est dégradé et il a le souvenir du fouet autant que des études. Il poursuit ensuite des études de droit à Toulouse et à Paris.

À vingt ans, beau jeune homme mais complexé par sa petite taille, il devient conseiller à la Cour des aides de Périgueux puis au parlement de Bordeaux. Son père est alors maire de la ville et les affaires familiales sont florissantes. C'est là qu'il rencontre Étienne de La Boétie dont l'amitié sera, bien plus tard, gentiment moquée par Brassens dans *Les Copains d'abord*. Montaigne est subjugué par son *Discours de la servitude volontaire*. Protégé par son père, il fait des voyages à la cour et participe peut-être au siège de Rouen tenu par les protestants en 1562.

Après la mort de La Boétie, en 1563, qui sera sans doute son plus grand chagrin, Montaigne s'assagit. Jusque-là très gourmand de femmes comme de nourriture, il fait un mariage de raison avec Françoise de Chassaigne. Mariage sans histoire mais qui ne lui laissera qu'un enfant survivant. La mort de son père est une nouvelle épreuve qui le place cependant à la tête d'une fortune confortable. Simple conseiller depuis quinze ans, il fait le constat de son indifférence vis-à-vis de sa charge et de l'absence de reconnaissance qu'elle lui procure et la revend en 1570. Retiré l'année suivante dans son domaine, il commence la rédaction de ses *Essais*. Honoré de la croix de Saint-Michel par Charles IX et de la charge de gentilhomme ordinaire du roi, il vit à l'écart, mais accomplit des missions de conciliation entre protestants et catholiques à plusieurs reprises.

En 1580, paraît la première édition des *Essais* qui connaît un certain retentissement. D'écriture en réécriture, de rééditions en annotations, cet ouvrage sera l'œuvre de toute une vie. Malade (probablement des calculs rénaux), il part la même année pour un long voyage dans les villes d'eaux européennes. Il parcourt l'Allemagne et l'Italie en écrivant un *Journal de voyage*. Il en profite pour alimenter sa réflexion et entretenir son esprit de tolérance au contact des multiples sociétés qu'il rencontre. Cependant, la maladie est parfois si terrible qu'il en vient à songer au suicide. Élu maire de Bordeaux en son absence, il regagne ses chers pénates en 1582. Avisé dans sa fonction, il réussit à éviter les malheurs de la guerre à sa ville grâce à ses talents de négociateur. Il est même réélu en 1583. En 1585, la peste ravageant sa cité, il refuse d'assister à la prise de fonction de son successeur, pour éviter l'épidémie et mettre sa famille à l'abri, ce que lui reprocheront les critiques, trois siècles plus tard. En 1588, il retourne à Paris pour corriger une nouvelle version des *Essais* et pour faire renouer les relations entre le roi et Henri de Navarre. Un moment emprisonné par les ligueurs après la Journée des barricades, il se replie définitivement sur ses terres et consacre ses quatre dernières années à peaufiner ses *Essais*. Il meurt en 1592.

n° 49

Philippe IV le Bel

« Nous qui voulons toujours raison garder. »

Premier souverain moderne, organisateur d'un embryon d'État administratif, Philippe le Bel laisse à sa mort un royaume dont la puissance est sans égale en Europe. Il n'aura reculé devant aucun moyen pour cela : procès politiques, expulsions des juifs et des banquiers lombards, manipulations monétaires… Son action, décisive pour l'histoire de France – et qu'on peut qualifier, avec cynisme, de parfaitement efficace –, a largement contribué à sa légende noire.

En France et dans le monde

En dehors des cercles d'historiens, l'image de Philippe IV à l'étranger est d'abord celle du roi qui a détruit les Templiers. Ceux-ci font les beaux jours de l'édition historico-romanesque anglo-saxonne ! Les romans qui présentent des élucubrations plus ou moins échevelées au sujet des Templiers et de leur survie sont si nombreux qu'on ne saurait les compter. À peine moins nombreuses sont les adaptations pour le cinéma... Du *Da Vinci Code* à *Benjamin Gates*, Philippe IV est présenté comme le monstre froid destructeur d'un ordre destiné à protéger le monde... Mais c'est surtout le gigantesque succès des *Rois maudits* de Maurice Druon qui va asseoir la triste réputation du « roi de fer » : ces livres ayant été traduits dans de multiples pays, le souverain autoritaire dont les yeux lancent des éclairs d'acier a fait le tour du monde.

Les séries télévisées qui en furent tirées connurent aussi un grand succès. Même si les manuels scolaires (en Italie, en Allemagne...) s'intéressent surtout à la querelle entre la monarchie et le pape, la culture populaire, elle, préfère les Templiers. La France ne fait évidemment pas exception à la règle. Pourtant, l'historiographie lui est largement favorable. Des travaux universitaires aux manuels scolaires, la tendance depuis la IIIe République est à l'admiration quant à l'œuvre accomplie. Guillaume de Nogaret, longtemps considéré comme son âme damnée, est ainsi devenu la star des manuels de cinquième ! On applaudit à sa lutte pour un royaume dégagé de l'influence papale, et on ressent même une pointe de nostalgie au souvenir des pontifes d'Avignon, soumis à l'autorité française. On déplore la rapacité fiscale du roi, tout en se félicitant du développement de son administration. On se réjouit de l'abaissement de la féodalité et de la naissance des états généraux, en oubliant que ceux-ci étaient avant tout des instruments de la politique royale. À croire que, décidément, nous n'aimons que les chefs d'État autoritaires...

Ce qu'il faut retenir

Fils de Philippe III et d'Isabelle d'Aragon, Philippe IV naît à Fontainebleau en 1268. Signe de son temps, son éducation est soignée (il connaît le latin), même si elle reste d'abord celle d'un chevalier accompli. C'est d'ailleurs un véritable athlète dont la beauté est reconnue de tous et qui saura se distinguer au combat, notamment contre les Flamands. La mort prématurée de son père en 1285 le fait monter sur le trône alors qu'il est déjà roi de Navarre par l'héritage de sa femme. Très vite, il choisit d'accroître le pouvoir hérité de ses ancêtres, tout en se référant sans cesse au modèle de Saint Louis canonisé peu de temps auparavant.

Le début de son règne se caractérise par le conflit latent avec l'Aragon, dont son frère, Charles de Valois, réclame la couronne, mais aussi avec l'Angleterre. Une campagne militaire victorieuse en Guyenne permet à Philippe IV d'affirmer sa suzeraineté sur ces terres et d'organiser le mariage de sa fille Isabelle avec le futur Edouard II. En dehors des rivalités envers l'Empire et de quelques rêves chimériques de croisade, l'action de Philippe le Bel est tournée essentiellement vers les affaires intérieures du royaume. La Champagne est rattachée au domaine royal et l'archevêque de Lyon reconnaîtra la souveraineté du roi en 1312. Le problème principal reste celui du comté de Flandre : riche, peuplé, en proie à l'agitation à cause d'une bourgeoisie dynamique attirée par l'Angleterre, il est à la fois une écharde dans le flanc du royaume et une proie tentante. Les tentatives maladroites de confiscation du comté aboutissent à une révolte populaire. L'armée royale est écrasée en 1302 à Courtrai où périt le cousin du roi Robert d'Artois et le chancelier Pierre Flotte. Des milliers d'éperons d'or sont accrochés dans la cathédrale de Gand, signe de l'humiliation de la chevalerie française. Il faudra la bataille de Mons-en-Pévèle, en 1304, pour calmer la révolte. L'annexion

du comté doit cependant être abandonnée et celui-ci demeurera un problème persistant et l'une des causes de la guerre de Cent Ans.
Parallèlement, le roi se consacre à l'organisation du royaume. Il nomme quantité de baillis et de prévôts tandis que les services centraux (chancellerie, chambres diverses) s'alourdissent. Leur financement et celui des guerres pèsent sur le Trésor. Le roi, soucieux de ses revenus et victime des ressources insuffisantes du domaine royal, ne parvient pas à lever des impôts directs permanents et des taxes régulières et se voit contraint à des manipulations monétaires. Il y gagne la réputation tenace de faux-monnayeur. Il a également recours à des mesures autoritaires, comme la taxation des Lombards (banquiers italiens) et des juifs qu'il va jusqu'à expulser du domaine royal… avant de leur permettre de racheter leur retour ! Cette politique provoque l'opposition des barons ainsi que des révoltes populaires. Philippe le Bel parvient pourtant à imposer le modèle d'une monarchie administrative et souveraine.
Désireux de s'abstraire de l'autorité pontificale et d'imposer sa justice à tous ses sujets, y compris ecclésiastiques, il mène une politique hostile à la papauté. Celle-ci culmine avec l'arrestation du pape Boniface VIII à Anagni ! C'est l'occasion de convoquer la première assemblée générale du royaume, ancêtre des états généraux, pour faire avaliser cette mesure. La mort du pape et l'élection de Clément V en 1305, qui s'installe à Avignon en 1309 vont permettre de contrôler partiellement le pouvoir pontifical. Placés sous l'autorité du pape, relativement impopulaires depuis la chute de la Terre sainte et en raison de leurs activités de banquiers, les Templiers représentent une cible idéale. En dehors d'avantages financiers non négligeables et de la confiscation de leurs domaines, c'est surtout pour affirmer son autorité dans tout le royaume que le roi procède à leur arrestation en 1307. Des aveux de pratiques sataniques et hérétiques arrachées sous la torture permettent de justifier leurs procès. Malgré tout, le pape résistera cinq ans avant de supprimer l'Ordre et aucun procès ne les condamnera dans

d'autres royaumes ! La mort sur le bûcher du grand maître des Templiers est un des premiers exemples de procès politique.
La fin du règne de Philippe IV est également ternie par la révélation de l'infidélité de deux des belles-filles du roi, Jeanne et Blanche de Bourgogne, qui jette la consternation dans le royaume. Le futur roi est cocu et la dynastie humiliée ! Malgré la justice particulièrement sanglante exercée sur les amants, l'impuissance du roi est complète. Les mariages ne peuvent être dissous et la légitimité de sa petite-fille est compromise. En 1314, le roi meurt des suites d'un accident cardiaque sans que le problème soit résolu. Il laisse trois fils, ce qui assure l'avenir de la dynastie. Cependant, quatorze ans plus tard, les Capétiens directs auront disparu, et commencera la légende des Rois maudits.

n°50

Jacques Cartier

« Ils firent habiller trois hommes à la manière de trois diables, [...] peints au visage de noir, comme charbon ... »

Le « découvreur du Canada » est, peut-être – en dehors de la langue –, le seul personnage qui réunit encore Français et Québécois. Sa forte popularité au Canada lui confère une place acceptable dans le panthéon des célébrités françaises, bien qu'il ne figure pas au palmarès de nos grands hommes ! À qui la faute ? À Voltaire qui déplorait que l'on se batte pour « quelques arpents de neige » ? À la honte de notre passé colonial ? Ou plus simplement à l'éloignement et au temps qui nous font voir nos cousins canadiens comme des étrangers et renvoient le fondateur de la première et éphémère colonie canadienne à l'oubli.

En France et dans le monde

Jacques Cartier fait partie de ces inconnus célèbres qui parsèment notre histoire. Inconnu, parce que l'on ne sait presque rien de lui jusqu'à son voyage de 1534 ; célèbre, parce qu'il a fait entrer le Canada dans l'histoire européenne et a jeté les bases de sa colonisation future. Oublié dans sa patrie, Cartier est un héros national pour les huit millions de Québécois. National, à ceci près que le Québec n'est qu'un des États de la fédération du Canada, dominée par les anglophones... Pour ceux-ci, le héros national est plutôt James Wolf, le général qui prit Québec en 1759 et inaugura deux cent cinquante ans de sujétion pour les francophones ! La *Canadian Literary Review of Canada* n'a pourtant pas hésité à publier son *Bref récit et succincte narration de la navigation faite en MDXXXV et MDXXXVI*, un livre dont on ne sait même pas s'il est de lui... Querelle des mémoires, enjeux linguistiques, l'explorateur malouin est plutôt encombrant pour les pouvoirs publics français. En dehors d'un timbre émis en 1984 et d'une statue à Saint-Malo, le navigateur ne fait l'objet d'aucune célébration en France. À l'heure où la francophonie peine à trouver son rythme et où le pays semble renoncer à son rôle mondial, la mise en valeur des conquérants du passé n'est plus de mise.

Ce qu'il faut retenir

Cartier naît certainement en 1491 à Saint-Malo dans une famille de condition assez modeste. Son mariage avec une fille de bonne famille lui permet d'obtenir soutien et reconnaissance dans sa région natale. Après avoir peut-être navigué vers les côtes brésiliennes (ce qui expliquerait sa connaissance du portugais), il est chargé par François Ier de trouver un passage vers l'Asie par le nord du Nouveau Monde. Son premier voyage au printemps 1534 lui permet d'explorer le golfe du Saint-Laurent et de nouer des contacts avec les Iroquois. Rentré en France dès l'été, il organise une nouvelle expédition, plus importante. Ce voyage lui permet de remonter le Saint-Laurent jusqu'aux actuelles villes de Québec et Montréal. Mais, décimé par l'hiver canadien et le scorbut, l'équipage de Cartier doit revenir en France en 1536. Il ramène avec lui des Amérindiens curieux de découvrir l'Occident. Sans appui à la cour, malgré sa connaissance parfaite de la mer, il doit laisser le commandement d'une troisième expédition à Jean-François de Roberval, un proche du roi. Les préparatifs traînant en longueur, Cartier repart en 1541, sans attendre Roberval. Installé à Stadaconé (le port de l'actuel Québec), il négocie avec les autochtones ce qu'il croit être de l'or et des diamants. Un nouvel hiver rigoureux et le retard du reste des colons l'incitent à prendre le chemin du retour. Arrivé à Saint-Malo en 1542, il constate que les richesses espérées ne sont que des cailloux sans valeur. Il ne reprendra plus la mer et mourra en 1557. Le royaume, plongé dans les guerres de Religion, oubliera vite celui qui lui a ouvert les portes d'un continent.

n° 51

Clovis

« Souviens-toi du vase de Soissons. »

« Pour moi, l'histoire de France commence avec Clovis », aimait à rappeler le général de Gaulle. Les célébrations du 1500ᵉ anniversaire de la France en 1996 ont corroboré cette affirmation. Il est pourtant anachronique de parler de Clovis comme du fondateur de la France, même si son rôle historique est à la fois incontestable et considérable. Rusé, fin politique, cruel et courageux, c'est ainsi que le premier roi catholique apparaît dans les différentes sources historiques. Cependant Clovis reste très populaire dans l'imaginaire français, ce qui n'a pas empêché sa suppression des nouveaux programmes scolaires de collège en 2008…

En France et dans le monde

C'est bien parce que les Francs font partie de l'histoire européenne que Clovis connaît la célébrité en dehors de l'Hexagone. En 1997, une exposition au Petit Palais et un livre les présentaient du reste comme « Les Francs : précurseurs de l'Europe ». Les historiens, qu'ils soient anglo-saxons, allemands, hollandais ou belges, étudient son histoire comme un épisode de l'évolution de leurs territoires. Clovis serait-il belge, allemand ou bien français ? Son prénom, Chlodwig, est à l'origine du Louis porté par dix-huit rois de France. Les Français le placent parmi les principaux personnages historiques dans un sondage de la revue *Histoire* en 1999. Même si l'on sait peu de chose de lui, Clovis reste un élément fondateur de notre identité. Premier roi à faire de Paris sa capitale, son baptême à Reims est aussi à l'origine du rituel de sacre des rois de France et de la légende de la Sainte Ampoule. L'idée qu'il incarne véritablement la naissance de notre pays paraît suffisamment pertinente pour être étudiée, même si de nombreux historiens lui préfèrent l'année 987, année de l'accession au pouvoir d'Hugues Capet. Clovis, « roi de France avant la France », pour reprendre le titre du premier volume de la magnifique *Histoire de France* de Joël Cornette mérite bien sa cinquante et unième place dans ce livre.

Ce qu'il faut retenir

Clovis est né vers l'an 466 parmi le peuple des Saliens. Son père, Childéric, en est le roi. C'est-à-dire qu'il est le chef de l'un des nombreux peuples francs qui bordent le Rhin et la mer du Nord, mais aussi le responsable de la province de Belgique seconde, au nom d'un Empire romain finissant.
À son avènement vers 482, le jeune Clovis doit donc se faire une réputation. La guerre lui offre à la fois le prestige et la puissance. Dès 486, il affronte et défait Syagrius, un général

romain largement imprégné de culture germanique, maître d'un royaume qui s'étend entre la Loire et la Somme. Par cette victoire, Clovis acquiert des territoires christianisés et romanisés. Chef d'un peuple encore païen, il va devoir composer avec un clergé puissant qui compte dans ses membres l'évêque de Reims, Remi. C'est à l'occasion de la prise de la ville de Soissons qu'a lieu le fameux épisode du vase. Selon la tradition franque, le butin doit être partagé entre le roi et les membres de sa garde rapprochée. Or, ce vase richement décoré est réclamé par Remi, l'évêque de Reims. Tous les guerriers sont d'accord pour abandonner cette prise, sauf un qui préfère l'endommager avec sa hache plutôt que de le remettre à l'évêque. Clovis brise le crâne du guerrier d'un coup de francisque, la hache de combat des Francs. Il aurait ainsi manifesté son respect du christianisme. Il fait montre aussi de son pragmatisme, puisque les Francs sont minoritaires dans un ensemble dominé par les Gallo-Romains. Allié par son mariage aux tribus franques du Rhin, et par celui de sa sœur aux puissants Ostrogoths, il étend son royaume en affrontant les Thuringiens et les Alamans. C'est sa seconde épouse, Clothilde, fille du roi des Burgondes, qui lui assure l'alliance avec ce puissant peuple du Rhône et le pousse à se convertir au christianisme catholique. La date de son baptême est incertaine, entre 496 et 507, probablement en 498. Plus qu'une promesse faite à Dieu pour obtenir la victoire contre les Alamans, il faut plutôt y voir un geste politique fort, destiné à s'assurer l'appui du clergé et de la population. Cette conversion lui permet aussi de se placer en défenseur du catholicisme face à ses voisins et futurs ennemis wisigoths. Ceux-ci, qui dominent un vaste royaume s'étendant sur tout le sud de la Loire et la plus grande partie de la péninsule Ibérique, pratiquent l'arianisme, une doctrine religieuse condamnée comme hérésie par l'Église de Rome.

En 507, soutenu par les Burgondes, Clovis affronte et défait à Vouillé, au sud de Poitiers, le roi des Wisigoths, Alaric. D'après la légende, il le tue de ses propres mains. Ce triomphe lui permet d'étendre sa domination presque jusqu'aux Pyrénées.

Sa conversion lui offre alors le soutien de la majeure partie de ses nouveaux peuples, grâce aussi à son respect des lois et des coutumes locales. En effet, les sujets gallo-romains restent soumis au Code romain ou à ses adaptations locales, tandis que les peuples germaniques sont liés à des coutumes ancestrales. Clovis a peut-être été le premier à codifier la loi des Francs, la loi salique, vers 507 qui désigne les règles de succession au royaume de France. À l'occasion de sa victoire de Vouillé, il se situe désormais clairement dans la continuité romaine puisqu'il accepte de porter les insignes et la dignité de consul qui lui sont offerts en 508 par l'empereur de Byzance, Anastase, héritier de l'Empire romain. Depuis Paris, il s'efforce d'organiser son royaume sans chercher à pérenniser son unité (le partage entre ses différents fils est la règle successorale). En 511, il convoque un concile des évêques de Gaule sous son autorité, pérennisant ainsi l'ancrage catholique de la dynastie et ses liens particuliers avec l'Église. Clovis, premier roi catholique, meurt en 511 et est inhumé dans la basilique Sainte-Geneviève qu'il a fait construire en mémoire de la protectrice de Paris.

n° 52

La Fayette

« J'ai pu me tromper, mais je n'ai jamais trompé personne. »

« La Fayette, nous voici ! », une des phrases les plus célèbres de l'histoire de France, a été prononcée par le colonel américain Stanton lors de son débarquement sur la terre de France en 1917. Elle résume toute l'aura de La Fayette. Figure nationale aux États-Unis, il est cependant négligé en France. Pourtant, « le héros des deux mondes » a une vie exceptionnelle qui couvre trois révolutions sur deux continents où il a joué un rôle majeur ! Charismatique, démocrate, courageux, il est aujourd'hui plus moqué qu'admiré : sa défense de la monarchie constitutionnelle, sa fuite hors de France et sa longévité politique en font une figure ambiguë.

En France et dans le monde

La Fayette est donc d'abord un héros américain. Aux États-Unis, quarante villes, sept comtés et même une montagne du New Hampshire portent son nom. La Bibliothèque du Congrès possède une section qui lui est spécialement consacrée. En 2002, il est nommé citoyen d'honneur, rare privilège qu'il partage avec six autres personnalités dont Churchill et Mère Teresa. Si, à sa mort, il avait reçu du gouvernement des États-Unis le même hommage solennel que George Washington, le 250e anniversaire de sa naissance a été célébré avec éclat. L'ambassadeur américain à Paris fleurit sa tombe tous les 4 Juillet (fête nationale américaine). La référence à son engagement dans la guerre d'Indépendance est une figure obligée de tout discours sur le thème de la France, souvent pour fustiger l'attitude actuelle de notre pays. Les Britanniques le considèrent d'ailleurs comme un général américain et non pas français et lui reconnaissent la pureté de son engagement idéologique à défaut de talents militaires. C'est peut-être ce consensus extérieur qui fait du marquis un héros américain qui pèse sur son statut en France. Pourtant, son rôle actif aux États-Unis se clôt alors qu'il a vingt-sept ans ! L'essentiel de sa vie publique s'est déroulé en France et l'on peut même affirmer que son rôle y a bien davantage été déterminant. Cependant, il n'apparaît plus parmi les personnages préférés des Français depuis le bicentenaire de la Révolution. À l'époque, il avait été élu « le révolutionnaire le plus sympathique ». Face à des figures glaçantes comme Robespierre, corrompues comme Mirabeau ou inconnues pour la plupart, l'exploit était mince… Dans les manuels d'histoire actuels, sa fuite de 1792 est présentée comme un passage à l'ennemi, alors qu'il fut maintenu en captivité pendant cinq ans ! On fustige le général antirépublicain et l'on oublie qu'il fut un opposant à Napoléon durant l'Empire, à la monarchie conservatrice de la Restauration et un abolitionniste militant. Trop complexe pour être classé, trop américain pour être vraiment nationalisé, il continue à susciter la polémique, comme, en 2009, lorsque sa « panthéonisation » a été évoquée.

Ce qu'il faut retenir

Gilbert du Motier de La Fayette est né le 6 septembre 1757 dans une famille de la noblesse auvergnate. Il est, par héritage, à la tête d'une des plus grandes fortunes de France et son mariage avec Adrienne de Noailles le fait entrer dans le cercle des grandes familles de l'aristocratie.

Pénétré des idées des Lumières, le jeune marquis s'enthousiasme pour la cause des insurgés américains. Officier dans les armées royales, il milite pour l'indépendance de l'Amérique qu'il rejoint en juin 1777. Officiellement désavoué par Louis XVI pour éviter toute provocation à l'égard des Britanniques, il est, en fait, soutenu en secret par le gouvernement royal. Bien que son jeune âge et sa noblesse ne plaident pas en sa faveur, il devient aide de camp de Washington auquel il se lie d'amitié. Tout au long des années 1777-1778, il fait la preuve de son engagement et de son courage. Il devient le meilleur propagandiste de la cause américaine auprès des Français. En 1781, il participe à la victoire décisive de Yorktown dans l'armée de Virginie aux côtés du corps expéditionnaire français. À vingt-quatre ans, il est déjà un héros de l'Amérique.

De retour en France, il milite pour une monarchie fondée sur les Lumières et l'abolition de l'esclavage. L'année 1789 voit ses idées triompher. Représentant de la noblesse aux états généraux, il ne participe pourtant pas aux premières manifestations d'opposition au pouvoir royal. Le 14 juillet, il rejoint le mouvement révolutionnaire. Élu commandant de la garde nationale de Paris, il va jouer durant quatre ans un rôle politique majeur. Il défend les droits de l'homme (c'est lui qui présente la Déclaration le 26 août 1789) et l'abolition des privilèges. C'est aussi le défenseur d'une monarchie constitutionnelle appuyée sur la bourgeoisie et non d'une république populaire. Hostile aux radicaux, il rompt avec eux en 1791. Il couvre la fuite à Varennes en répandant le bruit d'un enlèvement, puis réprime la manifestation jacobine du Champ-de-Mars. Il est désormais considéré comme un traître, à la fois par les monarchistes et les républicains. Il prône alors la guerre contre l'Autriche, probablement en espérant utiliser l'armée pour rétablir l'ordre constitutionnel à Paris. La chute de la monarchie l'oblige à fuir. Capturé, il est successivement détenu par les Prussiens puis par les Autrichiens.

Emprisonné durant cinq ans, il ne rentre en France qu'en 1800, où ses convictions démocratiques le font s'opposer au pouvoir personnel de Bonaparte, surtout après l'accession de celui-ci au trône impérial. Son fils, George Washington de La Fayette sera cependant lieutenant des hussards jusqu'en 1808. La Fayette accueille favorablement en 1814 la chute de Napoléon, même s'il s'oppose aux excès de la Restauration monarchiste.

Jusqu'en 1830, il est un opposant constant à Louis XVIII puis à Charles X. Élu à l'Assemblée, il se distingue par ses prises de position libérales, autant que par sa participation à différents complots républicains. Ses convictions n'ont en effet pas changé et il demeure une des grandes figures politiques du pays. La révolution de 1830 lui permet de jouer une dernière fois un grand rôle politique. Soutenant les révolutionnaires de juillet, il prend le commandement de toutes les gardes nationales du pays et impose le drapeau tricolore à Louis-Philippe. Toutefois la tentation réactionnaire du nouveau régime lui fait regagner les rangs de l'opposition. C'est donc, paradoxalement, en chef de l'opposition libérale qu'il meurt le 20 mai 1834.

n° 53

Édith Piaf

« Non, je ne regrette rien. »

La Môme Piaf est probablement la chanteuse française la plus célèbre à travers le monde. Ses chansons continuent à inspirer les artistes les plus divers. En dehors de son talent, c'est sa vie même, flamboyante et désespérée, qui a marqué notre conscience collective. Une enfant des rues sortie du ruisseau qui devient, à force de travail, une star internationale ; il y a là de quoi forcer l'admiration devant ce petit bout de femme qui s'est éteinte en pleine gloire.

En France et dans le monde

La gloire de Piaf n'est pas confinée au seul Hexagone. Alors qu'elle est l'archétype de la chanteuse française, elle s'est imposée à l'étranger dans un art populaire où peu de nos compatriotes ont su s'exporter. En dehors même du monde francophone, elle est reconnue aux États-Unis où elle eut l'honneur de se produire au Carnegie Hall de New York, mais aussi dans le *Ed Sullivan Show*, la grande émission de télévision des années 1950 et 1960 à l'égal d'Elvis Presley ou des Beatles. La permanence de son impact sur la musique mondiale se mesure aux nombreux artistes qui l'ont reprise ou citée, de John Lennon à Van Morrison en passant par Grace Jones, les Allemands du groupe de metal Rammstein... ou la Japonaise Hutada Hikaru ! Ses chansons imprègnent aussi de nombreux films. Pour les plus célèbres ou les plus récents, on peut citer notamment *Il faut sauver le soldat Ryan* et *Inception*. « Non, je ne regrette rien » apparaît même dans un film... soviétique de 1973 ! Quant à sa vie, elle a fait l'objet de trois films dont le dernier a connu un immense succès et a permis à Marion Cotillard d'obtenir un Oscar à Hollywood. Pour les Français, elle est une icône nationale dont les airs sont intemporels. Son influence sur toute une génération de chanteurs, de Montand à Moustaki en passant par Aznavour, justifierait d'ailleurs à elle seule sa place au firmament de la chanson française et, bien sûr, dans le palmarès des cent plus grands Français de tous les temps...

Ce qu'il faut retenir

Édith Piaf est née Édith Giovanna Gassion à Paris en 1915. Des parents artistes sans succès et une ascendance italo-berbère ne lui promettent pas une vie facile. Elle est d'abord élevée par ses aïeules et passera une grande partie de son enfance dans la maison close tenue par sa grand-mère paternelle à Bernay.

À vingt ans, elle a déjà connu la douleur de perdre un enfant et la maladie : une cécité passagère. Après avoir suivi son père dans des spectacles populaires, Édith Piaf devient une chanteuse des rues. C'est ainsi qu'elle est découverte en 1935. La gloire est presque immédiate. Elle devient une artiste de music-hall reconnue et diffusée à la radio. Soutenue par son ami Cocteau, elle se lance au théâtre et au cinéma. Comme beaucoup d'artistes, elle reste à Paris durant l'Occupation et poursuit sa carrière, sans être inquiétée à la Libération. L'après-guerre lui offre une gloire internationale. New York l'accueille et elle fait une tournée triomphale aux États-Unis. Cependant, sa réussite artistique est assombrie par les drames : après la mort du grand amour de sa vie, le champion de boxe Marcel Cerdan, la maladie, la drogue et l'alcool seront ses compagnons de route. Malgré tout, la chanteuse poursuit son ascension et devient l'une des artistes les plus connues du monde, tout en se produisant au cinéma. Mais après une vie de douleur et d'excès, la mort la fauche en 1963. Elle a alors quarante-sept ans.

n° 54

Pierre Savorgnan de Brazza

« Une mémoire pure de sang humain. »

« On lui a confié quelque chose de l'honneur national » dira Jules Ferry de Pierre Savorgnan de Brazza. Officier de marine, explorateur, conquérant, administrateur humain tout en étant convaincu de la nécessité de la colonisation, il gagne le surnom mérité de « père des esclaves ». Brazza représente la face lumineuse de l'aventure coloniale et ses qualités humaines sont indéniables. Cet immigré italien, fou de la France et de son histoire, n'en demeure pas moins un apôtre généreux, d'une époque qui reste celle de l'impérialisme colonial.

En France et dans le monde

Comme d'autres acteurs de la colonisation du XIXe siècle, dont le médecin, missionnaire protestant et explorateur écossais Livingstone, Brazza présente la face positive de la colonisation. C'est d'ailleurs en Afrique même que le mythe demeure le plus vivace. Brazzaville, la capitale de la république du Congo, porte toujours son nom et abrite un magnifique mausolée de marbre, construit à grands frais. Le corps de Brazza y a été transféré en 2006 en présence de Philippe Douste-Blazy, alors ministre des Affaires étrangères, d'Omar Bongo, président du Gabon, de François Bozizé, président de Centrafrique, et naturellement de Denis Sassou Nguesso, président du Congo. Quel incroyable et émouvant hommage de la part des anciens colonisés ! Peut-on pour cela parler d'instrumentalisation dont Brazza aurait été la victime consentante comme l'ont affirmé certains journalistes ? Nous ne pensons pas.

Pendant longtemps, la IIIe République en a fait son héros, son champion dans la course de la conquête de l'Afrique. Sa légende s'est concrétisée dans les manuels scolaires, puis dans un film en 1939 et jusque dans un musée ouvert à Alger en 1952. Pourtant, celui que la République avait voulu panthéoniser – honneur finalement refusé par son épouse – est aujourd'hui oublié de la plupart des Français.

Ce qu'il faut retenir

Pierre Savorgnan de Brazza est l'un des nombreux enfants d'une riche famille de la noblesse italienne. Né en 1852 à Castelgandolfo, il rejoint l'École navale de Brest grâce aux amitiés familiales. Jeune officier en 1870, il ne participe pas aux combats mais assiste à la répression de la révolte kabyle en Algérie, répression qui l'aurait horrifié. Il est naturalisé en 1874, année au cours de laquelle il réalise sa première exploration du fleuve Ogoué. Grâce à son protecteur, l'amiral de Montaignac, ministre des Colonies, il organise une expédition dont l'objectif est de remonter le fleuve jusqu'à sa source. En 1880, il parvient à atteindre le fleuve Congo et réussit, sans verser une goutte de sang, à obtenir l'accord du roi Makoko, pour placer son royaume sous protectorat français. Cette initiative personnelle met le roi des Belges, Léopold, en fureur car il avait missionné le célèbre Stanley avec le même objectif. Brazza jette ainsi les bases de l'empire colonial français en Afrique-Équatoriale française. Nommé à la tête de la colonie en 1886, il se distingue par son refus obstiné des méthodes brutales et par une libération systématique des innombrables esclaves exploités par les chefs de tribus africaines. Son action est autant un moyen d'étendre l'influence française qu'une réponse à des convictions personnelles au demeurant indéniables. Toutefois, le coût exorbitant de la colonie d'Afrique-Équatoriale française et une productivité quasi nulle précipitent son renvoi en 1898. Livré au régime des concessions qui permet aux colons d'exploiter les populations locales, le Congo est mis en coupe réglée. Les abus et les massacres se multiplient et commencent à faire scandale. Brazza est alors renvoyé dans la colonie pour une mission d'enquête. Arrivé sur place en 1905, il constate la situation dramatique et rencontre l'opposition des grands planteurs. Il rédige un rapport accablant contre les administrateurs de la colonie, et meurt soudainement à Dakar à la fin de cette même année.

n° 55

Bayard

« Il n'y a point de place faible, là où il y a des gens de cœur. »

Le chevalier sans peur et sans reproche est un classique de l'imagerie d'Épinal. Courageux, généreux, désintéressé et fidèle à son roi, cet homme est un parangon de vertus et de qualités. Le personnage symbolise le dernier éclat de la chevalerie finissante et a longtemps servi la propagande royale puis républicaine. Certains de ses hauts faits sont d'ailleurs difficilement vérifiables. Plein de mépris pour la « piétaille », caractéristique aristocratique de l'époque, le chevalier Bayard n'hésitait pas à faire exécuter les arquebusiers prisonniers, au prétexte que ces « goujats manquaient d'honneur ».

En France et dans le monde

Le chevalier Bayard connaît une certaine notoriété en dehors de France. L'un de ses biographes, le célèbre écrivain Samuel Shellabarger, le « Dumas américain », le fait apparaître dans ses romans comme *Le Prince des renards* adapté au cinéma avec Tyrone Power et Orson Welles. La ville italienne de Rosavenda, lieu supposé de sa mort, est jumelée avec la cité française de Pontcharra-sur-Bréda pour honorer sa mémoire. L'Armeria Reale, musée de Turin, conserve une masse d'arme lui ayant appartenu. Mais c'est naturellement la France qui fait le plus grand cas du chevalier. La propagande royale s'est emparée de lui dès sa mort. Sa première biographie paraît en 1525 alors que la monarchie doit restaurer son honneur perdu lors de la défaite de Pavie où François Ier est fait prisonnier par les Espagnols. Bayard personnifie le meilleur exemple de la gloire des armes françaises contre ces mêmes Espagnols. Plus tard, la IIIe République utilisera le personnage comme incarnation du héros loyal et valeureux qui combat les traîtres et repousse l'envahisseur. On en retrouve une illustration parfaite dans le livre *Le Tour de France par deux enfants*. Le mythe est par ailleurs suffisamment prégnant pour être détourné dans le film de Gérard Jugnot, *Sans peur et sans reproche*.

Ce qu'il faut retenir

Pierre Terrail de Bayard est né en 1475 dans une famille de la petite noblesse du Dauphiné. Après une formation de page à la cour du duc de Savoie, il rejoint le royaume de France au service du roi. Dès 1495, il combat en Italie et s'illustre par son courage et ses qualités d'homme de guerre. Affrontant au cours d'un duel retentissant le fameux capitaine Alonzo de Soto Mayor, il le bat à plate couture. Bayard participe ensuite à la bataille de Fornoue et à la plupart des campagnes italiennes. Il y multiplie les exploits comme sur le Garigliano où il défend un pont, seul contre une centaine d'hommes. À Ravenne, à Agnadel, à Brescia, à Marignan, il est de tous les combats et se fait remarquer par son courage et la qualité de son coup d'œil sur le champ de bataille. Le personnage devient bientôt un mythe présenté aux soldats comme un modèle. On inventera d'ailleurs rapidement la légende du roi François Ier armé chevalier par Bayard au soir de la bataille de Marignan. Il obtient du roi la lieutenance générale du Dauphiné et le titre de capitaine, mais il ne deviendra jamais général en chef. Blessé à plusieurs reprises, il est même fait prisonnier par les Anglais à la bataille de Guinegatte. Appelé à nouveau à combattre en Italie en 1524, il est atteint d'un coup d'arquebuse au cours d'une escarmouche d'arrière-garde, suprême déshonneur pour ce fanatique des valeurs chevaleresques. Abandonné seul face à ses ennemis, le chevalier Bayard meurt en ayant encore la force de reprocher sa traîtrise au duc de Bourbon, passé au service de l'Espagne et venu lui rendre un dernier hommage.

n° 56

Robespierre

« Le modérantisme est à la modération ce que l'impuissance est à la chasteté. »

Assimiler Robespierre à un monstre froid est une erreur historique. L'avocat d'Arras est un pur produit de la Révolution française et des Lumières, semblable à des milliers d'hommes de sa condition et de son temps. Honnête, vertueux, cultivé, il est impitoyable envers les corrompus, insensible aux faiblesses et idéaliste à l'extrême. Sa seule faute est peut-être d'avoir cru que les grands principes universels pouvaient devenir réalité.

En France et dans le monde

À l'exception de la Chine où les grands révolutionnaires français ont toujours fasciné, la figure de Robespierre est devenue pour le monde entier l'incarnation de la Terreur. La Révolution française paraît toujours très singulière aux peuples dont la culture politique est différente de la nôtre et en particulier dans le monde anglo-saxon. Dans des livres comme *The Scarlet Pimpernel* de la baronne Orczy (série écrite entre 1905 et 1940), *A place of Greater Safety* d'Hilary Mantel (1992, réédité en 2006), ou *Le Conte des deux cités* de Dickens (1859), il est présenté comme un leader sanguinaire, une figure noire opposée à celle de Danton. Son nom a été une injure : les Sudistes ont comparé Lincoln et Robespierre durant la guerre de Sécession, les Autrichiens ont traité Napoléon de « Robespierre à cheval » pendant les guerres de l'Empire ! Et l'admiration officielle que lui vouait le régime soviétique n'a évidemment rien fait pour sa popularité dans les démocraties libérales.

En France aussi, son patronyme devient un adjectif que l'on applique à toute position un tant soit peu intransigeante. Il faut dire que la postérité l'a très vite couvert d'opprobre. Bouc émissaire facile, exempt des faiblesses qui rendent Danton plus humain, on lui reproche, pêle-mêle, son manichéisme, son culte de l'Être suprême et même sa froideur envers les femmes ! On ne loue guère que son intégrité et sa clairvoyance quant aux risques de la dictature militaire. Rien d'étonnant à ce qu'en 2009, au terme d'un débat dérisoire, une étonnante coalition allant du PS à l'UMP ait permis à Bertrand Delanoë, maire de Paris, de rejeter l'idée de donner son nom à une rue de Paris…

Ce qu'il faut retenir

Maximilien de Robespierre est né en 1758 dans une famille de la petite bourgeoisie d'Arras. Recueilli par son grand-père à la mort de sa mère, alors qu'il a six ans, il ne reverra pratiquement plus son père. Il doit à l'évêque d'Arras, mais aussi aux qualités dont il fait preuve lors de sa scolarité, d'obtenir une bourse pour étudier à Louis-le-Grand. On ne rappellera jamais assez l'épisode extraordinaire de la visite de Louis XV dans son collège, au cours duquel Maximilien, futur régicide, récita un émouvant compliment au roi... C'est à cette époque qu'il fait la connaissance de Camille Desmoulins dont il sera l'ami, avant de l'envoyer à la guillotine quelques années plus tard. Bachelier de droit, il s'installe à Arras comme avocat en 1782. Il mène alors une vie paisible entre les séances de l'académie locale et quelques idylles platoniques.

La Révolution lui donne la chance de sortir de cette vie anonyme. Rousseauiste fervent, il est élu aux états généraux de 1789. Idéaliste, il ne cesse de défendre les principes démocratiques sans jamais s'impliquer véritablement lors des « journées populaires » qui renversent le régime. Ni le 14 juillet, ni la marche sur Versailles des 5 et 6 octobre ne le voient jouer un rôle déterminant. Il intervient régulièrement à l'Assemblée constituante, même s'il peine à s'imposer. Pétri de culture classique, Robespierre est avant tout un théoricien qui inspire bon nombre des textes de la Constitution de 1791, une personnalité respectée pour son intransigeance et sa probité, favorable à l'égalité des sexes, au droit de vote des juifs, à l'abolition de l'esclavage, et au suffrage universel. Partisan de la déchéance du roi après la fuite à Varennes, son action politique se concentre au club des Jacobins où il s'oppose aux députés girondins, favorables à la guerre contre l'Autriche. L'entrée en guerre et les premières défaites confortent sa position politique. Après la prise des Tuileries, le 10 août 1792, Robespierre pèse de tout son poids sur l'Assemblée pour la création d'un tribunal révolutionnaire et l'élection d'une nouvelle Convention. Élu député de Paris en septembre 1792, il siège parmi les montagnards hostiles à la politique des girondins suspects de modérantisme et de tiédeur révolutionnaire. Après la mort du roi, qu'il a votée, il s'impose à l'Assemblée, fort du soutien des jacobins, et du peuple de Paris. Le 2 juin

1793, l'élimination des girondins le débarrasse de ses adversaires. Il est élu au Comité de salut public en juillet, après le départ de Danton, au moment où tout le pays est en proie à la guerre civile et à l'invasion étrangère.
Membre influent du Comité, sans être un dictateur solitaire, Robespierre soutient la politique de la Terreur, seule à même, à ses yeux, de sauver la Révolution. Mais il n'en est pas le partisan le plus acharné, ni même l'instigateur. La surenchère de la gauche extrême (des hébertistes…) l'amène à se rapprocher de Danton à l'automne 1793, alliance qui n'est que de circonstance. En mars 1794, les deux hommes parviennent à éliminer leurs adversaires avant que Robespierre ne se retourne contre son ancien ami. La charrette qui conduit Danton à la guillotine emporte aussi à cette occasion son plus ancien compagnon, Camille Desmoulins. Pendant plusieurs mois, Robespierre est le seul leader de la Révolution. Cependant, en continuant à éliminer ses ennemis alors que la menace d'une invasion étrangère est écartée, il devient un danger pour le retour à la paix civile. Son autoritarisme et son obsession du soupçon cristallisent contre lui tous les modérés. Une partie de la population parisienne lui apporte toujours son soutien, mais la grande majorité des Français est lasse des excès de la Terreur, tandis que les députés préparent un complot pour le renverser. Le 27 juillet 1794, une majorité de députés vote sa mise en accusation. Après une courte résistance, « l'Incorruptible » est guillotiné le lendemain sans que le peuple de Paris ne se soit soulevé pour le défendre.

n° 57

Guillaume le Conquérant

« Rien n'est impossible, il suffit d'audace. »

Nous, vaincus par Guillaume, nous avons délivré la patrie du vainqueur. Cette phrase gravée au centre du cimetière militaire britannique de Bayeux en Normandie, résume bien les sentiments ambivalents des Anglais à l'égard de Guillaume le Conquérant. « L'île jamais soumise », l'Angleterre, n'a jamais vraiment admis avoir été conquise, par un Français de surcroît. Pourtant, le personnage fait l'objet, en Normandie, d'un véritable culte.

En France et dans le monde

Difficile pour un Anglais de reconnaître que c'est un Normand qui a fait entrer leur île de plain-pied dans l'histoire du continent. On sait pourtant que près de la moitié du vocabulaire anglais est issu du français et ce, depuis que Guillaume le Bâtard a imposé le franco-normand comme langue officielle. Les insulaires préfèrent se référer au *Domesday Book* (le livre du Jugement dernier), premier document administratif de leur histoire, alors que la tour de Londres, édifiée par Guillaume et symbole de la conquête, trône toujours au centre de leur capitale. La guerre de Cent Ans et l'exacerbation des haines franco-anglaises, les rivalités coloniales, Napoléon, et le romantisme nationaliste ont contribué à creuser le fossé entre les deux nations. La littérature transforme les conquérants normands en occupants : Ivanhoé incarne la droiture des Saxons face à la violence des Normands ; Robin des Bois défend le petit peuple contre la rapacité des grands seigneurs normands.
La France a oublié le roi-duc malgré la présence sur son territoire de ce chef-d'œuvre qu'est la tapisserie de Bayeux admirée par des centaines de milliers de visiteurs. La meilleure biographie du Conquérant a été rédigée par un historien suisse, Paul Zumthor (1978), et une série télévisée franco-helvético-roumaine de 1982 est la seule à lui avoir été consacrée. Étrange indifférence pour un homme qui a durablement changé le cours de l'histoire !

Ce qu'il faut retenir

Guillaume est probablement né en 1027 ou 1028 au château de Falaise. Il est le fils du puissant duc Robert le Magnifique et de sa concubine Arlette, la fille d'un artisan local. Même si les légendes glorifiant le duc magnifient cette naissance, elle est pour lui un vrai handicap, qui se révèle à la mort de son père en 1035. Profitant de sa jeunesse et arguant de son illégitimité, de nombreux seigneurs récusent son autorité. Protégé du roi de France, il échappe aux barons et à diverses tentatives d'assassinat, mais ne parvient à reprendre le contrôle du duché qu'après la bataille de Val-ès-Dunes en 1047. Guerrier et tacticien remarquable, il va faire peser une main de fer sur les rebelles. Marié à Mathilde, la fille du comte de Flandre et appuyé par la papauté dont il soutient les réformes, il est désormais très puissant. Il réorganise son administration tout en s'opposant victorieusement au roi de France qui craint son ancien protégé. En 1064, il impose son autorité au comte de Bretagne, Conan. Fort de la promesse du roi d'Angleterre Édouard (normand par sa mère) de lui succéder et de l'hypothétique hommage du comte de Wessex, Harold, il revendique le trône anglais à la mort du souverain en 1066. Mais Harold le devance et se fait élire par les aristocrates. Riche, disposant d'un duché soumis et du soutien de la papauté, Guillaume se lance alors à la conquête de l'île. Malgré une longue attente en raison des vents défavorables, son armée débarque en septembre en Angleterre. Par chance, Harold a dû combattre le roi de Norvège dans le nord de son royaume, et ne peut l'affronter qu'avec une armée affaiblie. Le 14 octobre 1066, Guillaume triomphe à Hastings où son ennemi est tué. Couronné roi à Noël, il entreprend une pacification systématique et brutale du pays. Confronté à de nombreuses révoltes, il n'hésite pas à exiler, emprisonner ou massacrer ses adversaires. L'élite anglo-saxonne est décimée et le royaume pacifié au bout de dix ans ! Il impose alors le modèle féodal tout en réservant de nombreuses terres pour le domaine royal. Maintenant les traditions locales (des *sheriffs* administrent les comtés), il fusionne le droit régional avec le droit normand et met en place son administration. Surveillée par les châteaux royaux, tenue en main par les seigneurs normands, sous l'autorité morale d'évêques venus du continent, l'Angleterre anglo-saxonne devient une société anglo-normande. Pendant les dix dernières années de son règne, il affermit son autorité et affronte ses rivaux, le roi de France, le comte de Bretagne ou le roi d'Écosse. À sa mort, en 1087, il est le plus puissant souverain de la Chrétienté.

n° 58

Jean-Paul Sartre

« *Ne pas choisir, c'est encore choisir.* »

Morts à trois ans d'intervalle, Raymond Aron et Jean-Paul Sartre ont, durant quarante ans, profondément influencé le débat intellectuel en France, l'un à droite et l'autre à gauche. Le second a dépassé le premier en termes de notoriété, mais sa postérité est plus encombrante que féconde. Bourgeois mué en chantre du marxisme et en compagnon de route du PCF, ennemi du conformisme devenu professeur de philosophie en province, résistant qui a fait jouer ses pièces à Paris durant les années de l'Occupation, Sartre est un personnage inclassable dont l'ultime pirouette aura été de plaider la cause des *boat people* vietnamiens aux côtés de Raymond Aron.

En France et dans le monde

Si les études sartriennes sont en plein renouveau en France, c'est à l'étranger, en Belgique, en Allemagne, aux États-Unis qu'elles se sont déjà pleinement développées. Sa philosophie y est décryptée, analysée et enseignée dans toutes les universités. Google a honoré le centenaire de sa naissance en plaçant son portrait dans son logo le 21 juin 2005. Quant aux Chinois, la philosophie existentialiste de Sartre n'est guère compatible avec leur culture où la structure de la société détermine la place des individus. Il est probable que l'on y regarde avec un sourire amusé le maoïste des années 1960 à l'heure où la Chine rejette à la fois Mao et le communisme. Partout, Sartre reste le symbole, avec Aron, Lévi-Strauss, Bourdieu, Braudel, Lacan et tant d'autres, du rayonnement intellectuel de la France dans la deuxième moitié du XXe siècle. En France, bien que sa philosophie et sa littérature soient toujours étudiées au lycée, l'homme engagé pèse sur le penseur, même si Sartre prétendait être à la fois l'un et l'autre. Il est l'homme d'un camp, la gauche et même l'extrême gauche, qui s'est beaucoup trompé ou qui a soutenu des causes dont la moralité était plus que discutable. Parfaitement cohérent avec sa philosophie de l'engagement, il paie cependant, dans la mémoire des Français, ses positions extrémistes des années 1960 et 1970, à l'heure où l'intellectuel engagé n'est plus au goût du jour…

Ce qu'il faut retenir

Jean-Paul Sartre naît en 1905 à Paris dans une famille bourgeoise. Orphelin à quinze mois de son père polytechnicien et officier de marine, il est élevé dans la famille de sa mère jusqu'à l'âge de dix ans. Élève brillant, il entre à l'École normale supérieure où il côtoie la génération dorée (Paul Nizan, Raymond Aron…) et se persuade déjà de sa gloire future. Un échec inattendu à l'agrégation de philosophie en 1928, alors qu'il est considéré comme l'un des meilleurs, lui offre l'opportunité de travailler avec une jeune demoiselle qu'il appelle Castor, Simone de Beauvoir. En 1929, il est premier à l'agrégation et sa future compagne, deuxième. La gloire se fera pourtant attendre. Nommé au Havre, il y mène la vie d'un professeur de province tout en ayant une vie amoureuse passablement mouvementée entre son « amour nécessaire », Beauvoir, et les « amours contingentes », toutes les autres. Durant son séjour à Berlin, en 1933 et 1934, il est marqué par la philosophie allemande. En 1939, professeur à Neuilly et toujours inconnu, ses premières grandes œuvres, *La Nausée* et *Le Mur,* remportent un succès d'estime. Il se distingue par son refus de tout engagement politique. Soldat météorologiste durant la drôle de guerre, il est fait prisonnier en 1940. Libéré en 1941 grâce à un faux certificat médical, il se lance, sans trop de succès, dans la Résistance, tout en obtenant un poste au lycée Condorcet. Résistant sincère évitant toutefois de trop s'engager, il fait jouer *Les Mouches*. Il publie en 1943 son célèbre essai, *L'Être et le Néant,* où il élargit les bases de son système philosophique. À la Libération, il joue de son statut quelque peu usurpé de résistant pour participer au comité d'épuration des intellectuels, puis lance la revue *Les Temps modernes* avec Beauvoir et Aron. Désormais reconnu comme une sommité du monde intellectuel, il définit l'existentialisme comme un humanisme dans une conférence qui le fait enfin tutoyer la gloire. Pendant dix ans, il sera le pape de Saint-Germain-des-Prés et de la rive gauche, et l'homme à abattre pour la droite.

Comme beaucoup d'intellectuels fascinés par l'URSS, il prend position au début de la guerre froide contre le bloc de l'Ouest. Condamnant la guerre d'Indochine, puis celle d'Algérie, critiquant la ségrégation raciale des États du Sud aux États-Unis et participant à l'opposition à la guerre du Vietnam, il maintient cependant ses distances avec l'URSS après la révolte hongroise. Il n'en reste pas moins un homme de gauche qui soutient la révolution cubaine, se rend en Chine pour rencontrer Mao ou se lie d'amitié avec Tito. En 1964, il refuse le prix

Nobel de littérature. Il continue de développer sa philosophie – *Critique de la raison dialectique* en 1960 – qui est désormais concurrencée par le structuralisme. Malade et usé, il retrouve en mai 1968 une vraie popularité. Animant les assemblées générales, haranguant les ouvriers, il représente vraiment l'intellectuel en action. Dans les années 1970, s'il soutient l'extrême gauche maoïste, il défend les droits du peuple palestinien et affirme la légitimité d'Israël. Il appelle à la défense des dissidents soviétiques (après avoir traité Soljenitsyne de nuisible…), cherche à sensibiliser l'opinion aux souffrances des *boat people*, et, en même temps, prend parti pour les terroristes de Septembre noir. Jamais en reste d'une contradiction apparente si elle lui permet d'imposer son idée maîtresse de la liberté de l'homme, il meurt en 1980 sans avoir renié ses convictions et ses engagements.

n° 59

Charles V le Sage

« Je bâtirai à mes ennemis un procès dont ils regretteront la sentence ! »

Le règne du roi « sage » est comme une éclaircie dans les ténèbres de la guerre de Cent Ans. Charles V a régné à l'un des moments les plus sombres de l'histoire nationale, dans un royaume ravagé par la peste, les grandes compagnies et les chevauchées anglaises. Ce grand roi a laissé sa couronne plus puissante et plus respectée qu'à son avènement. Ses qualités lui ont permis de renforcer la monarchie et de franchir un pas décisif vers l'établissement de l'État moderne.

En France et dans le monde

L'action de Charles V dans les royaumes voisins de la France en fait un personnage important de leur histoire. En Espagne, en Allemagne ou en Angleterre, ce roi de France est très connu. Dans notre pays, les historiens célèbrent son œuvre depuis le XVIIe siècle. Grand bâtisseur, il présente au peuple une monarchie revêtue d'une splendeur sans égale. Il fait construire de riches résidences comme le château de Vincennes ou l'hôtel Saint-Pol et même la forteresse de la Bastille. La Bibliothèque nationale lui doit ses origines lointaines (la bibliothèque royale) et il a également laissé le premier égout de Paris (rue Montmartre). Il a compris aussi que la royauté ne peut se passer du soutien de la population. Aussi, répartit-il mieux les impôts et pacifie-t-il un royaume, longtemps livré aux pillards.

Ce qu'il faut retenir

Le futur roi naît en 1337 dans le royaume le plus puissant de la Chrétienté sous le règne de son grand-père, Philippe VI de Valois. Son enfance se déroule au milieu des premiers désastres de la guerre de Cent Ans. Entre 1340 et 1356, se succèdent la défaite navale de L'Écluse, la Peste noire (1348-1950) qui emporte jusqu'à un tiers de la population du royaume, et les désastres de Crécy (1346) puis de Poitiers (1356). Le jeune prince reçoit pourtant, au milieu de ces malheurs, une éducation particulièrement soignée qui lui vaut les éloges de tous les chroniqueurs. Parlant le latin, il est aussi fin lettré que savant. Mais il a une santé fragile, affaiblie par les séquelles d'une maladie d'enfance qui le laisse partiellement handicapé physiquement. En 1356, alors qu'il doit assurer la lieutenance générale du royaume au nom de son père prisonnier à Londres, le Dauphin semble avoir les épaules bien frêles. Son départ du champ de bataille de Poitiers, sur ordre du roi son père, est mal interprété par la noblesse, mais aussi par les milieux populaires. C'est une leçon qu'il n'oubliera pas : il préférera toujours confier ses armées à des capitaines compétents (Du Guesclin, Clisson, Jean de Vienne…) que risquer l'avenir de sa dynastie et du royaume pour un point d'honneur. Ayant fait face simultanément à la révolte parisienne autour d'Étienne Marcel (1358) et à la Grande Jacquerie des campagnes, il remet le pouvoir à son père sorti de prison anglaise (1360) après la conclusion du traité de Brétigny qui octroie aux Anglais plus d'un quart du royaume…

La mort de Jean II, en 1364, permet à Charles V de prendre en main le destin de la France. Il va consacrer ses seize années de règne à reconquérir les provinces perdues et à briser la menace que représente Charles de Navarre. C'est d'abord la fin de la guerre de succession de Bretagne : le nouveau duc reconnaît la suzeraineté du roi sur le duché. En même temps, Charles de Navarre doit céder une partie de ses possessions à la suite de sa défaite lors de la bataille de Cocherel, remportée par Du Guesclin. Charles V débarrasse alors le pays des mercenaires, les grandes compagnies, qui le ravagent. Habilement, il les envoie en Castille pour y soutenir son allié Henri de Trastamare dans une guerre civile. Il y gagne, à terme, un allié précieux tout en rétablissant la paix à travers le pays. Mais sa grande affaire, c'est la reprise de la guerre avec l'Anglais. Charles V parvient à attiser le mécontentement des Aquitains, lassés de payer les frais d'une guerre sans fin. La rupture du traité permet le début d'une guerre de reconquête. Petit à petit, en refusant toute bataille rangée, en privilégiant les sièges et en laissant les Anglais ravager le pays (ce qui dresse la population contre eux), il reprend tous les territoires perdus. Les Anglais ne possèdent que Calais, Cherbourg, et l'Aquitaine réduite à une étroite bande côtière autour de Bordeaux. Pour financer la guerre, il s'assure du soutien de ses sujets par une politique de réconciliation tout en leur faisant accepter la création d'impôts directs quasi permanents et en pérennisant la gabelle. Pour la première fois, un roi de France dispose d'un embryon d'armée permanente. À sa mort, en 1380, il laisse un royaume consolidé.

n° 60

Étienne Marcel

« Votre peuple de Paris murmure très grandement de vous et de votre gouvernement… »

Le prévôt des marchands parisiens incarne la lente montée en puissance de la bourgeoisie face au pouvoir royal. Riche bourgeois touché par des revers de fortune, meneur d'une révolte populaire, Étienne Marcel préfigure certains chefs révolutionnaires de 1793. Élu des états généraux s'opposant au souverain légitime, Parisien allié aux ennemis de la France incarnés par Charles de Navarre dit le Mauvais, Étienne Marcel possède plusieurs facettes. Aujourd'hui, il appartient toujours à notre mémoire nationale.

En France et dans le monde

Quelques lignes seulement dans les manuels scolaires italiens et dans les ouvrages espagnols : le personnage ne fait guère recette en dehors de France et d'Angleterre où il apparaît comme un défi à l'ordre établi. En France, sa renommée change à partir de la Révolution française. Avant elle, il est le rebelle, voire le traître, puis il devient un héros précurseur, modèle pour la bourgeoisie parisienne. Il représente un exemple historique qui légitime les révolutions successives et les inscrit dans la longue durée. La IIIe République lui offre sa statue dans les jardins de l'Hôtel de Ville de Paris, sa rue, et une station de métro. Depuis, même si le médiéviste Jean Favier lui consacre encore de nombreuses pages dans ses ouvrages, les nouveaux programmes scolaires l'ont renvoyé aux oubliettes de l'histoire. Dernier avatar, et preuve qu'il n'est pas complètement oublié, un *think tank* des PME responsables s'est créé à son nom en mars 2011…

Ce qu'il faut retenir

Né vers 1316 (l'état civil est encore une vue de l'esprit à l'époque), Étienne Marcel est issu d'une riche famille de marchands drapiers parisiens. Fournisseurs de la cour, banquiers du roi si l'occasion se présente, les Marcel font partie de ces dynasties qui tiennent le haut du pavé de la capitale. Alliés aux Coquatrix et aux Poilevilain, ils voient en Étienne un rejeton prometteur. Marié en deuxièmes noces à l'une des filles de Pierre des Essarts, banquier anobli par le roi, maître des comptes de l'hôtel royal, il n'est qu'à une marche de la noblesse lorsqu'il épouse ce beau parti. Mais la guerre de Cent Ans remet tout en cause et son beau-père se retrouve en prison avec une bonne partie des conseillers royaux.
Puis, la Peste noire emporte Pierre des Essarts et ses promesses de succès en 1349. Marcel est décidément malchanceux.

Inquiet d'éventuelles enquêtes royales sur les malversations de son beau-père, il voit l'héritage familial tomber dans l'escarcelle de son beau-frère, bien introduit auprès du nouveau roi Jean II le Bon. Frustré de cette fortune par le pouvoir royal, il est prêt à la vengeance.
Il devient prévôt des marchands de Paris en 1354, ce qui lui donne un certain nombre de prérogatives financières et commerciales et en fait un interlocuteur privilégié de la monarchie. La convocation des états généraux de langue d'oïl (du nord) en 1355 lui ouvre les portes de la politique. La nécessité de lever des impôts pour financer l'armée royale donne à Étienne Marcel l'occasion de se faire remarquer. La déroute de Poitiers en 1356 et la capture de Jean II lui offrent la revanche tant attendue sur la famille royale. Devenu l'homme le plus puissant de Paris, Étienne Marcel s'oppose à un jeune Dauphin de dix-huit ans dont les épaules paraissent bien frêles. Il commence par exiger la tête des mauvais conseillers du roi et une réforme du royaume. Marcel s'entend avec le chef du clergé aux états généraux, Robert le Coq, évêque de Laon et partisan de Charles le Mauvais, roi de Navarre et cousin du roi. Une nouvelle session des états généraux en février publie une ordonnance qui place la monarchie sous son contrôle. Confuse mais ambitieuse, on y trouve de tout : une commission d'épuration de l'administration, la convocation périodique des états, une réforme des impôts. Pourtant, la province ne suit guère Paris et l'on s'y préoccupe davantage de se défendre contre les Anglais que de bousculer les structures du pouvoir. Le Dauphin, futur Charles V, est manœuvré habilement et le roi, prisonnier à Londres, interdit toujours de prélever les impôts pour éviter une reprise de la guerre qui retarderait sa libération. Se trouvant dans une situation délicate, Étienne Marcel perd peu à peu le soutien populaire, ravi de se débarrasser de la pression fiscale. En novembre 1357, Étienne Marcel se décide à jouer la carte de Charles de Navarre et le ramène à Paris pour s'en faire un allié. Pourtant leur alliance ne dure pas. Charles de Navarre se moque des réformes audacieuses du prévôt des marchands.

Marcel organise, en février 1358, une émeute qui aboutit au massacre des maréchaux de Normandie et de Champagne sous les yeux du Dauphin. Celui-ci devient sa marionnette jusqu'à ce qu'il parvienne à s'évader de Paris au printemps. Étienne Marcel est maître de Paris, mais d'un Paris qui craint la réaction royale. La jacquerie dans les campagnes vient s'ajouter à l'anarchie ambiante. Les paysans d'Île-de-France, lassés des bandes armées des mercenaires qui pressurent leurs terres, se révoltent et massacrent sans distinction bourgeois et nobles. Les Parisiens sont fatigués de cette anarchie d'autant plus que Charles le Mauvais a fait entrer des mercenaires anglais dans la capitale. Quelques bourgeois restés fidèles au futur Charles V montent alors un coup de force. Étienne Marcel est massacré le 31 juillet 1358 en cherchant à se faire remettre les clés de la porte Saint-Denis. Deux jours plus tard, le Dauphin entre dans la capitale sans combattre. Avec la mort d'Étienne Marcel, disparaissait jusqu'en 1789 l'idée même d'une possibilité de contrôle parlementaire sur la monarchie…

n° 61

Guy de Maupassant

“ *Il arrive un jour […] où derrière tout ce qu’on regarde, c’est la mort qu’on perçoit.* **”**

Tout le pessimisme de Guy de Maupassant tient dans cette phrase, accompagné du pressentiment de la folie qui le guette depuis toujours. En dix ans de création, le Normand s’est imposé comme l’un des géants de la littérature française tout en faisant encore partie des auteurs préférés du public. Le hobereau dur et cassant avec les hommes, aux maîtresses innombrables et au mépris affiché pour la société de son temps promène un regard acéré sur son époque.

Antimilitariste, antidémocrate, anticlérical, il n'en mène pas moins fort bien sa carrière et ses affaires. Il pourra dire « Bel-Ami, c'est moi ! »

En France et dans le monde

Il serait long et fastidieux de citer toutes les traductions de son œuvre dans le monde, et toutes les adaptations, au cinéma, au théâtre ou à la télévision. L'année 2011 voit la sortie d'un *Bel Ami* avec Robert Pattinson, Uma Thurman et Kristin Scott Thomas dont on peut imaginer qu'il parle au cœur des nouvelles générations. Adapté au Japon, en Italie, en Allemagne, en Finlande et jusqu'au Mexique, son retentissement est universel ! Deux géants du cinéma, Buñuel et Godard, n'ont pas craint eux aussi de tenter l'aventure. Même le cinéaste soviétique Eisenstein a dit de lui : « Ses œuvres sont de vrais modèles de montage raffiné. » Ultime hommage, Tolstoï lui a consacré un essai, tandis que Nietzsche avoue son admiration pour lui dans son *Ecce Homo*.
En France, l'écrivain a été à l'honneur sur les petits et les grands écrans : Renoir pour *Une partie de campagne en* 1936 et Chabrol pour *La Parure* en 2007 s'en sont inspirés. Et dans les années 2000 la série télévisée *Chez Maupassant* a connu un succès formidable. Ses nouvelles et ses romans sont des passages obligés pour tous les élèves de France et l'on ne compte plus les rues et les écoles qui lui sont consacrées. Rarement un écrivain aura reçu tant d'éloges venus de tant de pays et de tant de milieux.

Ce qu'il faut retenir

Guy de Maupassant naît le 5 août 1850, probablement au château de Miromesnil en Seine-Maritime. Les disputes incessantes de ses parents le marqueront profondément, ainsi que la folie de son oncle maternel, mort deux ans avant sa naissance. Des études au petit séminaire puis à Rouen et à Caen

lui permettent d'obtenir le baccalauréat. Plus intéressantes à ses yeux sont ses rencontres avec le poète anglais Swinburne, et surtout avec Flaubert qui sera son père en littérature.
Ses études de droit sont interrompues par la guerre de 1870. Engagé volontaire, il ne combattra pas, mais sera marqué par l'ambiance délétère et les violences du conflit. Après la guerre, il entre au ministère de la Marine et écrit ses premières nouvelles. Parrainé par Flaubert, il côtoie Tourgueniev, Zola, Daudet et collabore au journal *Le Gaulois* pour lequel il se fait critique littéraire. Son enfance normande lui a donné le goût du plein air et du sport et un corps d'athlète qu'il entretient par le canotage sur la Seine. Mais sa grande passion, ce sont les femmes et la « société des maquereaux » dans laquelle il fait assaut d'obscénités et de provocations pour choquer la « bourgeoisie ». En 1880, il publie *Boule-de-Suif*, qui connaît un succès fulgurant et le rend célèbre alors que la mort de son ami Flaubert le laisse désemparé. Atteint par la syphilis qui s'ajoute à ses troubles neurologiques héréditaires, souffrant d'une grave dépression, il entreprend de longs voyages et séjourne en Algérie. Ces nombreux périples, à défaut de le soulager, nourriront son œuvre du fruit de ses observations.
En 1883 paraît son premier roman *Une vie*. Son recueil de nouvelles sur les maisons closes *La Maison Tellier* en 1881 lui assurait déjà des revenus confortables. Tout en méprisant la société bourgeoise et aristocratique qu'il fréquente, son attrait pour « les belles comtesses » lui interdit de s'en éloigner durablement. Il travaille avec acharnement, publiant au moins un livre par an : les *Contes de la bécasse* (1883), *Bel-Ami* (1885), *Le Horla* (1885), *Pierre et Jean* (1888) et de nombreuses nouvelles. En 1889, son frère Hervé, devenu fou, s'éteint dans un asile. La peur de la mort et de la folie l'obsède. En décembre 1891, il tente de se suicider, et passera les dix-huit derniers mois de sa vie dans une clinique de Meudon, muré dans la folie. Il meurt le 6 juillet 1893.

n° 62

Georges Pompidou

« Il ne suffit pas d'être un grand homme, il faut l'être au bon moment. »

Comme tous les présidents de la Ve République, Pompidou jouit encore d'une notoriété certaine qu'illustre la flatteuse quarante-quatrième place qu'il occupe dans le sondage de France 2 et la surprenante douzième place dans un sondage de 1999 pour la revue *Histoire*. Comment cet Auvergnat anonyme, conservateur bon teint, Premier ministre brillant et président autoritaire, peut-il encore conserver une telle renommée, trente-sept ans après sa mort en 1974 ?

En France et dans le monde

Ce paradoxe apparent répond en fait à une logique imparable. Premier ministre de 1962 à 1968, président de 1969 à 1974, il incarne la période heureuse des Trente Glorieuses, celle du plein emploi et de la fin des guerres coloniales, du progrès pour tous et de l'accession au confort pour la plupart. Le président qui a transformé Paris et voulait faire de la France « le pays de la bagnole » rappelle le doux parfum des jours tranquilles. Loin de la figure héroïque pesante d'un de Gaulle, il incarne bien le parcours typique du Français durant les années noires de l'Occupation. Après avoir été démobilisé en 1940, il passe les quatre autres années de la guerre sans vraiment s'engager. Il n'est pas un grand bourgeois comme Giscard et n'entretient pas de liens familiaux avec le patronat comme Chirac. Pompidou est un Français moyen dont la seule originalité semble, pour la plupart d'entre nous, sa passion pour la poésie et l'art contemporain et d'avoir édifié le paquebot biscornu si longtemps décrié qu'il nous a légué au cœur du Marais.

C'est d'ailleurs le Centre Pompidou qui fonde sa notoriété à l'étranger. Quatrième musée le plus visité de France (3,13 millions de visiteurs en 2010), il incarne désormais la culture française comme Versailles ou le Louvre. C'est à ce titre qu'il va s'exporter à Shanghai. Pour les Britanniques et tous les autres Européens, Georges Pompidou est l'homme qui, par le processus de La Haye, ouvre à nouveau la France à l'union et à l'élargissement après les années de crispation gaullienne. Pour les Africains et le monde arabe, il est le premier président post-colonial avec lequel ils peuvent avoir une relation plus apaisée. Pour Israël, il est en revanche un homme dont les relations avec ses ennemis arabes sont trop étroites et qui applique strictement l'embargo sur les armes. Pour tous, il est l'homme de la normalisation après l'emphase, celui qui ouvre définitivement la France à la modernité et commence à enterrer ses espoirs de grandeur.

Ce qu'il faut retenir

Seul président de la Vᵉ République à mourir en fonction, Georges Pompidou est aussi l'un de ceux qui aura eu le parcours le plus original : né à Monboudif en 1911 dans une famille modeste du Cantal, il est un pur produit de la méritocratie de la IIIᵉ République. Brillant normalien, il suit une carrière classique de professeur durant les années 1930. Engagé en 1940, il échappe à la capture et, démobilisé, enseigne au lycée Henri-IV durant l'Occupation. Des relations gaullistes lui permettent de devenir chargé de mission au cabinet de De Gaulle à la Libération, malgré son absence d'engagement dans la Résistance. À la démission du Général, en janvier 1946, il entre au Conseil d'État, tout en restant l'un de ses fidèles conseillers. Secrétaire général du RPF puis directeur du cabinet du président du Conseil après mai 1958, il est l'un des hommes clés de l'aréopage gaulliste. Toujours dans l'ombre malgré sa nomination au Conseil constitutionnel, il remplit nombre de missions plus ou moins secrètes tout en travaillant pour la banque Rothschild. Ainsi, c'est lui qui noue les contacts avec le FLN qui préludent aux accords d'Évian. Malgré tout, sa nomination au poste de Premier ministre en avril 1962 est une surprise et un véritable défi envers le Parlement.

Considéré comme un technocrate plutôt qu'un élu de terrain, son inexpérience provoque l'hostilité de nombreux hommes politiques. Pour de Gaulle, c'est le meilleur moyen d'éviter que se dresse contre lui un homme fort. Durant six ans, et malgré la censure votée en octobre 1962 à l'Assemblée nationale contre son gouvernement, il se constitue une véritable image d'homme d'État. C'est cette aura, et sa fermeté durant la crise de mai 1968, qui vont inciter le Général à l'écarter, tout en lui promettant un rôle de dauphin potentiel…

Sa victoire à la présidentielle de 1969 est celle d'un héritier du gaullisme. Sa pratique du pouvoir sera cependant plus libérale. Faisant de Chaban-Delmas son Premier ministre, il soutient mollement sa « nouvelle société » qui vise à moderniser le pays (suppression du ministère de l'Information et naissance d'un ministère de l'Environnement, création du SMIC...) et à en accélérer l'industrialisation (Airbus, TGV, Ariane...). Pragmatique, il accepte une dévaluation du franc, mais il est aussi un adepte de la construction européenne. Georges Pompidou est un chef d'État très autoritaire, s'impliquant bien plus que de Gaulle dans la gestion gouvernementale. En 1972, inquiet de la popularité de son Premier ministre, Jacques Chaban-Delmas, et soucieux de conserver l'appui des barons du gaullisme, il lui demande sa démission et nomme à sa place Pierre Messmer. Celui-ci oriente la politique gouvernementale dans un sens plus conservateur. L'année 1973 est assombrie par le choc pétrolier et, sur le plan personnel, par les ravages de la maladie. De plus en plus incapable de gérer les affaires, le président, dévoré par un terrible cancer, meurt le 2 avril 1974. Avec lui disparaissent les Trente Glorieuses.

n° **63**

Catherine de Médicis

« L'argent est le nerf de la guerre. »

Femme et mère de rois, régente du royaume, Catherine de Médicis se trouve, entre 1560 et 1589, au premier plan des acteurs politiques du pays. Cependant, on la traite d'étrangère, de « banquière », alors qu'elle descend de Saint Louis. Elle n'a pourtant jamais cessé de chercher la concorde civile, seul moyen à ses yeux de sauver le pouvoir royal et donc celui de ses fils. Son sens aigu de l'État la pousse à cautionner des crimes qu'elle n'a pas forcément commis, et à réprimer violemment toute révolte. La « reine noire » est aussi une femme qui fut longtemps humiliée par son mari Henri II. Son image complexe dans une période sombre continue de fasciner.

En France et dans le monde

L'historiographie étrangère et hexagonale ont fait leur révolution. À la légende noire, particulièrement marquée dans les pays de tradition protestante (Royaume-Uni, États-Unis, Pays-Bas, Allemagne...), a succédé un portrait plus nuancé de la reine. Son rôle de mécène et de protectrice des arts est valorisé, ainsi que celui de défenseur de l'État royal. Toutefois, la mémoire populaire, si tant est qu'elle se souvient encore d'elle, reste imprégnée de l'image traditionnelle de la veuve noire qui entre en scène dès le film de Griffith, *Intolérance*, en 1916. En France, la production cinématographique et télévisuelle la présente sous le même jour sinistre, bien que les aspects les plus excessifs soient gommés dans *La Reine Margot* de Chéreau ou le *Saint-Germain ou la Négociation* de Corbiau. Quant aux livres de l'excellente série des *Fortune de France* de Robert Merle, ils étalent sous son aspect le plus sombre. Les manuels scolaires, s'ils deviennent un peu plus objectifs, rejettent peu à peu son rôle dans l'ombre. Elle n'y est plus présente, ou alors au travers de la célèbre gravure du protestant François Dubois qui reprend avec outrance sa légende noire. Elle n'apparaît plus dans le programme de seconde, noyée dans une présentation trop thématique de la période. Il est probable que, malgré les efforts des historiens, la régente Catherine, protectrice des arts et des lettres, ne reste pour le grand public que « la reine noire ».

Ce qu'il faut retenir

Catherine de Médicis naît à Florence en 1519. Descendante de Laurent le Magnifique, elle appartient à la famille des La Tour d'Auvergne, une des plus vieilles de la noblesse française. Elle est d'ailleurs une parente d'Henri de Navarre, le futur Henri IV. Mariée à quatorze ans en 1533 au second fils de François Ier, Henri, elle devient Dauphine trois ans plus tard, après la mort de son beau-frère. Future reine de France, elle est délaissée par son mari qui lui préfère la fière Diane de Poitiers... de vingt ans son aînée. À l'humiliation publique, s'ajoute celle de ne pas donner d'héritier à la couronne. Malgré les astrologues, les filtres (elle ira jusqu'à boire une décoction à base d'urine d'âne !) ou de savantes positions sexuelles, elle ne parviendra à faire un père de son mari qu'en 1544. À partir de là, ses grossesses se succéderont (dix en douze ans...). Bien que reine depuis 1547, elle n'a pour autant aucun pouvoir. Pourtant, très intelligente, remarquablement instruite, elle donne toute sa mesure lors de l'invasion du royaume en 1557, quand elle parvient à soutirer un don de 300 000 livres à la prévôté des marchands de Paris pour recruter une armée.

C'est la mort du roi, puis de son héritier François II, qui la fait accéder au premier rang. Brisée par leur perte, elle va, durant trente ans, s'efforcer en toutes circonstances, de protéger les survivants. Elle s'oppose d'abord aux Guises, famille de sa belle-fille Marie Stuart, qui pratiquent une politique religieuse antiprotestante. Régente au nom de son fils Charles IX qui n'a que neuf ans en 1560, elle maintient le pouvoir royal en montant les grands seigneurs les uns contre les autres (Bourbons-Condé protestants, contre Guises catholiques...) tout en évitant la rupture. Elle tente d'abord la conciliation avec le Colloque de Poissy, mais malheureusement les fanatiques des deux bords poussent aux premiers affrontements. Les « paix perpétuelles » ne sont alors que des trêves permettant à chacun de reprendre son souffle. Catherine cherche à renouer les fils du dialogue avec son tour de France de 1564-1566 qui permet au peuple de voir et d'approcher ainsi le roi. Après l'édit de Saint-Germain, elle essaie de se concilier le chef des protestants, l'amiral de Coligny, en mariant Henri de Navarre, futur Henri IV, à sa fille Marguerite, qui deviendra plus tard la reine Margot.

L'attentat manqué contre Coligny, dont elle n'est probablement pas responsable, déclenche le massacre de la Saint-Barthélemy ; elle en endosse la responsabilité à la place du roi. Il s'agit alors de mettre fin à la guerre civile par l'élimination des chefs du parti protestant. Devant l'échec de cette politique, elle reprend le fil de la négociation. À l'avènement de son troisième fils, Henri III, en 1574, son influence décroît. Elle ne peut, en 1588, empêcher le roi, chassé de Paris par les ultra-catholiques, de faire éliminer les frères Guise, chefs du mouvement catholique. Peut-être n'a-t-elle pas alors compris que l'unité du royaume et la restauration du prestige monarchique passaient par cet assassinat. Lorsqu'elle meurt en 1589, Catherine de Médicis a correctement rempli sa tâche. En défendant l'autorité royale dans l'une des pires périodes de l'histoire de France, « la reine noire » a su empêcher un éclatement définitif du royaume…

n° 64

Louis XIII

« Réjouir le peuple, craindre Dieu, faire la justice, telle est la multiple fonction de sa majesté. »

Louis XIII est, pour la plupart des Français, au mieux une énigme, au pire un bouffon. Courageux, ferme dans sa politique, réfléchi dans ses choix, il a pourtant su affronter les Grands, une mère autoritaire et les Habsbourg menaçants. Roi sans maîtresse, soldat de guerre civile, fervent catholique et bègue, il semble cependant ne posséder aucune des qualités de monarque qui plaisent aux Français. Pour nos concitoyens qui préfèrent le chef d'État à son Premier ministre, il paie même la faute d'être, depuis Dumas, éclipsé par Richelieu.

En France et dans le monde

Triste destin pour un si grand monarque de voir son époque qualifiée du nom de son fils : le « siècle de Louis XIV ». Coincé entre deux souverains prestigieux – Henri IV et Louis XIV –, Louis XIII n'a ni la majestueuse autorité et l'image de gloire de l'un, ni le charisme débonnaire et l'aura de tolérance de l'autre. De plus, la postérité, fabriquée pour l'essentiel par l'auteur des *Trois Mousquetaires*, est bien cruelle pour le fils du Béarnais : faible monarque manipulé par le cardinal rouge, mari affublé (ou presque) des cornes du cocu berné (par un Anglais en plus !), souverain attaché de façon suspecte à ses favoris, Louis XIII n'est pas épargné par les romanciers et les chroniqueurs. Les films ayant suivi la littérature, il continue de traîner cette image pitoyable dans toutes les versions des *Trois Mousquetaires* (y compris les dessins animés). Même le séduisant Jean-Pierre Cassel ne peut rien y changer dans la version de 1973. Comme pour Mazarin et Richelieu, Dumas « aura fait de beaux enfants à l'Histoire » selon son expression. En effet, le monde entier connaît d'Artagnan et Richelieu, mais qui sait ce qu'a réalisé exactement leur maître Louis XIII ? Et pourtant il reste dans l'histoire l'un des meilleurs et des plus capables rois de France.

Ce qu'il faut retenir

Né en 1601 à Fontainebleau, le jeune Louis est le fils d'Henri IV et de Marie de Médicis. Élevé entre un père qu'il adore et une mère humiliée qui lui préfère son frère, le petit garçon devient roi à neuf ans lors de l'assassinat de son père par Ravaillac. Sa mère s'arroge rapidement tous les attributs du pouvoir comme régente et ne se préoccupe pas d'associer son fils à son exercice, ni même de lui donner la formation nécessaire. Écarté du gouvernement même après sa majorité en 1614, il puise dans l'amitié de son grand fauconnier et confident

Luynes, la force d'ourdir le complot qui aboutit à l'exécution du favori de la reine mère, Concini.
En 1617, il détient le pouvoir, même s'il reste sous la domination de son ami qui croule sous les charges et les titres. La révolte de sa mère soutenue par une partie des Grands a pour conséquence « la guerre de la mère et du fils ». Louis y fait ses premières armes en commandant personnellement l'armée royale à la bataille des Ponts-de-Cé qui conclut victorieusement la campagne. Réconcilié avec sa génitrice, il s'efforce de limiter le pouvoir des protestants dans le Sud-Ouest, y compris par la force des armes notamment avec le siège de Montauban. En 1621, la mort de Luynes, plus ou moins déconsidéré, le débarrasse d'une amitié et d'un pouvoir devenus lourds à porter. Après avoir gouverné quelque temps sans favori et sans ministre principal, il prend Richelieu comme Premier ministre en 1624. Le cardinal, qui a bien conscience de lui devoir son pouvoir, saura toujours afficher le respect qu'il doit au monarque. Dominé intellectuellement, Louis XIII n'en participe pas moins à toutes les prises de décision. Répression des révoltes protestantes (La Rochelle en 1628), création des intendants en province, édits contre les duels, soumission des Grands portent autant la marque du roi que celle de son ministre.
La grande affaire et le souci de son règne sont l'absence de fils héritier. Mari fidèle, il est peu porté sur les femmes et ne cherche guère à remplir son devoir conjugal. La jeune reine Anne d'Autriche se laisse assez facilement prendre au jeu des intrigues contre un mari qu'elle apprécie peu. Plusieurs complots (dont celui de Chalais en 1626), ses relations avec la couronne d'Espagne (perquisition de 1637) les éloignent plus encore. Le roi multiplie les amitiés masculines et a de nombreux favoris (Toiras, Saint-Simon, Cinq-Mars…), tout en se gardant bien de leur accorder du crédit politique. Beaucoup seront cependant des sujets d'inquiétude pour Richelieu, comme Gaston, le frère du roi qui ne cesse de s'agiter, espérant devenir roi. La naissance en 1638 (après vingt-trois ans de mariage !) de son premier fils, Louis-Dieudonné, le futur

Louis XIV, puis d'un second, Philippe, en 1640, écarteront les prétendants au trône.
Désireux enfin de contrer la menace des Habsbourg, le roi se lance en 1635 dans la guerre de Trente Ans qui déchire le Saint Empire. Après des débuts difficiles, les armées françaises connaissent des succès militaires. La mort de Richelieu en 1642 n'empêche pas le roi de continuer l'effort militaire, mais Louis XIII meurt le 14 mai 1643, cinq jours avant le triomphe de Rocroi qui confère à la France la suprématie européenne.

n° 65

Auguste Renoir

« Il y a dans la peinture quelque chose de plus, qui ne s'explique pas, qui est essentiel. »

«Une des grandes figures de l'impressionnisme», c'est ainsi que le public qualifie spontanément Auguste Renoir. Pourtant, au terme d'une prolifique carrière de près de soixante ans (il a peint plus de 4 000 toiles !), sa phase impressionniste est très brève. Restent ses portraits de femmes à la sensualité étonnante… Soucieux de son succès plus que de dogmatisme, il a aussi recherché l'aisance financière : « Mettez-vous cela en tête : il n'existe qu'un seul indicateur de la valeur d'un tableau : c'est la salle des ventes. » Cette réalité correspond peu à l'image de l'artiste maudit qui est habituellement attribuée à Renoir.

En France et dans le monde

Renoir est à la fois un artiste reconnu mondialement, et ce, de son vivant, et un peintre aux productions très inégales dont les dernières réalisations ont aussi bien suscité l'admiration de Matisse, que les remarques sévères des critiques. Ainsi, si la plus grande collection de ses œuvres se trouve à Philadelphie, l'exposition de ses dernières toiles en 2010 dans la même ville a suscité un papier cinglant dans le *New York Times* où l'on a pu parler de « *bad art* » ! Pourtant ses œuvres se négocient toujours très bien (en 2003, le tableau *Dans les roses* s'est vendu 23 millions de dollars chez Sotheby's) et les États-Unis accueillent un grand nombre de ses peintures. En France, on ne compte plus les rues à son nom, et Cagnes, où il est mort, a baptisé un collège en son honneur tout comme d'autres villes en France. Le musée d'Orsay, à Paris, compte toujours beaucoup sur ses œuvres pour ses expositions permanentes, le peintre du *Bal du moulin de la Galette* personnifiant aux yeux du monde entier l'image de la France de la Belle Époque. C'est aussi l'action de son fils Jean qui conserve sa mémoire. S'inspirant des tableaux de son père pour ses films, il a maintenu son œuvre vivante.

Ce qu'il faut retenir

Si Jean a ainsi pu bénéficier de son héritage pour lancer sa carrière artistique, Auguste n'a pas bénéficié de la même bonne fortune. Né en 1841 à Limoges dans une famille très modeste (son père est tailleur), il passe son enfance à Paris. Entré en apprentissage dès treize ans dans un atelier de porcelaine, il réussit à intégrer l'École des beaux-arts en 1862, où il rencontre ceux qui deviendront ses amis et ses condisciples, Claude Monet et Sisley. Il quitte l'école en 1864, et ses premières toiles, *Esméralda*, et *Lise à l'ombrelle*, sont acceptées au Salon de Paris, le rendez-vous annuel de la peinture française. Cependant, la réussite financière n'est pas au rendez-vous. Peu à peu, avec Monet, il se rapproche des impressionnistes en envisageant avec Bazille la naissance d'une exposition alternative du Salon. La guerre de 1870 et la Commune réduisent à néant leurs espoirs : Bazille tué, Monet réfugié en Angleterre, il faut attendre 1874 pour voir ce projet refaire surface. Jusqu'en 1880, Renoir expose donc avec les impressionnistes. Malgré son chef-d'œuvre (*Le Moulin de la Galette*), le succès tarde et il connaît la misère. Il s'éloigne de ses premières toiles et renoue avec des compositions plus classiques et des portraits plus au goût de la bourgeoisie (*Madame Charpentier et ses enfants* en 1878, *Le Déjeuner des canotiers* en 1881), tout en conservant la palette claire de l'impressionnisme. Les commandes affluent et cette nouvelle aisance financière lui permet de voyager dans le sud de la France et en Italie. Influencé par Ingres, il réalise *Les Grandes Baigneuses* (1887), mal reçu par la critique. À partir de 1890, il modifie à nouveau son style, continue de travailler sur des figures féminines et entre dans une période de sa vie qui est celle de la consécration. Ses tableaux se vendent ; il est reconnu et célébré. C'est à cette époque qu'il commence à souffrir des premières atteintes rhumatismales qui le rendent invalide à partir de 1905 et l'empêcheront presque de peindre. Installé à Cagnes, il continue à travailler tout en menant une vie de famille apaisée. Son art se ressent désormais de ses infirmités. Veuf en 1915, affecté par les blessures de ses fils durant la Grande Guerre, il meurt en 1919 en n'ayant jamais cessé de travailler. Il meurt en 1937.

n°66

Montesquieu

“ *J'ai toujours vu que pour réussir dans le monde, il fallait avoir l'air fou et être sage.* ”

En 1748, avec *De l'esprit des lois*, Montesquieu rédige l'une des œuvres les plus fécondes de l'époque moderne. Sa théorie de la séparation des pouvoirs est la base de tous les régimes démocratiques contemporains. Le baron de Montesquieu n'a pourtant rien d'un révolutionnaire. Fortuné, introduit dans tous les cercles aristocratiques, il est favorable à la monarchie britannique au pouvoir limité par l'aristocratie. Hostile à tout système, ennemi des dogmatismes, grand écrivain, auteur de l'une des premières satires philosophiques, *Les Lettres persanes,* il est l'un des pères de la sociologie.

En France et dans le monde

La postérité de Montesquieu est internationale. Aux États-Unis, les pères de la Constitution, comme Madison, se sont largement inspirés de ses théories pour rédiger leur texte, sacré aux yeux de leurs compatriotes. Néanmoins, seule une rue de la petite ville de Chalmette en Louisiane porte son nom. Pour les Britanniques, il est la preuve que les adaptations successives de leur monarchie constitutionnelle ont bien donné le meilleur des régimes au monde (en toute simplicité britannique). Keynes l'a vu comme le « plus grand économiste français, celui qu'il est juste de comparer à Adam Smith ». Les Chinois se vantent de l'influence supposée qu'un Chinois, installé à Paris, Arcadio Hoange, aurait eu sur ses réflexions de jeunesse. Mais ils déplorent aussi sa vision négative de la Chine dont il aurait perçu la conception de « l'ordre total » comme un despotisme (d'après le professeur Shen Dali). Preuve de son aura européenne, la dernière édition complète de ses œuvres est un travail collectif italo-britannico-français. La France étudie, compile, vénère ses œuvres, mais lui a toujours refusé une place au Panthéon, au motif peu sérieux que ses ossements ont été dispersés durant la Terreur. Le baron bordelais n'aurait-il pas sa place aux côtés de Rousseau et de Voltaire ? Pourtant, rues, places, statues, collèges, lycées et revues perpétuent sa mémoire et le baron figurait même sur les anciens billets de 200 francs.

Ce qu'il faut retenir

Charles de Secondat naît à La Brède en Gironde en 1689. Il en gardera toute sa vie l'accent chantant du Sud-Ouest. Issu d'une famille de la noblesse, il a pour parrain un pauvre de la paroisse, et est placé dans une famille de paysans jusqu'à l'âge de trois ans. Envoyé au collège des oratoriens de Juilly, près de Paris, il fait de bonnes études qui le préparent à deve-

nir avocat. Entré au barreau en 1708, il se forme à Paris durant quatre ans et commence à accumuler les lectures et les notes de travail. À la mort de son père en 1713, il rejoint Bordeaux, y achète une charge au parlement et se marie avec une protestante fortunée. Après le décès de son oncle en 1716, puissant président à mortier du parlement de Bordeaux, il hérite de sa charge et de sa fortune.
Malgré la naissance d'un fils, il part pour Paris l'année suivante. Ses devoirs familiaux ne l'intéressent guère et sa femme se charge très bien de ses affaires, et notamment de sa vigne. Il préfère goûter aux plaisirs de la Régence avec ses puissants amis comme le maréchal de Berwick (fils illégitime du roi d'Angleterre Jacques II) et ne dédaigne pas les jeux de cartes et les soirées mondaines. Le succès des *Lettres persanes* publiées anonymement en 1721 lui apporte la notoriété. Sa critique féroce des mœurs et des pratiques politiques françaises ne passent pas inaperçues. En 1726, il se débarrasse de ses charges au parlement de Bordeaux. Reçu à l'Académie en 1728, Montesquieu publie entre-temps *Le Temple de Gnide* puis s'embarque pour un tour d'Europe. À Vienne, à Graz, à Milan, à Rome, à Londres, il est à l'aise dans toutes les sociétés et multiplie les liaisons féminines…
Revenu à Bordeaux en 1734, il publie *ses Considérations sur les causes de la grandeur des Romains et de leur décadence* qui connaît un vif succès. Quelque peu assagi, il se partage désormais entre Paris et la province. Franc-maçon, animateur du salon de Mme de Tencin, il fait paraître en 1748 – anonymement toujours – son maître ouvrage, *De l'esprit des lois.* Le texte devient une bible que l'Europe et l'Amérique s'arrachent. On cite un député anglais qui le brandit aux Communes. Ce grand succès connaît vingt-deux éditions en un an ! Attaqué par l'Église, le livre est mis à l'Index en 1751 malgré son plaidoyer dans *La Défense de l'esprit des lois.* Affligé d'une cataracte, affaibli et presque aveugle, il se consacre à son château de La Brède et meurt en 1755.

n° 67

Pierre de Coubertin

« *L'important dans la vie ce n'est point le triomphe, mais le combat, l'essentiel, ce n'est pas d'avoir vaincu mais de s'être bien battu.* »

S'il n'est pas sûr que cette phrase soit bien de lui, elle résume bien l'esprit de l'olympisme moderne, tel que le voyait Pierre de Coubertin. Pourtant, elle aurait beaucoup étonné les Grecs de l'Antiquité pour lesquels les jeux étaient une compétition entre cités dans laquelle les vainqueurs étaient honorés et les vaincus sujets de moquerie.

Pierre de Coubertin est l'un des Français les plus célèbres à travers le monde. Tous les quatre ans, les Jeux rappellent son rôle déterminant dans la naissance du sport moderne.

En France et dans le monde

Dans le monde entier, le baron de Coubertin est bien perçu comme le fondateur de l'olympisme moderne. Seuls les Britanniques insistent sur le fait que la culture sportive des Public Schools anglaises aurait influencé Coubertin et aurait été son véritable modèle culturel. Cependant, chacun s'accorde à penser que c'est son action qui détermine la naissance des Jeux modernes. Mais son activité à la fin de sa vie, et notamment la préparation des Jeux de Berlin en 1936, a terni quelque peu son image. Internationaliste convaincu, colonialiste ardent, il voit dans le sport un « instrument vigoureux de disciplinisation (*sic*) ». Tous cela compte pour rien aux yeux du public français actuel qui voit en lui d'abord le créateur de la plus grande compétition sportive mondiale, celle qui met, tous les quatre ans, le français à l'honneur puisque l'ouverture des Jeux se fait dans cette langue. Nombre de rues, de collèges, de lycées ou de stades portent son nom, alors même que ses valeurs aristocratiques le faisaient considérer dans l'État moderne comme un outil d'abaissement des masses. La figure de Coubertin est donc d'abord une image que les pouvoirs successifs valorisent au nom des « bienfaits » physiques et moraux du sport...

Ce qu'il faut retenir

Pierre de Coubertin est né à Paris en 1863. Issu d'une famille de la noblesse, héritier d'une fortune importante, il est éduqué par les jésuites. Pourtant, il devient un républicain modéré, s'éloignant ainsi des traditions familiales. Il sera d'ailleurs un ferme soutien des entreprises coloniales de la IIIe République.

Il semble que son voyage en Grande-Bretagne, en 1883, ait déterminé sa carrière. Fin lettré et historien, il se consacre alors à répandre ses idées éducatives. Il écrit en 1888, après son deuxième séjour (notamment à Rugby), le premier de ses nombreux livres, *L'Éducation anglaise*. Il y défend l'importance du sport dans l'éducation, et de l'histoire comme formatrice pour les jeunes esprits. Son mentor est l'Anglais Thomas Arnold qui lui insuffle sa passion de faire revivre l'olympisme. C'est chose faite en 1894 lorsque naît à Paris le premier Comité international olympique et qu'est décidée la tenue des premiers Jeux de l'ère moderne à Athènes. Il s'agit de créer une compétition internationale et individuelle excluant tout nationalisme malsain. Le baron voit l'œuvre de sa vie naître en 1896 à Athènes. Toutefois sa création lui échappe rapidement. Dès 1900 à Paris, puis en 1904 à Saint Louis, les pouvoirs publics prennent les choses en main et les Jeux se révèlent des fiascos en marge notamment de l'Exposition universelle de 1900. Coubertin doit d'ailleurs accepter la présence d'athlètes féminines, ce qu'il avait toujours combattu… La montée des nationalismes puis la Première Guerre mondiale font des Jeux des compétitions patriotiques, loin de l'esprit initial. Paradoxalement, Coubertin, qui avait quitté le CIO en 1924, accueillera avec une certaine chaleur les Jeux de 1936, summum des dérives nationalistes et racistes. L'attachement indéfectible des dirigeants nazis au sport a sans doute aveuglé son jugement.

n°68

Charles Baudelaire

« Pour n'être pas les esclaves martyrisés du Temps, enivrez-vous ; enivrez-vous sans cesse ! De vin, de poésie ou de vertu, à votre guise. »

« Le roi des poètes, un Dieu vrai » pour Rimbaud ; un « génie » pour T. S. Eliot. Baudelaire le maudit, Baudelaire le goûteur de haschisch, Baudelaire le révolutionnaire qui hait le peuple ennemi du « beau », Baudelaire qui a révolutionné la poésie moderne. Solitaire jouissant de la haine de ses contemporains, volontiers méprisant, puisant la chair de ses poèmes dans les souffrances des autres autant que dans les siennes, il est l'incarnation de l'artiste maudit jusque dans sa mort pour cause de syphilis.

En France et dans le monde

L'impact artistique de Baudelaire ne se ressent pas seulement en France. Partout à travers le monde, ses vers ont révolutionné l'art de la poésie. En Allemagne, Walter Benjamin a traduit ses poèmes et publié un essai critique sur son œuvre ; en Autriche, il a inspiré Rilke et aux États-Unis, il a contribué à faire connaître les écrits d'Edgar Allan Poe. Son influence s'est aussi ressentie dans la musique, puisqu'il fut l'un des défenseurs de Wagner, incompris à ses débuts. Plus récemment, le groupe de black metal italien, Théâtre des vampires, a « chanté » les *Litanies de Satan*. La France, après l'avoir condamné – *Les Fleurs du mal* ont été en partie censurées jusqu'en 1949 –, l'a placé au panthéon de sa littérature. Si l'on retient trop souvent *L'Albatros* ou *Le Chat*, bien peu subversifs pour des oreilles enfantines, au détriment de ses écrits plus violents, il est enseigné dans tous les lycées, et nombre d'écoles ou de collèges portent son nom. Debussy a mis en musique quelques-uns de ses textes et Léo Ferré l'a chanté, tout comme Gainsbourg, Juliette Gréco, ou Mylène Farmer. Mort dans la misère et ostracisé par la plupart de ses contemporains, il aura cependant une longue reconnaissance posthume d'artiste maudit !

Ce qu'il faut retenir

Charles Baudelaire aurait dû connaître une vie rangée, bourgeoise et bien-pensante. Né à Paris en 1821, orphelin de père dès l'âge de six ans, le remariage de sa mère avec le chef de bataillon Jacques Aupick, futur ambassadeur et sénateur, lui promettait un avenir sans souci. Détestant son beau-père, volontiers frondeur malgré l'amour exclusif qu'il porte à sa

génitrice, il n'aura de cesse de décevoir les espoirs que sa famille place en lui. Renvoyé de Louis-le-Grand à quelques mois du bac, il décide de passer l'examen seul et l'obtient. Plutôt que de « faire son droit », le jeune homme clame sa volonté d'être écrivain. Il fréquente bientôt la bohème parisienne (Nerval, Balzac...) et s'amourache d'une demi-mondaine. Pour lui faire acquérir les bonnes manières et lui ôter le goût du vice, sa famille l'envoie à Calcutta, en Inde. Peine perdue. Non seulement, il s'installe à La Réunion, mais il découvre dans l'océan Indien, les plaisirs sensuels des jolies créoles. Revenu à Paris sans s'être assagi le moins du monde, il fréquente les théâtres et s'éprend de Jeanne Duval, jolie métisse qui lui inspirera de nombreux poèmes... et lui soutirera beaucoup d'argent. Ayant hérité d'une partie de la fortune paternelle, il s'emploie aussitôt à la dilapider en jouant les dandys, tout en écrivant ses premiers poèmes. En 1844, il est placé sous tutelle et le restera toute sa vie.
Critique d'art, il publie son *Salon de 1845* et défend Delacroix tout en s'en prenant aux artistes officiels comme Vernet. Ce sera d'ailleurs, jusqu'en 1859, son activité essentielle, dans les arts plastiques aussi bien qu'en littérature ou en musique. Après une tentative de suicide, il ne cesse de courir Paris pour fuir ses créanciers tout en s'enfonçant dans l'alcool et le spleen. En 1848, il participe aux barricades, clamant à tout vent qu'il faut « fusiller le général Aupick ». Journaliste, il écrit dans diverses revues républicaines et commence à traduire les textes de Poe. Méprisant Napoléon III, il s'accommode cependant bien vite de son régime. En fait, il déteste toute forme de morale qu'elle soit « socialiste » ou « bourgeoise ».
En 1857, paraît un petit volume qui, bien que tiré à 1300 exemplaires seulement, suscite très vite le scandale : *Les Fleurs du mal*. Condamné, en partie censuré, le recueil de poésie s'échange très vite sous le manteau, car la censure a fait une excellente publicité. Atteint de la syphilis depuis le milieu des années 1840, il soulage ses douleurs par l'opium ou l'éther, ce qui n'arrange pas sa santé. Réconcilié avec sa mère après le décès d'Aupick, il n'en continue pas moins à vivre seul et dans

le dénuement (« Plus je deviens malheureux, plus mon orgueil augmente »). Cela ne l'empêche pas de poser sa candidature, lui le rebelle, à l'Académie française où il n'obtient pas une seule voix… Ami d'Alfred de Vigny, il publie dans *Le Figaro* le *Spleen de Paris* ou les *Petits Poèmes en prose* dont la parution est très vite interrompue. En 1864, il part pour la Belgique et s'efforce, vainement, de vivre de ses conférences. Plein de haine et de mépris pour la plupart de ses contemporains, il est foudroyé par une attaque en 1866. Hémiplégique, muet, perclus de souffrance, il meurt à Paris un an plus tard. L'homme qui a bouleversé la poésie en proclamant que tout peut être son sujet, en s'inspirant de la souffrance, de la misère ou de la folie, qui a offert l'un des premiers exemples de littérature urbaine avec ses poèmes en prose, est enterré aux côtés de son beau-père tant détesté.

n° 69

Simone de Beauvoir

« La femme n'est victime d'aucune mystérieuse fatalité : il ne faut pas conclure que ses ovaires la condamnent à vivre éternellement à genoux. »

Philosophe, romancière, essayiste, le « Castor », comme l'appelaient ses amis, a aussi bien marqué les lettres françaises que la société occidentale de la seconde moitié du XXe siècle. Moins flamboyante que celle de son compagnon Jean-Paul Sartre, plus ancrée dans le réel, son œuvre est incontournable pour toute réflexion sur la condition féminine. Son personnage de femme amoureuse et libre, néanmoins soumise à son « amour nécessaire », et d'amante multipliant les liaisons sans souci d'orthodoxie sexuelle, reste étonnamment moderne et sulfureux.

En France et dans le monde

Beauvoir à l'étranger, c'est d'abord et avant tout *Le Deuxième Sexe*, bible des féministes américaines, puis du monde entier. Vendu à plus d'un million d'exemplaires aux États-Unis dans les années 1970, le livre est à l'origine des *gender studies* qui font florès dans les universités anglo-saxonnes, même si, pour certains, ses thèses sont en partie dépassées. Sa liaison avec son amant américain, le romancier Nelson Algren, et son séjour aux États-Unis la rapprochent de la société américaine. Toutefois on glose beaucoup sur sa bisexualité (toujours difficilement acceptable outre-Atlantique) voire sur sa pédophilie et ses liaisons avec ses jeunes élèves. On en fait aussi, à l'excès, la victime du machisme de Sartre dont elle aurait largement inspiré la philosophie. Sa célébrité s'étend à tout le monde occidental ; la meilleure spécialiste en est probablement l'Allemande Ingrid Galster, enseignante à l'université de Paderborn. Sa mort et son inhumation seront commentées sur toute la planète. La France ne l'a pas oubliée non plus. Le couple mythique qu'elle formait avec Jean-Paul Sartre a fait l'objet de deux téléfilms à l'occasion des vingt ans de sa mort. Son combat pour les femmes, pour la contraception et l'IVG, fait d'elle un exemple pour les féministes. Mais ce serait oublier sa réflexion précoce sur l'euthanasie et ses engagements politiques, notamment pour l'indépendance de l'Algérie, qui prouvent qu'elle n'est pas la femme d'un seul combat.

Ce qu'il faut retenir

Simone de Beauvoir naît en 1908 à Montparnasse dans une famille bourgeoise et catholique. La Première Guerre mon-

diale précipite sa famille dans la gêne et la jeune fille va « devoir travailler ». Brillante élève d'une institution catholique, très pieuse jusqu'à l'adolescence, elle se sent, dès l'âge de quinze ans, une vocation d'écrivain. Étudiante en lettres et en mathématiques, elle fait la rencontre de Sartre en préparant l'agrégation de philosophie. Reçue seconde (derrière Sartre), elle devient vite son amante. De là naissent leur relation peu commune (les « amours nécessaires » n'excluant pas les « amours contingentes ») et leur complémentarité intellectuelle. Beauvoir n'épouse pas Sartre mais sa philosophie.
Professeur à Marseille puis à Rouen et à Paris, Simone mûrit sa réflexion. En 1939, la guerre sépare momentanément les deux intellectuels. En 1943 paraît son premier roman, *L'Invitée*, qui connaît le succès. Exclue de l'Université pour des raisons idéologiques, elle subsiste grâce à son travail pour Radio nationale (RN). De même que Sartre, elle n'a pas toujours été très exigeante sur les conséquences morales de son travail pour une radio qui offre à Philippe Henriot, collaborationniste notoire, de s'exprimer. Réintégrée à la Libération, elle participe à la fondation de la revue *Les Temps modernes* et s'engage dans les combats de Sartre. Les succès de ses romans et de ses essais (*Les Mandarins*, prix Goncourt 1954, *Le Deuxième Sexe* mis à l'Index par le Vatican...) lui assurent l'indépendance financière et lui permettent de se consacrer à l'écriture et au combat politique.
Aux côtés de Sartre, elle se bat pour le Vietnam, l'Algérie ou encore la libération de la femme. Tout en ayant une longue liaison avec Claude Lanzmann, elle entreprend son autobiographie (*Mémoires d'une jeune fille rangée, La Force de l'âge*...) et continue à réfléchir tant sur la vieillesse que sur la mort (*Une mort très douce*, 1963). Son œuvre multiple suscite la controverse lorsqu'elle évoque longuement sa relation avec Sartre après la mort de celui-ci (*La Cérémonie des adieux*, 1980). Elle meurt en 1986 et rejoint son compagnon de toujours dans le caveau du cimetière Montparnasse, quartier où elle aura passé la plus grande partie de sa vie.

n° 70

Jean Cocteau

« *La France a toujours cru que l'égalité consistait à trancher ce qui dépasse.* »

Poète, écrivain, dramaturge, cinéaste admiré à travers le monde entier, véritable pygmalion, l'artiste est inclassable et l'homme impénétrable. De ses débuts à la Belle Époque, à sa mort en 1963, Jean Cocteau a su dépasser toutes les modes sans jamais se réduire à l'une d'entre elles.

En France et dans le monde

Ami de Picasso, de Dalí, de Chaplin, de Diaghilev, amant de Radiguet et d'une princesse russe, Cocteau a toujours eu des activités et des relations internationales. Une grande partie de ses œuvres a été traduite dans de nombreuses langues et deux de ses longs-métrages, *La Belle et la Bête* et *Orphée*, ont été classés en 2010 parmi les cent meilleurs films par le magazine britannique *Empire*. Les *Cocteau Twins*, groupe de rock anglais, n'ont jamais caché leur admiration pour l'auteur français... *Parade*, son ballet de 1917, est reconnu partout comme la première œuvre surréaliste. En France, il a été de toutes les vagues culturelles jusqu'à sa mort. Aujourd'hui, son aura sulfureuse est oubliée et il fait partie du patrimoine, comme en témoignent les nombreuses rues qui portent son nom. Il n'en reste pas moins un modèle de créateur multiforme qui a inspiré aussi bien la Nouvelle Vague au cinéma que le théâtre contemporain. Ses films, comme *Le Sang d'un poète*, n'ont rien perdu de leur force subversive.

Ce qu'il faut retenir

Jean Cocteau est né en 1889 à Maisons-Laffitte. Ses origines bourgeoises ne le mettent pas à l'abri du malheur. Son père se suicide lorsqu'il n'a que neuf ans et, fils unique, il sera élevé et choyé toute sa vie par sa mère. Très tôt, il est passionné de théâtre, et attiré par les artistes – Mistinguett se vantera de ses relations troubles avec lui lorsqu'il était adolescent –. Cocteau porte peu d'intérêt aux études. À seize ans, il fugue plusieurs semaines dans le Vieux Port de Marseille, un des quartiers les plus mal famés de l'époque. Il en revient, selon ses propres termes, « affranchi ». Après avoir raté deux fois son bac, il fait la connaissance du tragédien De Max, qui le lance dans le grand monde en faisant lire ses premiers poèmes ; Cocteau devient alors célèbre. Menant une vie de bohème, il publie deux recueils de poésie et joue les dandys extravagants. Intime de Sarah Bernhardt, ami d'Anna de Noailles, sa rencontre avec Diaghilev et ses Ballets russes est déterminante : il va collaborer avec lui durant de longues années, dessinant des décors, écrivant des livrets de ballet, cherchant des fonds…

En 1917, c'est le scandale de *Parade* avec Picasso et Satie, pièce inclassable à laquelle Apollinaire attribue l'épithète de surréaliste. Entre-temps, il a été infirmier pendant la guerre (il est réformé depuis 1910) ce qui lui inspire son roman *Thomas l'imposteur* en 1923. Après la guerre, il continue à publier des romans et fait jouer à Londres son *Bœuf sur le toit*. Le voilà célèbre à travers l'Europe. En 1918, il rencontre le jeune Raymond Radiguet dont il devient le pygmalion. Il œuvre pour que son *Diable au corps* qui deviendra un succès littéraire majeur soit édité. La mort en 1923 de son jeune amant l'anéantit. Il plonge dans l'opium et verse un moment dans le mysticisme chrétien, c'est à cette époque qu'il écrit *Orphée* et *L'Ange Heurtebise*.

Figure centrale du Tout-Paris des arts et de la poésie, il alterne cure de désintoxication et création littéraire (*Les Enfants terribles*, 1929), rechute dans la drogue et production théâtrale (*Les Parents terribles*, 1938), liaisons homosexuelles et vie de couple avec une princesse russe ! En 1937, une troisième rencontre, celle de Jean Marais, aboutit à une véritable rédemption. En 1939, usé par son addiction à l'opium, il entame une dernière cure. Détesté par l'extrême droite, il n'en salue pas moins son ami Arno Brecker, sculpteur officiel du IIIe Reich ! Inquiété puis disculpé à la Libération, il reprend ses activités. Théâtre (*L'Impromptu du Palais-Royal*), cinéma (*La Belle et la Bête*, *le Testament d'Orphée*…), poésies, scénarios, graphisme, il continue de toucher à tout avec un inégal bonheur et des éclairs de génie. Ultime témoignage d'un homme qui dit avoir toujours vécu pour l'amitié, il meurt le 11 octobre 1963, terrassé par la nouvelle du décès de son amie Édith Piaf.

n° 71

Murat

« Soldats ! Faites votre devoir ! Droit au cœur mais épargnez le visage. Feu ! »

C'est en commandant le peloton d'exécution qui l'envoie à la mort en ce 13 octobre 1815 que Joachim Murat clôt son histoire. Sabreur magnifique, surnommé « le plus beau cavalier de l'Empire », souverain dévoué à son royaume, ce fils d'aubergistes de Labastide-Fortunière est devenu une véritable légende.

En France et dans le monde

Le roi de Naples est parfois vu comme l'un des premiers martyrs de la lutte pour l'unité de la nation italienne et sa défaite de Tolentino en 1815 contre les Autrichiens est considérée comme le premier combat de la lutte pour l'indépendance de la péninsule. Sa statue orne la façade du palais royal de Naples sur la place du Plébiscite au côté de celle de Victor-Emmanuel et un film de 2006 (*Fuoco su di me*) en fait l'un de ses personnages principaux. L'université de Bari accorde, tous les deux ans, un prix Murat, destiné à récompenser un roman français moderne. La France, quant à elle, a une vision plus ambiguë du personnage. On applaudit ses charges héroïques et on idéalise le panache du guerrier romantique tout en critiquant les erreurs stratégiques du souverain qui a trahi Napoléon. C'est oublier néanmoins tout ce que l'Empereur doit à des hommes tels que Murat qui ne l'a presque pas quitté, tout au long de son épopée.

Ce qu'il faut retenir

Onzième et dernier enfant d'un couple d'aubergistes et de notables du Lot, le jeune Joachim naît en 1767. Envoyé au collège de Cahors puis au séminaire de Toulouse, il est destiné à une carrière ecclésiastique. L'habit religieux ne lui convient guère et le jeune homme fera le mur plus souvent qu'à son tour. Renvoyé en 1787, il conserve de ses études une solide formation intellectuelle (il connaît le latin et le grec) bien différente en cela de son image de soudard brutal. Il s'engage alors dans le régiment de cavalerie des chasseurs à cheval, mais son caractère frondeur le fait renvoyer très vite. Il profite de la Révolution pour se faire connaître dans son canton, et fait partie des représentants de son département à la fête de la Fédération.

Il retrouve son régiment en 1791 puis entre brièvement dans la garde constitutionnelle de Louis XVI qu'il quitte en dénonçant son caractère aristocratique. Revenu chez les chasseurs, il connaît une ascension rapide : maréchal des logis en 1792, il est chef d'escadron un an plus tard. La chute de Robespierre freine la carrière de ce républicain intransigeant. Le 13 vendémiaire 1795 lui donne sa chance. En apportant à Bonaparte les canons qui lui permettent d'écraser les royalistes, il gagne un appui précieux. Attaché au nouveau héros, il progresse de façon fulgurante. La campagne d'Italie dans laquelle il se distingue le fait général de brigade. C'est aussi l'époque où il croise pour la première fois sa future femme, Caroline Bonaparte. Il prouve ses qualités de meneur de la cavalerie à l'occasion de l'expédition d'Égypte, en jouant notamment un rôle déterminant lors de la bataille d'Aboukir, et devient général de division. Rentré en France avec Bonaparte, il participe de façon décisive au coup d'État du 18 brumaire en expulsant les députés du Conseil des Cinq-Cents. Pour lui manifester sa reconnaissance, Bonaparte lui permet d'épouser sa sœur en 1800. Ce mariage sera très chaotique tant Caroline se montre autoritaire et dotée d'un fort appétit pour la gent masculine…

La campagne de Marengo, dans laquelle il commande à nouveau la cavalerie, le fait chevaucher jusqu'à Naples. Maréchal en 1804, il réside désormais au palais de l'Élysée et accumule les honneurs. À Ulm, à Austerlitz, sa bravoure et son sens tactique font pardonner ses errements stratégiques. Il n'hésite pas à arborer des uniformes chamarrés magnifiques qui le font reconnaître de loin par ses ennemis. Placé à la tête du grand-duché de Berg, il ne jouit pas du repos.

En 1806 contre la Prusse, en 1807 en Pologne, il sert partout l'Empereur. À Eylau, il sauve l'armée grâce à la charge la plus célèbre de l'histoire militaire. En 1808, il part pour l'Espagne comme lieutenant de Napoléon. Il y réprime la célèbre insurrection du Dos de Mayo, mais doit renoncer à la couronne de Madrid et obtient celle de Naples. Accueilli avec chaleur par la population, il lance de profondes réformes : Code civil, suppression de la féodalité, ébauche d'une redistribution des terres, création d'une armée nationale, fouilles d'Herculanum… Le roi de Naples parvient à gagner une réelle popularité en réprimant le brigandage, en améliorant l'urbanisme de sa capitale et en chassant de Capri les Anglais du général Lowe (le futur geôlier de Napoléon…).

Cependant, sa volonté de mener une politique autonome le brouille avec l'Empereur qui l'accable de son mépris et ne le soutient pas dans ses tentatives de conquête de la Sicile. Il cherche à réserver les emplois de fonctionnaire à ses compatriotes et prend des contacts avec les mouvements nationalistes italiens. Il souhaite aussi développer une agriculture spécifique (coton, sucre…) mais se heurte une nouvelle fois à l'Empereur qui refuse d'assouplir le Blocus continental, désastreux pour les exportations napolitaines. Bien que brouillé avec lui (et avec son épouse Caroline qui multiplie les infidélités), il participe à la campagne de Russie dans laquelle il fait preuve de son courage habituel, cependant il ne parviendra pas à préserver la cavalerie. Après la retraite, il abandonne l'armée que lui a confiée l'Empereur et regagne son royaume. Il s'efforce de maintenir son trône au milieu de la défaite française en négociant avec les Autrichiens. Lors de la période des Cent-Jours, Murat veut se rallier à son beau-frère et lance un appel solennel à l'unité italienne. Sa tentative désespérée de reconquérir la couronne, en octobre 1815, est une preuve de son incroyable courage et de son attachement sincère à son royaume d'adoption. Mais, seul et sans appui, il est fait prisonnier par les monarchistes et il est exécuté après un simulacre de procès.

n° 72

Aliénor d'Aquitaine

“ *J'ai épousé un moine.* ”

se plaint la jeune et belle reine de France et duchesse d'Aquitaine, Aliénor. Peu de femmes sont aussi célèbres. Elle a marqué l'histoire des deux royaumes de France et d'Angleterre. Autoritaire, intelligente, raffinée et voluptueuse, femme de tête et reine de fer, épouse volage puis femme délaissée, Aliénor est au cœur de la première guerre de Cent Ans qui oppose Capétiens et Plantagenêts jusqu'au règne de Saint Louis.

En France et dans le monde

C'est au Royaume-Uni et aux États-Unis que la duchesse-reine est la plus célèbre. Intégrée à l'enseignement du Moyen Âge, elle a fait l'objet, pour le huit centième anniversaire de sa mort, de nombreuses biographies et études. Elle est aussi une figure du cinéma et de la littérature populaire. Jouée par Katharine Hepburn en 1968 (*The Lion in Winter*), elle apparaît aussi en second plan dans les innombrables adaptations de *Robin des Bois* ou *Ivanhoé*. La dernière en date (*Robin Hood* en 2010) la voit interprétée par Eileen Atkins. Shakespeare l'a mise en scène dans *Le Roi Jean*, et elle est le personnage principal de *The Queen's Pawn* paru en 2010. Mère courage pour les Anglais, elle est beaucoup moins bien vue de l'autre côté de la Manche. Elle a probablement cocufié son époux et roi et, surtout, a offert l'Aquitaine à la Perfide Albion ! Dès le Moyen Âge, les chroniqueurs royaux se sont empressés de salir son image afin de dévaloriser son clan et de rehausser le prestige de la famille royale. Accusée de tous les maux (y compris d'avoir fauté avec Saladin, un infidèle), elle devient une pécheresse à la cuisse légère et aux mœurs méridionales luxurieuses. Mais son destin fascine toujours et prouve que le Moyen Âge, s'il était un monde d'hommes, pouvait aussi laisser leur place à des maîtresses femmes.

Ce qu'il faut retenir

Aliénor est sans doute née en 1122. Fille du duc Guillaume X d'Aquitaine, elle hérite du duché à la mort de celui-ci en 1137. Placée sous la garde de son suzerain, le roi de France Louis VI, elle épouse la même année son héritier, Louis VII. Le jeune couple (le roi n'a que dix-sept ans) est désormais à la tête de l'ensemble territorial le plus puissant d'Occident. La jeune femme déplaît très vite à la cour, où elle a une réputation de légèreté très usurpée. Venue du pays des troubadours, où l'amour courtois commence à se répandre (son grand-père composait des poèmes), elle détonne dans ce milieu masculin aux mœurs assez rudes qu'est la cour du roi de France. On y accepte assez mal ses dépenses de toilettes et ses interventions politiques ; elle aurait peut-être joué un rôle dans l'annulation du mariage entre le sénéchal Raoul de Vermandois et la fille du comte de Blois afin que le premier puisse épouser sa sœur Pétronille, ce qui entraîna une querelle entre les deux familles, et l'excommunication des deux nouveaux époux ! Plus grave encore, la jeune reine, si elle donne deux filles à son mari, n'accouche pas d'un héritier. À une époque où la dynastie reste fragile, c'est une hypothèque inacceptable sur son avenir.

C'est la croisade de 1147-1149 qui provoque la rupture. Accompagnant son royal mari, elle retrouve en Terre sainte son oncle, le beau prince d'Antioche. Liaison véritable ou affection familiale, sa conduite fait jaser et jette le discrédit sur le roi. La reine, qui n'a jamais supporté la froideur de son époux, le menace de séparation au nom de leur consanguinité (relative, ils sont parents au neuvième degré…). C'est une véritable affaire politique qui prend fin avec l'intervention du pape. La querelle, un temps apaisée à leur retour, rebondit. Louis VII n'a toujours pas de fils, et la reine n'est pas insensible aux charmes du bel Henri Plantagenêt, duc de Normandie et comte d'Anjou, de douze ans son cadet. Son mariage est finalement annulé en 1152, et Aliénor s'empresse d'épouser (huit semaines plus tard !) son nouveau soupirant. Le coup est d'autant plus terrible pour le royaume qu'Henri devient en 1154 roi d'Angleterre et maître d'un véritable empire.

Aliénor donnera à son mari huit enfants dont cinq garçons. Entre deux grossesses, elle réside essentiellement en Aquitaine où elle gouverne pour son mari un duché très attaché à son autonomie et peu enclin à obéir à son nouveau maître. Entourée à Poitiers d'une cour brillante de poètes et d'artistes, elle est délaissée par le roi qui la trompe allègrement. Soutenant ses fils qui s'impatientent pour leur héritage, elle les pousse à la révolte contre leur père et n'hésite pas à les inciter à s'allier avec… Louis VII ! Leur révolte de 1174 est brisée et Aliénor se retrouve en résidence surveillée pendant quinze ans. À la mort de son époux en 1189, elle est libérée sur ordre de son fils préféré et nouveau roi, Richard Ier Cœur de Lion. À soixante-six ans, elle reprend les rênes de la politique ; elle est nommée régente du royaume en l'absence de sa royale progéniture, partie à son tour en croisade. En 1193, c'est elle qui rassemble la rançon de Richard, prisonnier de l'empereur Henri VI et la porte à Mayence. Elle se retire ensuite à l'abbaye de Fontevraud. Mais la mort du roi en 1199 (il agonise dans ses bras) la ramène au premier plan. Ce sont alors Jean (devenu Jean Ier) et son petit-fils Arthur de Bretagne qui se déchirent sous l'œil ravi du roi de France Philippe II. À soixante-dix-huit ans, la vieille reine est même assiégée par Arthur à Mirebeau dont elle organise la défense. Avant de mourir en 1204, elle aura le temps d'assister à la disparition de son petit-fils, éliminé sur l'ordre de Jean.

n° 73

Mazarin

« *Cache tes colères, un seul accès nuira plus à ta renommée que toutes les vertus ne pourront l'embellir.* »

Giulio Mazarini, devenu Premier ministre, est l'un des plus beaux exemples d'intégration en France d'un étranger de basse extraction. Non seulement il fit de la France la première puissance européenne et mit fin à la suprématie des Habsbourg mais il laissa au jeune Louis XIV un royaume de France unifié, pacifié et considérablement agrandi. Il est l'un des plus grands hommes d'État du XVIIe siècle, un cardinal qui mériterait probablement d'entrer au Panthéon…

En France et dans le monde

Comme Richelieu, Mazarin a la malchance d'avoir été immortalisé par Dumas. Dans *Vingt ans après* comme dans *Le Vicomte de Bragelonne*, le Premier ministre est un homme retors dont la faiblesse et le goût pour les intrigues tortueuses sont la caractéristique principale. C'est ainsi qu'il est dépeint dans d'innombrables films américains notamment *Le Retour des mousquetaires* (film de Richard Lester, 1989). Pour les Espagnols, il est une caricature de figure noire : le cardinal qui n'est pas prêtre, l'Italien devenu Français et dont l'amour pour sa nouvelle patrie n'est plus à démontrer, l'hispanophobe qui leur a arraché l'Artois et le Roussillon et a provoqué la fin de l'empire des Habsbourg. En France comme ailleurs, en dehors des historiens, son image est celle du cardinal intrigant et fasciné par la richesse. Image singulière pour celui qui déclarait sur son lit de mort « Je ne suis pas né sujet du roi, mais je crois pouvoir véritablement m'imaginer que les Espagnols m'ont canonisé Français, en sorte que c'est justement qu'on peut me permettre d'appeler la France ma patrie. » Entre les élucubrations de Dumas et les films historiquement faux comme *La Fille de d'Artagnan* de Bertrand Tavernier, le cardinal n'est guère apprécié malgré un rôle fondamental dans l'histoire de notre pays. Il est vrai que la République est un régime où la pourpre et le pouvoir n'ont jamais fait bon ménage…

Ce qu'il faut retenir

Giulio Mazarini naît à Pescina, petit village des Abruzzes en 1602. Son père, Pietro Mazarini, est un domestique de Filippo Colonna, grand connétable du royaume de Naples. C'est cette protection qui lui permet d'effectuer de brillantes études au collège jésuite de Rome, puis de suivre le fils de son protecteur Girolamo Colonna, à l'université de Madrid pour y apprendre le droit. Bel homme, il charme son entourage par son énergie, sa souplesse d'esprit parfois proche de la flatterie et son élégance raffinée. Nommé capitaine dans l'armée pontificale, il s'y fait remarquer par son intelligence supérieure et son autorité. Mais il ne fera pas carrière dans le métier des armes : en octobre 1630, il devient secrétaire du nonce pontifical à Milan et obtient par un coup d'audace (il chevauche entre les deux armées) une trêve franco-espagnole. Distingué par Richelieu, il peut espérer atteindre plus hautes destinées. En 1639, Mazarin obtient ses lettres de naturalisation et passe ouvertement au service de Richelieu qui lui obtient le chapeau de cardinal en 1641. Avant de mourir, le cardinal de fer le recommande au roi ; il deviendra ainsi le ministre principal sous la régence d'Anne d'Autriche à la mort de Louis XIII.

Devenu le parrain du futur Louis XIV, Jules Mazarin se montre l'homme incontournable. On ne saura probablement jamais si les relations de Mazarin avec la reine mère ont dépassé le stade de l'amour platonique. À quarante et un ans, le cardinal a pratiquement tous les pouvoirs. Si la guerre de Trente Ans se termine victorieusement en 1648, avec l'affaiblissement des Habsbourg et l'annexion de l'Alsace, les ponctions fiscales et les tensions politiques mènent à la guerre civile. Durant cinq ans (1648-1652), la Fronde divise le pays et sème la désolation. Alliant souplesse et fermeté, Mazarin circonscrit peu à peu les troubles, il réussit à conserver son pouvoir et à maintenir l'autorité royale. Une fois les oppositions brisées, il conclut victorieusement la guerre contre l'Espagne par le traité des Pyrénées en 1659, qui apporte l'Artois et le Roussillon à la France. S'il n'oublie pas de servir sa propre fortune, il se révèle un mécène généreux et un excellent mentor pour son filleul Louis XIV. Mazarin prouve son sens de l'État lorsqu'il privilégie l'intérêt du royaume à celui de sa jeune nièce, Marie Mancini dont le roi est amoureux. Mazarin, inflexible, met fin à leur idylle et convainc Louis XIV d'épouser l'infante d'Espagne Marie-Thérèse. Le roi éprouve une grande affection filiale pour le cardinal. Le jour de sa mort, le 9 mars 1661, il déclare : « Si son langage n'est pas français, son cœur l'est entièrement. » Comme pour un monarque, toute la cour prit le deuil de celui qu'elle avait brocardé si souvent en l'appelant « le Sicilien »...

n° 74

Claude Lévi-Strauss

« Au XIXe siècle, le système de valeurs de la France représentait pour l'Europe et au-delà, un pôle d'attraction… »

L'anthropologue est devenu un mythe vivant avant même d'être une icône disparue, son travail demeure la pierre angulaire de toute réflexion sérieuse en sciences humaines et sociales aussi bien qu'en philosophie. Inclassable, scientifique doué d'un grand talent littéraire, il est probablement l'un des penseurs français contemporains les plus connus au monde avec Camus et Sartre. Retenons simplement que, dans la pensée contemporaine mondiale, il y a un avant et un après Lévi-Strauss.

En France et dans le monde

Docteur *honoris causa* de nombreuses universités, traduit dans toutes les langues, enseigné dans tous les pays, Lévi-Strauss est, pourrait-on dire, l'incarnation de l'anthropologie et le seul représentant de cette science sur lequel le grand public puisse mettre un nom. Sa mort a donné lieu à d'innombrables articles dans tous les journaux du monde. Du *New York Times* au *Quotidien du peuple*, du *Times* à *Globo*, de *El Watan* à la *Pravda*, tous se sont accordé à reconnaître son immense empreinte. Les États-Unis s'enorgueillissent de l'avoir accueilli en 1941 et de lui avoir fourni, outre une somme de documents sur les Amérindiens, les bases de sa réflexion scientifique avec Franz Boas. Les Brésiliens sont fiers de lui avoir donné son premier poste de professeur à l'université de São Paulo, et le cadre de ses premières recherches sur le terrain. Le monde de l'islam est plus partagé. Si l'Algérie reconnaît sa réflexion anticoloniale et son ouverture, de nombreux musulmans n'acceptent que difficilement certains de ses propos sur leur religion, notamment dans *Tristes Tropiques*. En France, le chercheur est un monument national. Il est l'un des rares à entrer dans la Pléiade de son vivant et, au moment de son centenaire, il a eu l'honneur de recevoir la visite du chef de l'État. Incontournable dans les enseignements du lycée, mandarin de l'Université, le chercheur volontiers iconoclaste n'a jamais boudé les honneurs. Il reste, pour la plupart, l'incarnation du grand intellectuel, et du moraliste qui, comme Diderot, nous renvoie sans cesse à notre propre réflexion.

Ce qu'il faut retenir

Claude Lévi-Strauss naît à Bruxelles en 1908. Installé avec sa famille à Paris, il poursuit des études brillantes en droit puis en philosophie, tout en militant à la SFIO. Agrégé de philosophie en 1931, il entame une carrière d'enseignant qu'il abandonne très vite. Sa chance est d'obtenir un poste en sociologie à la toute nouvelle université de São Paulo en 1934. Durant cinq ans, il va se frotter aux multiples exigences, physiques et intellectuelles, de son nouveau métier. C'est la rencontre avec les Nambikwara qui lui offrira la matière de ses premières recherches. Mobilisé en 1940, il réussit à fuir la France en 1941 après sa révocation en raison des lois raciales de Vichy. Réfugié à New York, il rejoint la France libre et participe à la création de l'École libre des hautes études où il rencontre le grand maître de la linguistique : Roman Jakobson. C'est là aussi qu'il découvre les travaux d'anthropologues américains telle Margaret Meade. Attaché à l'ambassade de France entre 1945 et 1948, il publie en 1949 sa thèse, *Les Structures élémentaires de la parenté*. Ce texte fondamental donne naissance au structuralisme, même s'il s'est toujours défendu d'avoir institué une école, se définissant plutôt comme un théoricien des méthodes de travail.

En quelques années, avec *Race et histoire* (1952), *Tristes Tropiques* (1955) et *Anthropologie structurale* (1958), il révolutionne l'anthropologie. Professeur à la future École des hautes études en sciences sociales, élu au Collège de France, partisan farouche du décloisonnement disciplinaire, il devient un scientifique reconnu dans le monde entier. Se consacrant aux mythes (avec les quatre tomes de *Mythologiques*), il produit en même temps une réflexion sur la nature même de l'objet de l'anthropologie (*La Pensée sauvage*, 1962). Hostile à toute idée d'une supériorité des peuples dits « civilisés », il révolutionne la vision dominante des civilisations sans écriture (les peuples « premiers »). Une controverse restée célèbre l'oppose à Sartre alors même qu'il se défend de toute systématisation et reste hostile aux chapelles de pensée. La consécration arrive avec l'élection à l'Académie française en 1973, qui ne l'empêche pas de poursuivre sa réflexion même après sa retraite en 1982 (*La Voie des masques*, 1975, *Regarder, écouter, lire*, 1993...). Scientifique et écrivain, ethnologue et philosophe, il incarne jusqu'à sa mort en 2009, la voie française si singulière de l'intellectuel et de l'exigence scientifique teintée de pessimisme...

n° **75**

Turenne

« Tu trembles carcasse, mais tu trembleras encore plus quand tu sauras où je te mènerai ! »

Turenne est le général qui a le plus contribué à la gloire militaire du siècle de Louis XIV. Il occupe le premier rang parmi les hommes de guerre français. Ce grand soldat qui ne cache pas sa peur, mais s'efforce de la maîtriser, tout en inventant de nouvelles tactiques pour surprendre ses adversaires reste pourtant une personnalité complexe. Il est de loin l'un des plus grands généraux de l'époque moderne et Napoléon lui-même l'a fait inhumer aux Invalides.

En France et dans le monde

Turenne est, pour les historiens anglo-saxons comme par exemple Geoffrey Parker, le plus grand général du XVIIe siècle. Sa longue carrière (elle commence à quatorze ans !) lui fait combattre les Hollandais, les Espagnols, les Habsbourg d'Autriche, divers États allemands et l'a conduit en Italie. Partout il remporte des victoires et toujours, il apprend de ses défaites. Il est le dernier général de son temps à privilégier les batailles aux sièges, la mobilité à la sécurité. En France, sa gloire est telle que son cercueil est inhumé tout d'abord dans la basilique de Saint-Denis. À la Révolution, bien que son tombeau ait été profané, son corps est relativement épargné et transporté au jardin des Plantes. Napoléon le cite sans cesse en exemple à ses officiers et la IIIe République le valorise comme sauveur de l'Alsace en 1674-1675. On en fait avec raison le modèle du soldat courageux et proche de ses hommes qui meurt sur le champ de bataille. Sa carrière n'est pas exclusivement militaire et son rôle politique auprès du roi fut important. Cependant, il est difficile de célébrer aujourd'hui un homme qui a passé sa vie sur les champs de bataille, dans une société pacifiste telle que la nôtre…

Ce qu'il faut retenir

À sa mort en 1675, les mauvaises langues diront des autres maréchaux de Louis XIV qu'ils ne sont que « la monnaie de Turenne ». Il est vrai qu'Henri de La Tour d'Auvergne, vicomte de Turenne, est incomparable. Second fils du duc de Bouillon et d'Élisabeth de Nassau, il naît en 1611. Élevé dans le protestantisme, il est formé tout jeune à l'art militaire par ses oncles maternels qui dirigent la révolte hollandaise contre les Espagnols. Se distinguant par son courage, il rejoint le service du royaume de France en 1630 où son grand nom et sa valeur lui obtiennent le commandement d'un régiment.

La guerre de Trente Ans dans laquelle le royaume s'engage à partir de 1635, lui donne l'occasion de s'illustrer : en Lorraine, en Alsace ou dans le Palatinat, sa réputation ne cesse de croître, notamment aux côtés du grand général Bernard de Saxe-Weimar. Envoyé en Italie entre 1639 et 1641, Turenne survit à la disgrâce de son frère aîné, accusé de complot au moment de l'affaire Cinq-Mars. Il est même nommé maréchal de France en 1643. Reprenant solidement en main les armées d'Allemagne, il les réorganise entièrement et les mène à la victoire contre l'Empire des Habsbourg. À la guerre étrangère s'ajoute la guerre civile. Lié au prince de Condé et amoureux de sa sœur, il rejoint pour un temps le camp des opposants au roi. Mais rapidement son sens du devoir reprend le dessus et dès 1651 il devient le chef des armées royales. C'est ainsi que Turenne défait le Grand Condé sous les murs de Paris. La guerre contre l'Espagne se poursuivant, il rejoint les frontières du nord et remporte la victoire d'Arras (1654) et celle des Dunes (1658). La paix des Pyrénées consacre le triomphe français.

Devenu maréchal général des armées du roi, il jouit de quelques années de paix avant de retrouver à nouveau les combats. Il s'empare de la Flandre espagnole en 1667 et en 1672 et dirige les armées royales aux côtés du Grand Condé rentré en grâce. La campagne d'Alsace de 1674-1675 est son chef-d'œuvre, elle fut longtemps enseignée dans les écoles militaires du monde entier. Après avoir ravagé la région du Palatinat, il affronte des ennemis largement supérieurs en nombre, et les défait au cours d'une magistrale manœuvre en plein hiver. Confronté au général des Impériaux, Montecuccoli, il est frappé d'un boulet lors de la bataille de Salzbach, le 27 juillet 1675. « Il fit encore une vingtaine de pas sur son cheval et tomba mort », rapporte un témoin… Mort comme il avait vécu, en pleine gloire !

n° 76

Arthur Rimbaud

« On n'est pas sérieux
quand on a dix-sept ans. »

Au-delà de la citation rebattue, Rimbaud est pour la littérature et la jeunesse du monde entier, un auteur révolutionnaire et le symbole de la révolte adolescente. Dix-sept années d'une vie morne à Charleville-Mézières, trois de création intense, de passion et d'excès et dix-sept ans d'errance ont suffi à faire du poète un mythe universel.

En France et dans le monde

Quoi de commun entre Patti Smith, Jim Morrison, The Clash, Arthur Honegger, Benjamin Britten ou encore le Japonais Ryuichi Sakamoto ? Peu de chose si ce n'est leur passion commune pour l'œuvre d'un homme qu'aucun d'entre eux n'a connu. C'est dire l'influence d'un poète dont la ville de Sendai au Japon commémora le centenaire de la mort par un colloque international. Le « Je est un autre » semble donc parler autant à l'âme nippone qu'à l'esprit de la jeunesse occidentale. Traduit dans toutes les langues, il reste cependant subversif et fréquemment censuré, notamment dans les monarchies théocratiques du Golfe, comme l'Arabie saoudite ou encore l'Iran. Le premier poète symboliste, le créateur du ver libre, pourrait encore aujourd'hui justifier sa révolte contre l'intolérance et le conformisme. En France, il appartient, au contraire, aux auteurs institutionnels de l'Éducation nationale. Si l'on propose souvent *Le Dormeur du val* comme message pacifiste aux plus jeunes et que l'on évite les œuvres les plus extrêmes, il fait cependant partie intégrante des programmes du lycée. Nombreux sont les artistes qui le citent ou le mettent en musique depuis Léo Ferré jusqu'à Jean-Louis Aubert ou encore Hubert-Félix Thiéfaine et l'homme a fait l'objet de plusieurs films et documentaires.

Ce qu'il faut retenir

« Les fleuves m'ont laissé descendre où je voulais » écrivait Rimbaud. Sa vie semble pourtant être un affrontement permanent avec les autres. Né en 1854 dans la torpeur de la province, sous le Second Empire, le jeune homme révèle très vite des talents littéraires exceptionnels, tout comme des sentiments d'écorché vif. Entre une mère au catholicisme conservateur et un père officier toujours absent, son enfance est difficile. Perturbé par la guerre de 1870, il fugue à plusieurs reprises pour gagner Paris. Il tente, sans succès dans un premier temps, de faire publier ses poèmes qui témoignent déjà de la maturité de son art (*Le Bateau ivre*), comme de son refus des formes classiques de plus en plus affirmé. Il finit par être présenté à Paul Verlaine en septembre 1871. Durant deux ans, une liaison passionnée et violente unit l'adolescent à son mentor. C'est à Bruxelles que s'achève leur histoire : Verlaine, ivre, blesse le jeune homme d'un coup de revolver. Ces deux années inspireront à Rimbaud, rentré à Charleville, *Une saison en enfer*.

Installé ensuite à Londres, il écrit son dernier recueil, *Illuminations*, à vingt ans. Il renonce alors à la littérature, persuadé désormais que la poésie est impuissante à changer la vie. Il mène ensuite une vie chaotique, cherchant sans succès à s'engager dans l'armée hollandaise ou la marine américaine, parcourant l'Europe et la Méditerranée tout en revenant parfois dans sa ville natale. Coupant peu à peu tous les ponts, il gagne la péninsule Arabique et la Corne de l'Afrique. Tour à tour explorateur, marchand de café et même trafiquant d'armes, il ne publiera plus une ligne tout en entretenant une abondante correspondance avec sa famille. En 1891, gravement malade, il se résout à regagner la France. Il est amputé de la jambe droite à Marseille et meurt le 10 novembre de la même année.

n° 77

Corneille

« Toujours, l'ambition déplaît quand elle est assouvie. »

« Ses défauts sont plus estimables que les qualités des autres », écrit Racine de Corneille. L'idole de tout un peuple, le premier auteur du Grand Siècle français, Corneille est le père de la plus célèbre tragédie de notre littérature et du monde. Le bourgeois rangé de Rouen, anobli par le roi, est le créateur d'une œuvre théâtrale et poétique foisonnante. Trente pièces, de la comédie à la tragédie en passant par la comédie-ballet et la tragi-comédie ; des poésies, des traductions… Il est le premier des classiques et un grand poète baroque touche-à-tout.

En France et dans le monde

La célébrité de Corneille à l'étranger repose sur sa tragi-comédie, *Le Cid*. Reprise au théâtre, adaptée au cinéma par Anthony Mann (avec Sophia Loren et Charlton Heston), elle fait toujours recette dans les théâtres du monde entier. L'historien suisse Robert Kopp situe cette œuvre à l'origine du genre tragique du théâtre classique. Un dessin animé nippon des années 1980 a contribué à maintenir dans notre mémoire le héros viril de Corneille. Dans la même veine, les humoristes les Inconnus ont réalisé des variations comiques autour d'une audition pour la pièce, preuve de sa notoriété dans le grand public. Plus sérieusement, Corneille reste un auteur très joué en France. Celui que Voltaire méprisait a retrouvé ses lettres de noblesse dès le XIXe siècle et les a conservées jusqu'à aujourd'hui. Bien que moins interprété que Racine ou Molière, il demeure parmi les auteurs inoubliables que tout comédien doit avoir joués, et tout écolier étudiés.

Ce qu'il faut retenir

Pierre Corneille naît à Rouen en 1606. Enfant de la moyenne bourgeoisie, il fait son éducation chez les jésuites dont la pédagogie et la science sont alors célèbres. Très brillant, il obtient la licence de droit à dix-huit ans et devient avocat. Passionné de littérature antique, comme de théâtre, il trousse ses premiers vers en l'honneur de ses dulcinées. À vingt ans, sa première pièce, *Mélite*, connaît le succès à Paris, il n'abandonne pas pour autant sa carrière de juriste : en 1628, il est avocat du roi aux Eaux et Forêts et à l'Amirauté.

La gloire vient bientôt avec la profusion de pièces de théâtre qu'il écrit : des intrigues compliquées, des héros amoureux et des grands coups d'épées sont les composantes qui plaisent à ses contemporains. Sa première tragédie, *Médée*, puis *L'Illusion comique*, remportent un franc succès. Mais c'est

Le Cid qui fera entrer Pierre Corneille dans la légende. Le triomphe est tel que le roi voit la pièce trois fois et l'anoblit dans la foulée ! Cette consécration suscite cependant bien des jalousies : une cabale d'envieux s'emploie à démolir la pièce, lui reprochant pêle-mêle le non-respect des règles d'unité de temps, de lieu et d'action, et l'impudeur de Chimène que l'on va jusqu'à traiter de prostituée. Mollement défendu par Richelieu, le poète se retire à Rouen et renonce au théâtre pendant quatre ans. Il se plonge alors dans la traduction des textes sacrés. Cependant, il revient vite à sa passion : en 1640-1641, il produit *Horace* et *Cinna* et rencontre à nouveau le succès. Il est considéré comme le plus grand auteur français vivant. Pensionné par le pouvoir, il règne en maître sur les Lettres et entre à l'Académie. La Fronde jette une ombre sur sa carrière : pris dans les enjeux politiques, il en subit le contrecoup.

L'échec de *Pertharite* en 1651 le renvoie à nouveau à son exil intérieur. Il profite de cette retraite pour écrire *L'Imitation de Jésus-Christ* qui sera un succès critique et commercial. En 1658, sa rencontre avec Molière, et le succès théâtral de son frère Thomas l'incitent à se remettre à écrire. *Œdipe* et *Sertorius* seront les chefs-d'œuvre de cette période. La renommée de Racine l'éclipse bientôt, et ses dernières pièces sont des échecs publics. Son titre de noblesse acquis quelques années auparavant, il consacre les dernières années de sa vie à assurer la fortune de ses enfants avant de mourir en 1684.

n° 78

Du Guesclin

« Le courage donne ce que la beauté refuse. »

Grand « pourfendeur d'Anglais », il est le principal artisan de la reconquête du royaume lors de la première partie de la guerre de Cent Ans. « D'abord, mon oncle, Du Guesclin était très brave et aimait beaucoup sa patrie ; ensuite il était plein de compassion pour les autres, puisqu'il songeait plus à ses compagnons qu'à lui-même. » Tout droit sortie du *Tour de la France par deux enfants*, source inépuisable de morale patriotique, cette image nous présente un valeureux chevalier dont les qualités morales compensaient la disgrâce physique.

En France et dans le monde

Grand ennemi des Anglais, il est considéré, dans le monde anglo-saxon, comme un grand stratège, à défaut d'être un grand tacticien. Les historiens lui reconnaissent la paternité d'une stratégie d'attrition qui cherchait à éviter les batailles rangées au profit d'un lent grignotage de l'adversaire. Aux anciennes règles de la chevalerie militaire, il préfère l'effet de surprise et autres astuces stratégiques. À sa mort, les domaines anglais de France étaient d'ailleurs réduits comme peau de chagrin. Le personnage a laissé une postérité anecdotique (il apparaît dans un jeu vidéo japonais), mais aussi une trace littéraire (il est l'un des ennemis du héros de *La Compagnie blanche* de Conan Doyle). En Castille, il est l'étranger qui a introduit les compagnies de mercenaires dans le royaume et qui a participé à la victoire de la dynastie des Trastamare dont sont issus la très populaire Isabelle la Catholique et tous ses descendants. En France, le personnage a toujours joui d'une aura de sympathie. Le petit noble breton laid et disgracieux, fidèle à son roi, qui meurt au combat en connétable de France, est intouchable. Sa propre propagande, relayée par celle des rois puis par l'historiographie républicaine, le place au firmament des patriotes qui ont « bouté l'ennemi hors de France. » Malgré quelques voix discordantes, comme celles de l'écrivain Pierre Naudin et des nationalistes bretons, c'est toujours l'image dont il bénéficie. Cependant, il disparaît peu à peu de nos mémoires, supplanté par Jeanne d'Arc, à la présence médiatique et scolaire beaucoup plus efficace.

Ce qu'il faut retenir

Bertrand Du Guesclin est né à La Motte-Broons près de Dinan en 1320 ou 1323. On ne sait que peu de chose de sa jeunesse : du rejet de son père, à sa victoire en tournoi, en passant par ses supposées bagarres avec les coqs de village. Il reçoit, en fait, l'éducation de tous les jeunes nobles de son milieu au XIVe siècle. Il émerge comme chef de bande autour de la forêt de Paimpont pendant la guerre de succession de Bretagne. Partisan de Charles de Blois, soutenu par la France, c'est tout naturellement qu'il passe au service du royaume vers 1360. L'année 1364 le voit acquérir richesse et gloire avec sa victoire sur les Navarrais de Charles le Mauvais à Cocherel, puis connaître la défaite et la captivité à la bataille d'Auray où Charles de Blois trouvera la mort. Sa rançon payée par Charles V, celui-ci l'envoie en Castille avec une double mission : débarrasser le royaume de France des Grandes Compagnies – des mercenaires désœuvrés –, et les utiliser pour soutenir son allié Henri de Trastamare. C'est chose faite dès 1366 avant qu'il ne soit à nouveau défait et capturé en 1367. Rançonné, puis libéré, il reprend le combat et porte Henri sur le trône espagnol en 1369. Fait duc et connétable, il quitte rapidement le royaume d'Espagne en revendant toutes ses terres. Revenu en France, il passe les dix années suivantes à guerroyer contre les Anglais. Dans un pays épuisé et ravagé par les épidémies, il se refuse à toute grande bataille. Ville après ville, château après château, il harcèle les Anglais qui ne conservent bientôt plus qu'une étroite bande de terre de Guyenne. Il meurt en 1380, probablement d'une indigestion, et a l'honneur d'être inhumé à Saint-Denis en 1389 au côté de Charles V qu'il avait si bien servi.

n° 79

Marquise de Pompadour

« Que de femmes ont de la cervelle plein la poitrine ! »

La belle marquise incarne si bien le siècle des Lumières que son souvenir reste vivace : protectrice des philosophes, passionnée par les arts, son rôle politique a été très important. À l'époque des « guerres en dentelles », elle est la dernière des grandes favorites royales du XVIIIe siècle.

En France et dans le monde

Pour les étrangers, la marquise semble être la quintessence de la maîtresse royale à la française : belle, intelligente, cultivée, ambitieuse et… de mauvais conseil. Tous les poncifs à propos de la frivolité supposée des Français peuvent lui être attribués. Mais quel « glamour » ! À côté de la demi-mondaine Du Barry ou de l'austère Maintenon, Jeanne Poisson est rayonnante. On la retrouve d'ailleurs dans de très nombreux films américains, allemands, des séries britanniques ou encore… un dessin animé japonais (*Le Chevalier d'Éon*). Elle a fait l'objet de nombreuses biographies en langue anglaise. Notons aussi qu'un très sérieux et très viril régiment de l'armée britannique (le régiment d'Essex) fut surnommé « The Pompadours » en raison de la couleur pourpre distinctive, censée être celle de la marquise, des uniformes de ses soldats. La France, quant à elle, lui fait toujours grise mine. Même si l'on a mis fin au mythe d'un Louis XV totalement dominé par sa favorite, la marquise hérite à la fois de la légende noire du dernier des rois absolus, de sa politique et de ses défaites. Si l'historienne Évelyne Lever valorise son intelligence, son raffinement et son ouverture d'esprit, Michel Antoine considère que son occupation favorite était de « chasser les bons ministres ». Détestée de la cour qui lui reprochait sa basse extraction, haïe par l'Église, méprisée par les révolutionnaires, on comprend qu'elle soit aujourd'hui défendue par les féministes qui voient en elle, avec raison, une femme de pouvoir qui se battit avec les armes de son temps.

Ce qu'il faut retenir

Jeanne-Antoinette Poisson naît à Paris en 1721. Son père fait partie de l'entourage des frères Pâris, les grands financiers de la monarchie, et doit s'exiler en 1727, condamné pour des malversations financières. Élevée au couvent des Ursulines,

éloignée d'une mère à la conduite légère, elle regagne le domicile familial à neuf ans. Mariée à vingt ans au neveu du protecteur (et amant) de sa mère, le fermier général et financier Le Normand d'Étiolles, elle devient une des reines des salons parisiens où elle côtoie les beaux esprits. Une véritable mise en scène la jette dans les bras de Louis XV en 1745 après la mort de la maîtresse du roi, Mme de Châteauroux.
Bien que mariée et mère de deux enfants, elle devient la favorite. Dotée de la seigneurie de Pompadour par le souverain, elle est faite marquise, et son mari gênant est écarté par une séparation de corps et de biens et un exil en province ! Elle régnera désormais sur le cœur du roi. Méprisée par les courtisans et détestée par l'Église, elle sait cependant se faire accepter par la reine. Les « poissonnades », ces pamphlets haineux inspirés par les plus grands seigneurs, ne cesseront jamais, et même les princes royaux l'appellent « Maman putain » ! Toutefois, elle gardera toujours le soutien de son amant royal. Après 1752, elle accepte les infidélités du souverain à qui elle fournit même à l'occasion des jeunes filles… Intelligente, cultivée, elle sait distraire Louis XV de sa mélancolie et lui procurer le cadre intime dont il a besoin. Protectrice des arts, elle participe à la décoration des bâtiments royaux, favorise les philosophes (elle permet l'édition de l'*Encyclopédie*) et se montre un mécène généreux pour de nombreux peintres, dont Boucher et Van Loo. Elle n'oublie pas non plus sa famille et son clan : anoblissement de son père et de son frère, nomination de ce dernier à la surintendance des bâtiments…
Son influence politique se révèle décisive lors du renversement des alliances en 1756. Marie-Thérèse d'Autriche ne s'y trompe d'ailleurs pas en cherchant à la gagner à sa cause. Soutien du duc de Choiseul, elle pousse aussi la carrière du maréchal de Soubise (parfaitement incompétent). En 1764, usée par la maladie et le chagrin de la mort de ses enfants, elle meurt après avoir convaincu le roi de soutenir la révision de l'affaire Calas.

n° **80**

Sarah Bernhardt

« Il faut pardonner beaucoup et ne jamais oublier que le pardon ne peut entraîner l'oubli. »

« Il y a cinq sortes d'actrices : les mauvaises actrices, les actrices quelconques, les bonnes actrices, les grandes actrices, et il y a Sarah Bernhardt. » Quand on sait que le compliment vient de Mark Twain, l'une des icônes littéraires de l'Amérique, on mesure mieux l'extraordinaire célébrité de la « divine Sarah ». Et ce ne sont pas seulement ses extravagances (elle dort parfois dans un cercueil !) ou ses rôles masculins qui la font reconnaître. Elle est d'abord la plus grande actrice du XIXe siècle, et une pionnière du théâtre moderne.

En France et dans le monde

La célébrité de Sarah Bernhardt ne se dément toujours pas. On lui consacre des études, on organise des expositions (comme au Jewish Museum de New York en 2006), on représente même sa vie, suprême honneur, sur les planches du monde entier : ainsi la pièce *Sarah*, du dramaturge américain John Murrell, qui raconte son dernier été. L'actrice a son étoile sur le Hollywood Walk of Fame et sa voix a été enregistrée par Thomas Edison lui-même ! Partout dans le monde, elle demeure le symbole de la France de la Belle Époque et du rayonnement de sa culture. Rappelons aussi que, lors de ses tournées à l'étranger, elle jouait en français. Impensable, non ? Au-delà de sa carrière d'actrice, ce sont aussi ses sculptures que l'on s'arrache (l'une d'elles a été achetée à l'hôtel Drouot en 2010 pour la modique somme de 31 500 euros). Sa mémoire demeure importante dans la culture populaire française, qui conserve d'elle un tendre souvenir : elle est même le personnage principal du cinquantième album de *Lucky Luke* en 1982. Des rues, au Havre et à Asnières, portent son nom, et sa statue orne la place du Général-Catroux à Paris. D'autre part, on polémique toujours pour savoir si la jambe retrouvée à la faculté de médecine de Bordeaux est bien la sienne. Quand on sait qu'au moment de l'amputation, le directeur du cirque Barnum de San Francisco lui en offrait 100 000 livres sterling...

Ce qu'il faut retenir

Amie de Victor Hugo, d'Edmond Rostand, de Lucien et Sacha Guitry, et d'Oscar Wilde, la « voix d'or » a connu tout ce que l'Europe compte alors comme artistes. Pourtant, lorsqu'elle naît en 1844 d'une mère demi-mondaine qui la délaisse très vite, la gloire semble inaccessible. C'est compter sans un protecteur puissant, amant de sa tante, Charles de Morny, industriel et député qui prend en charge son éducation. Cette protection prendra tout son sens lorsque Louis Napoléon Bonaparte devient président puis empereur. Morny n'est, en effet, rien moins que son demi-frère ! Difficile de trouver mieux... Elle entre ainsi au conservatoire puis à la Comédie-Française. Actrice brillante, elle quitte le Français en 1866 après avoir giflé une sociétaire. Désormais dans la troupe de l'Odéon, elle est reconnue partout et a une vie amoureuse bien remplie. Femme forte, elle assume ses choix et sa notoriété est telle qu'elle peut supporter tous les scandales. Après un bref retour à la Comédie-Française, elle fonde sa propre troupe en 1880. Le succès ne la lâchera plus : comédienne, productrice, directrice de théâtre, elle décroche tous les rôles et sait parfaitement jouer des nouveaux supports publicitaires : c'est ainsi qu'elle collabore avec Alfons Mucha dont elle lance la carrière. Ses tournées à l'étranger sont des triomphes, aussi bien à Londres qu'à New York ou à Saint-Pétersbourg. Actrice complète, tragédienne admirée, elle est accueillie partout par les plus hautes autorités. Jamais à l'abri d'une provocation, elle joue des rôles masculins (Hamlet ou l'Aiglon...) dans un complet renversement des valeurs bourgeoises. Elle assume des engagements politiques réels, soutenant Dreyfus ou prenant la défense de Louise Michel. Contrairement à beaucoup, elle se lance dans le cinéma, genre populaire fort peu apprécié du monde du théâtre à l'époque. Travailleuse infatigable, elle assure même une tournée de dix-huit mois aux États-Unis en 1916 alors qu'elle est amputée d'une jambe ! Patriote, elle visite souvent les tranchées pour soutenir le moral des poilus. Lorsqu'elle meurt en 1923, c'est une légende qui disparaît.

n°81

Jean Renoir

« Il faut toujours laisser la porte du plateau ouverte, parce qu'on ne sait jamais ce qui peut y entrer. »

Jean Renoir a prouvé que l'on pouvait ne pas être seulement le « fils de ». Cinéaste marquant des années 1930 aux années 1960, il tourne, de 1936 à 1939, la plupart de ses chefs-d'œuvre qui font aujourd'hui partie des classiques du cinéma mondial. Soldat avant d'être artiste, il s'engage dans le Front populaire ; pacifiste qui réussit à quitter légalement la France de Vichy, Français et Américain, il a vécu le passage du cinéma muet à la Nouvelle Vague tout en marquant son art de sa façon si particulière de filmer.

En France et dans le monde

Une étoile sur le Hollywood Walk of Fame, un Oscar d'honneur pour l'ensemble de son œuvre, Renoir est un cinéaste reconnu aux États-Unis, même si ses films ne sont plus guère connus que des cinéphiles et des historiens du cinéma. Poétiques et engagées, ses productions d'avant-guerre ont été une source d'inspiration pour nombre de réalisateurs comme Orson Welles ou Robert Altman. En Italie, il a fait l'admiration de Luchino Visconti qui a travaillé pour lui sur *Toni,* alors qu'il a inspiré le grand réalisateur indien Satyajit Ray. La cinémathèque nationale japonaise a organisé une rétrospective de son travail en 1996 et la plupart de ses films sont distribués en langue nippone. De façon encore plus révélatrice, le célèbre magazine de cinéma anglais *Sight and Sound* place *La Règle du jeu* dans son palmarès décennal des dix meilleurs films d'après les professionnels, de façon systématique depuis 1952 ! Il est le seul dans ce cas avec *Le Cuirassé Potemkine* d'Eisenstein et le *Napoléon* d'Abel Gance. La France lui accorde naturellement une place à part au panthéon des cinéastes. Alain Resnais et Claude Chabrol se sont réclamés de lui et toutes les écoles de cinéma l'enseignent. *La Grande Illusion*, *La Marseillaise*, *La vie est à nous* sont des exemples de cinéma engagé que l'on montre aux classes de troisième ou de première. Pourtant, ses films font d'abord le délice des cinémathèques avant de faire, très occasionnellement, les fins de soirée à la télévision.

Ce qu'il faut retenir

Né en 1894, Jean Renoir est le troisième fils d'Auguste Renoir, le célèbre peintre. Élève peu brillant, il choisit la carrière militaire et s'engage dans la cavalerie en rejoignant le corps des dragons en 1912. Gravement blessé en 1915, il finit la guerre dans l'aviation malgré une claudication qu'il gardera toute sa vie. Durant sa longue convalescence, il devient un cinéphile

fervent, et c'est son affectation dans l'aviation de reconnaissance qui lui permet d'apprendre la photographie.
Après quelques essais peu concluants dans la céramique, il se lance après la guerre dans le cinéma. Ses films avant-gardistes sont d'abord des échecs commerciaux et il doit vendre la plus grande partie des toiles héritées de son père pour éponger ses dettes. Cependant, il se taille quelques succès comme acteur, et la réussite de *On purge bébé* avec Michel Simon, son premier film parlant, lui apporte la confiance des producteurs.
S'ensuit une série de films anarchisants et poétiques (*La Chienne, Boudu sauvé des eaux*...) qui connaissent un accueil variable. *Madame Bovary* est ainsi un échec en France alors qu'il se retrouve cinquième au box-office en 1934 aux États-Unis. Il s'engage alors dans le combat politique, notamment avec le groupe Octobre (dont fait partie aussi Prévert) et tourne *La vie est à nous*, un film de propagande pour les élections de 1936. Puis, ce sont *La Marseillaise, La Grande Illusion, La Bête humaine* et *La Règle du jeu. La Grande Illusion* est un succès mondial : Franklin Roosevelt déclare même à l'issue d'une projection privée que « tous les démocrates du monde doivent voir ce film ». Cette période dorée prend fin avec la guerre et l'échec de *La Règle du jeu.*
Exilé aux États-Unis, Renoir s'acclimate mal au système des studios dans lequel le producteur est dominant. Il tourne cependant plusieurs films dont *L'Homme du sud* qui lui vaut l'admiration de Faulkner et une nomination aux Oscars. *La Rivière*, tournée en Inde et en couleur, est un succès mondial. Devenu citoyen américain tout en conservant la nationalité française, Renoir rentre en Europe où il tourne ses derniers films (*French Cancan, Le Déjeuner sur l'herbe*...). Il alterne alors l'écriture de pièces, une biographie de son père et des cours à l'université de Berkeley où son fils est professeur de littérature. Sollicité par la télévision et boudé par les producteurs, il tourne son dernier film en 1969, *Le Petit Théâtre de Renoir*. Retiré à Beverly Hills, il y meurt en 1979.

n° 82

Le Maréchal Foch

“ *Se souvenir et espérer.* ”

Le maréchal Foch a probablement été le Français le plus célèbre au monde entre 1918 et sa mort et conserve encore aujourd'hui une grande popularité. Il est le grand vainqueur de la Première Guerre mondiale. Lui, le généralissime des armées alliées, le partisan mal compris de l'offensive, celui qui, en 1914 sur la Marne, demande l'impossible à ses soldats, n'hésite pas, en novembre 1918, à accepter l'armistice qu'on lui offre pour épargner leur vie. Pour le grand historien et stratége anglais Liddel Hart, « il sacrifia les lauriers qu'il aurait pu acquérir, en continuant la guerre… au prix de bien des humbles existences ».

En France et dans le monde

Maréchal de l'Empire britannique, maréchal polonais, il a sa statue à Londres, et au mémorial national de la Première Guerre mondiale à Kansas City aux États-Unis. On a donné son nom à des rues à Bruxelles ou à Beyrouth et... à un cépage canadien ! Plus sérieusement, son apport théorique à l'art de la guerre fait encore partie des enseignements dans toutes les écoles militaires, notamment en raison de son insistance sur le rôle des forces morales ; pour l'historien militaire John Keegan par exemple, il manifeste un « talent et une détermination exceptionnels ». L'Armée rouge a étudié son offensive de l'été et de l'automne 1918 pour en reproduire le modèle des coups successifs destinés à déséquilibrer l'adversaire et l'intégrer à ses modes d'opérations militaires. La France redécouvre sa réflexion : les éditions Économica ont réédité *Des principes de la guerre* en 2007 et, si aucun navire ne porte plus son nom, le porte-avions *Foch* (qui passe sa retraite au Brésil sous le nom de *São Paulo*) a longtemps navigué sur tous les océans du globe. Inhumé aux Invalides, la maison natale tarbaise du maréchal, transformée en musée national, est un classique de la toponymie des villes françaises et figure toujours dans les manuels scolaires. Catholique fervent dans une France laïque et volontiers anticléricale, il est aussi la preuve que celle-ci est parfois capable de faire fi des convictions pour placer aux plus hauts postes les gens les plus compétents.

Ce qu'il faut retenir

Ferdinand Foch naît en 1851 à Tarbes. Issu de la bonne bourgeoisie, il fait d'excellentes études au collège jésuite Saint-Étienne puis entre à Polytechnique. Engagé volontaire en 1870, il y découvre sa vocation de soldat.

Devenu professeur à l'École de guerre en 1895, il y systématise un enseignement fondé sur l'étude des campagnes, seule

méthode à même de provoquer la réflexion rapide dans l'action. Il y théorise aussi le concept des forces morales. En 1901, il paie probablement ses convictions religieuses en étant renvoyé de l'école. Il en profite pour rédiger ses grands ouvrages théoriques comme *Les Principes de la guerre.* Son retour à la tête de l'École de guerre en 1907 est dû à Clemenceau, pourtant anticlérical convaincu.
Général de division en août 1914, Foch est à la tête d'un corps d'armée. Comme tous les autres généraux, il recule lors des offensives allemandes, tout en parvenant à défendre Nancy. Nommé à la tête de la 9e armée, il réussit à barrer la route à l'ennemi durant la bataille de la Marne dans des conditions très difficiles. Il est ensuite placé, durant la course à la mer, à la tête d'un groupe d'armées alliées, puis en 1915-1916, du groupe d'armées du nord. Les échecs successifs dans l'Artois et sur la Somme lui font connaître la disgrâce en décembre 1916.
Pourtant, dès le printemps suivant, à la suite du désastre du Chemin des Dames et des mutineries, il est nommé chef d'état-major de l'armée. Envoyé en Italie pour coordonner les défenses alliées à Caporetto, il mobilise les énergies et redonne confiance aux généraux italiens. C'est le printemps 1918 qui lui permet de se révéler totalement. Les offensives allemandes mettant en péril les lignes alliées, il est chargé en tant que commandant en chef interallié, de coordonner les efforts des Français, des Britanniques et des Américains. Insensible aux pressions politiques, il parvient à assumer la direction de la bataille tout en ménageant les susceptibilités, aussi bien celles de Pétain que de Pershing ou de Haig. Martelant les lignes allemandes épuisées par des coups de boutoir successifs, il pousse le IIe Reich à demander l'armistice. Soucieux d'épargner des vies humaines, et d'assurer la sécurité de la France, il incite Clemenceau à se montrer inflexible durant les négociations. Lucide, il déclare à la signature du traité de Versailles : « Ce n'est pas une paix, mais un armistice de vingt ans. » Couvert d'honneurs, il se retire de la carrière militaire et meurt en 1929.

n° **83**

Colette

> *« Il faut avec les mots de tout le monde écrire comme personne. »*

Femme libre, écrivain de talent, mondaine scandaleuse, Colette est une figure rare de la littérature française et internationale. Seule femme à avoir eu des obsèques nationales, elle n'est pourtant pas une idole intouchable. Hostile aux féministes, pétainiste bon teint pendant la guerre, elle ne fut pas plus fidèle en amour que ses maris successifs.

En France et dans le monde

Aux États-Unis, Colette est d'abord à l'origine de très nombreuses adaptations cinématographiques. Le chef-d'œuvre de Vincente Minnelli, *Gigi*, remporta ainsi neuf Oscars en 1959, ce qui constitua longtemps un record. C'est aussi le parfum de scandale – de sa bisexualité, de ses amours avec son beau-fils – qui la rend si provocatrice dans l'Amérique puritaine. Elle continue encore aujourd'hui à inspirer les cinéastes, à l'instar de Stephen Frears qui sortit un *Chéri* en 2009. Écrivain reconnu en Belgique, elle y obtint un siège à l'Académie royale. En France, la romancière «fait partie des meubles». Si l'Éducation nationale propose toujours ses livres (en évitant les plus sulfureux), elle n'est cependant plus beaucoup lue. C'est davantage le personnage qui fascine comme en témoignent les nombreux films, biographies ou essais, dont elle fait l'objet. « Notre » Colette fait partie de ces rares écrivains féminins qui ont pu se faire une renommée durable dans un monde dominé par les hommes et pas seulement pour son col claudine...

Ce qu'il faut retenir

Sidonie-Gabrielle Colette est née en Bourgogne à Saint-Sauveur-en-Puisaye en 1873. Elle vit une enfance sans histoire avant d'épouser en 1893 le charmant Henry Gauthier-Villars dit Willy, parfait homme du monde et roi de la bohème parisienne. Écrivain, entouré de nombreux nègres, il décèle le talent naissant de sa jeune femme et se met en tête de l'exploiter. Trompée, bafouée, la jeune épouse n'en écrit pas moins son premier roman, *Claudine à l'école*, que son mari, en goujat absolu, signe de son propre nom. Le succès du livre, bientôt décliné en série (*Claudine à Paris, en ménage, s'en va...*), est inouï. La nouveauté de l'écriture et le parfum de scandale (les allusions au saphisme) conquièrent le public.

Bientôt divorcée, la jeune romancière vit des liaisons féminines tout en se produisant au théâtre et au music-hall et continue d'écrire. La provocatrice (elle affiche ses liaisons et laisse même entrevoir un sein durant un spectacle...) gagne sa liberté par son travail et son talent. Remariée en 1912 avec le journaliste et baron Henry de Jouvenel, elle ne s'assagit pas pour autant. Malgré la naissance d'une fille (appelée Bel-Gazou), elle vit une liaison avec son jeune beau-fils, Bertrand (*Le Blé en herbe* en est une évocation), alors que son mari multiplie les infidélités. En 1920 paraît *Chéri*, nouveau succès littéraire. À nouveau divorcée en 1924, elle rencontre son troisième mari, Maurice Goudeket, de quinze ans son cadet. Après une collaboration avec Ravel, elle publie, en 1932, *Ces plaisirs*, où elle défend notamment le lesbianisme. Paradoxalement, elle déteste les féministes ! Dans les années 1930 et 1940, elle flirte parfois, au moins littérairement, avec l'extrême droite (elle publie deux nouvelles dans *Gringoire*, hebdomadaire pro-fasciste et collaborationniste durant la guerre). Mariée avec un juif, elle utilisera cependant ses relations pour lui éviter la déportation. En 1944, paraît son dernier grand succès, *Gigi*. Colette appartiendra au jury Goncourt jusqu'à sa mort en 1954.

n° **84**

Poniatowski

« Un homme d'un noble caractère, rempli d'honneur et de bravoure. Je me proposais de le faire roi de Pologne si j'avais réussi en Russie »

disait de lui Napoléon. Le seul maréchal de France étranger est un modèle d'officier militaire. Courageux, intègre, patriote farouche, commandant compétent, Joseph Poniatowski cumule les qualités, jusqu'à une mort héroïque lors de la plus grande bataille du XIXe siècle.

En France et dans le monde

Si la mémoire de Poniatowski semble avoir été annexée par la France, elle est d'abord évidemment polonaise. Enterré aux côtés des rois de Pologne dans la cathédrale de Cracovie, la Pologne en a fait un héros national, lui érigeant de nombreuses statues et émettant un timbre à son effigie. Acteur des dernières années de la Pologne indépendante, toute son action porte en germe cette résistance qui triomphera en 1918. Il est également reconnu aux États-Unis où la nombreuse communauté d'origine polonaise (dix millions de personnes) et les liens particuliers qu'entretiennent les deux pays perpétuent son image. Il est aussi une figure célèbre de l'histoire autrichienne, de l'histoire allemande et, bien sûr, de l'histoire russe à qui il faut un ardent adversaire ! Un véritable Européen avant l'heure, et le témoin tragique de la Pologne déchirée. La France a gravé son nom sur l'Arc de Triomphe de la place de l'Étoile parmi les généraux de la République et de l'Empire, lui a sculpté une statue au Louvre et a donné son nom à un boulevard parisien. Sur la longue durée, il est l'un des symboles des liens étroits qui firent longtemps de la France le principal allié de la Pologne, et de Paris la capitale des Polonais en exil.

Ce qu'il faut retenir

Né en 1763 à Vienne, le prince Joseph est le fils d'une aristocrate de Bohême et d'André Poniatowski, ambassadeur de Pologne puis lieutenant général de l'armée autrichienne et le neveu de Stanislas Auguste, dernier roi de Pologne. Élevé en Autriche, il est pris en charge, lors de la mort de son père en 1773, par son oncle qui veillera à sa fortune. Il s'engage dans l'armée autrichienne à dix-sept ans et gravit rapidement les échelons. En 1789, son oncle le charge de la réorganisation de l'armée polonaise. Cependant, ses tentatives de restructuration se heurtent aux inquiétudes russes. En 1792, le pays est envahi, et malgré leur résistance valeureuse, les compatriotes de Poniatowski doivent se résoudre à un nouveau partage du pays. Fâché avec son oncle auquel il reproche sa faiblesse, le prince participe en 1794 à l'insurrection de Kosciuszko qui se révèle vaine et il doit s'exiler à nouveau après avoir assisté à l'anéantissement de son pays.

Après la mort de son oncle, il regagne Varsovie où il mène grand train en compagnie de sa maîtresse et accumule les dettes. L'écrasement de la Prusse en 1806 redonne l'espoir d'une renaissance de la Pologne et l'entrée de Napoléon à Varsovie en 1807 permet la création d'un embryon d'État, le grand-duché de Varsovie, dont Poniatowski devient le ministre de la Guerre. Alors que des Polonais servent dans la Garde impériale et en Espagne, leur nombre ne cesse de croître jusqu'à atteindre près de 100 000 hommes dans toute l'Europe, et le grand-duché bénéficie d'une constitution calquée sur le modèle français. En 1812, l'invasion de la Russie par l'Empereur suscite l'espoir d'une indépendance en cas de victoire. Poniatowski espère la rendre possible par une victoire militaire. Aussi, les Polonais entrent-ils en campagne avec plus de 50 000 hommes. Le prince fera des prodiges et méritera plus que jamais le surnom de « Bayard polonais ». Mais la déroute finale est cruelle. Insensible aux appels du pied de ses ennemis qui lui promettent la renaissance d'un royaume polonais satellisé par la Russie, il choisit la fidélité à Napoléon. Il le paiera de sa vie. Le 19 octobre 1813, chargé de couvrir la retraite de l'armée française le troisième et dernier jour de la bataille des Nations, il meurt en tentant de franchir l'Elster.

n°**85**

Claude Debussy

« Le but premier de la musique française est de donner du plaisir. »

Cette définition lapidaire résume bien le compositeur. Français et anticonformiste, sa musique ne respecte pas les règles établies et se veut une musique nationale. Mort dans l'indifférence générale en mars 1918, il laisse derrière lui une œuvre féconde qui n'a cessé d'influencer les musiciens du monde entier. L'influence de son art sur la musique a été aussi déterminante que celle de Proust en littérature.

En France et dans le monde

Ayant obtenu le succès dès les premières représentations, *Prélude à l'après-midi d'un faune* ou *Pelléas et Mélisande* font partie des classiques des salles de concert du monde entier, de Tokyo à Londres, de Moscou à Rio. La musique révolutionnaire de Debussy a influencé les plus grands : que ce soit le Russe Stravinsky ou le Hongrois Bartók, l'Américain et minimaliste Steve Reich ou encore le Japonais Takemitsu, sans oublier Ravel ou Messiaen. Cette influence se retrouve aussi chez Gershwin ou encore chez le jazzman Duke Ellington. Quant à son impact au niveau populaire, il suffit de rappeler que ses œuvres sont reprises dans d'innombrables films dont *Fantasia*, produit par Disney (1940). *L'Odeur de la papaye verte* du réalisateur d'origine vietnamienne Trần Anh Hùng (1993), *All About Lily Chou-Chou* du Japonais Shunji Iwai (2001), ou encore *Ocean's Eleven* de Soderbergh (2001). Difficile de faire plus éclectique ! On enseigne ses œuvres aujourd'hui à travers le monde entier. Pourtant les grands chefs d'orchestre internationaux s'étonnent que Debussy reste malheureusement très mal connu en France. Seules les options de musique au bac rappellent l'immense talent de ce compositeur hors du commun…

Ce qu'il faut retenir

Claude Debussy naît à Saint-Germain-en-Laye en 1862 dans une famille modeste. C'est grâce à sa tante qui détecte ses dons musicaux précoces, puis à un ami de son père, qu'il fait son entrée au Conservatoire de Paris à onze ans. Élève doué mais peu studieux, il obtient cependant le premier prix de Rome en 1884. Il devient le protégé d'une aristocrate russe, la baronne von Meck, grande amie de Tchaïkovski qui lui fera découvrir les artistes de son pays. Volontiers iconoclaste dans son comportement – parmi ses nombreuses conquêtes, il est amoureux un temps d'une femme de treize ans son aînée –, il ne l'est pas encore en musique. Fortement influencé par Wagner qui est alors la grande figure de la musique européenne, c'est à l'occasion de l'Exposition universelle de 1889 qu'il va faire la découverte, déterminante pour lui, de la musique balinaise. Passionné de peinture, et de littérature, il dévore Baudelaire et Mallarmé dont il fréquente le salon. En 1894, avec *Prélude à l'après-midi d'un faune* puis, en 1902, son chef-d'œuvre *Pelléas et Mélisande,* il connaît le succès, mais pas l'aisance financière. Critique musical pour divers journaux, sa vie privée est chaotique et suscite le scandale (son épouse fait une tentative de suicide après leur rupture) mais ne l'empêche pas de continuer à créer. Ses *Préludes,* ses *Études pour piano* et ses *Sonates* révèlent un style résolument original. Alors qu'il est reconnu dans toute l'Europe, ses dernières années sont marquées par sa longue lutte contre le cancer et la guerre qui le touche profondément. Il meurt en 1918 à Paris.

n° 86

Louise Michel

« J'ai fini… Si vous n'êtes pas des lâches, tuez-moi… »

Cette apostrophe de Louise Michel au tribunal militaire qui la juge pendant la répression de la Commune est à l'image de sa vie de féministe et de militante, dévouée à la cause du peuple. À son époque, la « Vierge rouge de Montmartre » est une célébrité française et même européenne. À l'égal de Rosa Luxemburg et de Dolorès Ibarruri, elle reste une grande figure de l'engagement politique des femmes et une icône des mouvements anarchistes un peu partout dans le monde.

En France et dans le monde

Louise Michel est reconnue dans le monde entier comme la *pasionaria* de la Commune de Paris et la globe-trotter de l'anarchisme. Elle fait l'objet de biographies dans de nombreuses langues (en allemand, en catalan, en anglais...) et reste un objet d'étude, particulièrement dans les études de genre, tendance ancienne de l'historiographie américaine. Son action d'institutrice (elle a dirigé une école libre à Londres durant cinq ans) est valorisée mais son héritage politique est plus controversé. Anarchiste prônant la violence, figure de la Commune, elle incarne la « rouge » par excellence, peu fréquentable dans le monde anglo-saxon. En Espagne, sa mémoire est associée à la guerre civile au cours de laquelle deux bataillons des Brigades internationales portent son nom. La Catalogne, terre d'anarchisme, la reconnaît particulièrement. En France, on a donné son nom à de nombreux établissements scolaires, ce qui est un bon moyen d'évacuer son discours politique en insistant sur sa dimension pédagogique. Le centenaire de sa mort en 2005 n'a d'ailleurs pas donné lieu à des célébrations officielles sauf à la mairie du XVIIIe arrondissement de Paris qui organisa une exposition et de quelques festivités à Marseille où elle mourut. Louise Michel est présente dans les manuels d'histoire de quatrième et de première. Le film de Solveig Anspach en 2010, où son personnage est interprété par Sylvie Testud, a été suivi par 2,7 millions de téléspectateurs.

Ce qu'il faut retenir

Fille naturelle d'un châtelain et d'une employée de maison, Louise Michel naît en 1830 en Haute-Marne. Élevée par ses grands-parents paternels, elle reçoit une éducation très complète et libérale. Devenue institutrice, son refus de prêter serment à l'empereur Napoléon III la contraint à travailler dans diverses écoles privées. Elle s'y distingue par ses innovations pédagogiques, peu appréciées des parents. Il est vrai qu'elle fait sortir les élèves pour découvrir la nature ! Elle ouvre également un bureau de bienfaisance pour aider les plus démunis avec le soutien de l'épouse du préfet… En dehors de son républicanisme, elle n'est d'ailleurs aucunement révolutionnaire et semble même être fort pieuse.

En 1856, elle quitte sa province pour enseigner à Paris. L'héritage de sa mère lui permet, en 1865, d'ouvrir une école près de Montmartre. Ses années parisiennes sont celles de sa formation politique. Proche de Blanqui et des socialistes, elle fréquente le groupe Droit des femmes et milite pour leur émancipation. Parallèlement, elle s'essaie à l'écriture et compose des poèmes, fort médiocres, il faut le dire. Elle entretient également une correspondance assidue avec Victor Hugo qu'elle admire profondément. Celui-ci écrira pour elle son poème *Viro Major*.

Pendant la Commune, partisane de l'action violente, elle devient soldat et infirmière et participe à de nombreux combats. Arrêtée au cours de la Semaine sanglante, elle est jugée et condamnée à la déportation en Nouvelle-Calédonie. Elle y restera jusqu'en 1880, refusant toute grâce individuelle et enseignant aux enfants kanaks. Elle se rapproche peu à peu de l'anarchisme tout en correspondant avec Clemenceau. Rentrée en France grâce à l'amnistie collective des communards, elle se consacre à nouveau au militantisme. Organisant des manifestations, des meetings, elle est emprisonnée à plusieurs reprises (1883, 1886, 1890) et est victime d'une tentative d'assassinat. Devenue une anarchiste convaincue, elle se réfugie à Londres entre 1890 et 1895 où elle crée une école libertaire. De retour en France, elle consacre les dix dernières années de sa vie à sa cause : elle parcourt la France, l'Europe et même l'Algérie pour y délivrer son message politique et meurt à Marseille en janvier 1905.

n° 87

François Rabelais

« Science sans conscience n'est que ruine de l'âme. »

Toute la force de la pensée humaniste de Rabelais éclate dans cette lettre du *Pantagruel* de 1532. Mais il ne faut pas le réduire à cette maxime. Moine défroqué, médecin d'un cardinal puis curé repentant, il est d'abord un homme d'Église. Écrivain oscillant entre la farce médiévale et l'humanisme des modernes, troussant des phrases dans un vocabulaire étonnant, prônant la tolérance, son œuvre est d'une modernité éclatante. Même s'il est peu lu en dehors du cadre scolaire, il reste une référence, non seulement française, mais occidentale.

En France et dans le monde

Au même titre que Flaubert, il est considéré comme le plus grand auteur français par Milan Kundera et l'écrivain anglais John M. Cohen le considère comme le créateur de notre langue. De notre langue, mais pas seulement. Lorsque le sénateur Ted Kennedy est mort en 2009, la presse américaine a qualifié celui qui aimait tant la vie de *rabelaisian* (rabelaisien). En Angleterre, les Britanniques usent très souvent de l'adjectif *gargantuan* (gargantuesque). On mesure bien ainsi l'influence internationale de l'humaniste du Val-de-Loire. Son œuvre est toujours étudiée par les universitaires, aussi bien pour son originalité littéraire, que pour les apports de sa pensée. La France le révère comme l'un de ses grands esprits et la Pléiade lui fait l'honneur de le rééditer régulièrement. Ses textes sont présents dans tous les manuels de littérature ou d'histoire traitant du XVIe siècle. Ancré dans la culture populaire, il a laissé une empreinte forte dans notre vocabulaire. Du panurgisme au pantagruélique, ses noms propres sont devenus des noms communs ou des adjectifs, et un auteur rabelaisien est toujours vu avec la plus grande sympathie…

Ce qu'il faut retenir

François Rabelais est né entre 1483 et 1494, dans la région de Chinon, dans cette vallée de la Loire si chère aux rois de France. Son père est un petit homme de loi employé par la justice royale du bailliage de Touraine. Il aurait fait des études dans un couvent, puis serait devenu moine. Cordelier, franciscain, bénédictin ? Ses traces sont difficiles à suivre, mais il semble bien qu'il manifeste un esprit curieux et fasse preuve d'une culture brillante. Quittant sans autorisation son couvent pour apprendre la médecine, il rejoint Paris puis Montpellier (la meilleure université de médecine de l'époque). En 1532, il est médecin à Lyon, commentateur et traducteur d'Hippocrate, mais aussi père de deux enfants. Il publie alors successivement *Pantagruel* en 1532 et *Gargantua* en 1534 sous le pseudonyme d'Alcofribas Nasier. Condamnés par la censure de la Sorbonne, ses ouvrages obtiennent néanmoins un grand succès. Familier du cardinal du Bellay, il échappe grâce à lui à d'éventuelles poursuites, et fait plusieurs séjours à Rome où la papauté l'absout de s'être défroqué et légitime ses trois enfants, tout en l'autorisant à reprendre la vie religieuse et à exercer la médecine. Avoir un protecteur puissant est décidément bien utile ! Bien que titulaire d'un privilège royal lui permettant de publier sous son nom, ses livres restent sous la menace de la censure. Chanoine, puis curé à Paris, il écrit le *Tiers Livre* et le *Quart Livre* en 1546 et 1552. Le *Cinquième Livre* et dernier sera publié à titre posthume. Il y développe, comme dans les autres, un humanisme profond et universel. Sa verve carnavalesque, ses bouffonneries et ses outrances sont des outils au service de sa pensée, mais aussi la preuve de son imprégnation par une littérature médiévale encore bien vivante et emplie d'un merveilleux presque surréaliste. Il meurt en avril 1553 et son œuvre, empreinte de tolérance, sera l'objet de la détestation des fanatiques tant protestants que catholiques.

n° 88

Le Nôtre

« Le roi vient de perdre un homme rare et un serviteur zélé, un homme qui, exceptionnel dans son art, lui rendit grand honneur »

écrit le *Mercure de France* à la mort d'André Le Nôtre en 1700. Bel hommage quand on sait que le journal était étroitement contrôlé par le pouvoir royal. Trois cent onze ans après sa disparition, la gloire de Louis XIV se mesure toujours à la fréquentation du château et des jardins de Versailles dont son jardinier a été l'un des grands artisans. L'homme a laissé peu de traces et presque aucun écrit. Son testament se contemple du haut de la terrasse du palais du Roi-Soleil.

En France et dans le monde

Il n'existe pas moins de quatre biographies en langue anglaise de Le Nôtre : pas mal pour un jardinier ! La dernière, écrite par Ian Thomson en 2006, témoigne de tout le respect qu'ont les Britanniques, pourtant adeptes d'une nature moins contrôlée, pour le symbole du jardin à la française. Le Nôtre a d'ailleurs fourni les plans de Saint James's Park à Londres... Mais sa renommée ne s'arrête pas outre-Manche. En Allemagne, le parc du palais présidentiel de Charlottenburg, même détruit, conserve la tradition de ses jardins à la française comme le palais du duc de Savoie à Venaria Reale. Aux États-Unis, son œuvre a largement influencé les travaux de L'Enfant, l'architecte de Washington ! Pour tous, il est le maître absolu de l'art classique du jardin. Dans son pays natal, innombrables sont les parcs privés ou publics qui, construits à l'inspiration de Versailles, sont comme un hommage à Le Nôtre. On peut même dire, sans ironie, que les jardiniers du dimanche qui taillent leurs haies au cordeau ou nettoient amoureusement les lions qui ornent les portails de leur garage, sont des héritiers du paysagiste du roi... Le Nôtre aurait-il façonné les perspectives de nos banlieues pavillonnaires ?

Ce qu'il faut retenir

Bien que d'origine modeste, André Le Nôtre aura passé toute sa vie dans les décors les plus somptueux. Il naît en toute simplicité en 1613 au château des Tuileries (dans une dépendance) dont son père est le jardinier en chef. Il reçoit alors une éducation pratique de jardinier, mais aussi une formation théorique en architecture (auprès de Mansart), en peinture et en mathématiques. Cela lui sera fort utile pour pratiquer son art. Jardinier du duc d'Orléans, le frère du roi, en 1635, il reprend la charge de son père deux ans plus tard. Il travaille alors pour le roi, mais aussi pour Anne d'Autriche.

Comme pour beaucoup d'autres (La Fontaine en particulier), c'est Fouquet qui assure sa renommée en l'employant au château de Vaux-le-Vicomte avec ses amis Le Brun et Le Vau. La disgrâce de Fouquet ne l'entraîne pas dans sa chute mais le fait remarquer par Louis XIV qui lui confie les jardins du château de Versailles dont il ambitionne de faire le théâtre de son règne. Ce sera la grande œuvre de sa vie à laquelle il consacrera vingt-cinq ans ! Les espaces verts, les fontaines et les allées sont pensées comme un tableau dont le centre est le palais et où tout doit concourir à la gloire du roi. C'est le triomphe de la nature domestiquée et de la main de l'homme. À son apogée, Le Nôtre emploie près de mille ouvriers et jardiniers ! Cependant, drainer et aménager ce terrain marécageux se révèle long et complexe et les maladies font des ravages parmi la main-d'œuvre. Pour suppléer aux lenteurs de la nature et satisfaire le Roi-Soleil, on va jusqu'à transplanter des arbres adultes que l'on rapporte de Flandre. C'est une entreprise gigantesque que Le Nôtre mène à bien, tout en travaillant à d'autres projets (châteaux de Chantilly pour Condé, de Sceaux, de Saint-Germain-en-Laye…). Anobli par le roi, il entre à l'Académie royale d'architecture en 1681. Très âgé et sans descendance, il collabore aussi à des aménagements en Angleterre, au Brandebourg ou pour le duc de Savoie. Il meurt en 1700 en n'ayant laissé aucun écrit mais en ayant formé de nombreux disciples.

n°89

La comtesse de Ségur

« N'écris que ce que tu as vu. »

Trente millions d'exemplaires vendus à travers le monde, un succès qui ne se dément pas et un léger malaise qui transparaît chez tous les parents lorsque leurs enfants la lisent… y compris ceux qui l'ont adorée enfants. On a tout écrit au sujet de la comtesse de Ségur, de sa vie de femme trompée, du sadisme de ses romans, de sa morale bien-pensante et du snobisme aristocratique qui suintent de toute son œuvre. Mais elle reste l'une des premières femmes à connaître le succès littéraire et l'un des premiers écrivains pour enfants de l'Hexagone.

En France et dans le monde

Championne incontestée de la littérature enfantine française, la comtesse de Ségur est peu connue en dehors de la France et de la Russie. La collection Bouquins chez Robert Laffont a d'ailleurs produit en 1997 une anthologie de ses œuvres, la plaçant sur le même plan qu'une George Sand ou qu'un Balzac. D'ailleurs, si l'on fouette beaucoup dans ses romans, les adultes sont souvent l'objet d'une critique aussi féroce que les enfants, et les méfaits d'une éducation trop brutale y sont dénoncés. La Bibliothèque rose continue encore aujourd'hui à faire paraître ses œuvres.

Ce qu'il faut retenir

Née en 1799 dans une illustre famille de l'aristocratie russe, Sophie est la fille du comte Rostopchine. Malgré une famille très riche, son enfance est malheureuse. Détestée par sa mère, elle est confrontée à sa tyrannie et à ses mauvais traitements (égarée dans une forêt, elle a même failli être dévorée par des loups) ainsi qu'à la violence de la société russe (elle assiste parfois aux châtiments appliqués aux moujiks récalcitrants). Gouverneur de Moscou en 1812, son père est à l'origine de l'incendie de la ville au moment de l'entrée de Napoléon. La population locale ne lui pardonnera pas et il doit s'exiler, désavoué, en 1813. Il s'installe alors en France en 1817. C'est là que Sophie se marie avec le comte de Ségur. Ce mariage est un désastre. Son mari volage lui fait tout de même huit enfants. et ne lui laisse en souvenir qu'une maladie vénérienne qui la rend parfois complètement muette. Installée au château des Nouettes dans l'Orne, elle se consacre à ses enfants puis à ses petits-enfants. C'est Louis Hachette, une connaissance de la famille, qui la persuade en 1855 d'écrire les histoires qu'elle leur raconte, pour la Bibliothèque des chemins de fer. Malgré le succès, sa vie est difficile. La guerre de 1870 fait plonger ses ventes et elle doit se résoudre à vendre son cher château des Nouettes. Elle meurt en 1874.

n° 90

Sully

« Labourage et pâturage sont les deux mammelles dont la France est alimentée et les vraies mines et trésors du Pérou. »

Difficile de ne pas commencer une biographie de Sully par cette phrase, d'autant qu'elle n'est pas, contrairement à d'autres, apocryphe… Dans la lignée des grands hommes d'État, Sully occupe une place fondamentale, bien qu'il soit quelque peu oublié du public. La restauration du royaume réalisée par Henri IV n'aurait pu se faire sans lui. Capitaine courageux, protestant fervent mais tolérant, administrateur avisé, diplomate habile, d'une fidélité à toute épreuve, il n'a que ceux défauts : un orgueil immense et une certaine avidité financière.

En France et dans le monde

Sully jouit à l'étranger d'une réelle reconnaissance. Cité dans les manuels d'histoire italiens, incarnation de l'homme politique idéal dans le roman de Heinrich Mann *Die Vollendung des Königs Henri IV*, il a même l'honneur d'avoir été cité par Churchill au congrès de La Haye en 1948 ! C'est sa vision européenne qui est mise en valeur sur tout le continent. Peu importe qu'elle soit une construction largement postérieure à la mort d'Henri IV, le « grand dessein » du roi et de son ministre figure parmi les textes fondateurs de l'idée européenne. Mais Sully figure en bonne place à notre panthéon national avant tout comme reconstructeur d'une France ravagée par quarante années de guerres de Religion. Oublié au XVIIe siècle, encensé au XVIIIe, il a survécu à tous les régimes. Valorisé par la IIIe République, il est encore cité dans les manuels d'histoire des écoles primaires, mais pour combien de temps encore…

Ce qu'il faut retenir

Maximilien de Béthune, baron puis marquis de Rosny, duc de Sully et pair de France, est né en 1559 dans le château familial. Descendant de la grande lignée des comtes de Flandre, sa famille s'est cependant très appauvrie. Il est présenté au futur Henri IV en 1572 à l'occasion du mariage de celui-ci. En échappant au massacre, il fait partie des miraculés de la Saint-Barthélémy. Désormais attaché au roi de Navarre, il lui sera fidèle jusqu'à sa mort. À partir des années 1575-1576, et pendant plus de quinze ans, il combat à ses côtés et noue une réelle amitié avec lui. Il est de toutes les batailles et sera blessé à plusieurs reprises. Sully sert aussi de négociateur avec Henri III en raison de ses talents de diplomate qu'Henri de Navarre n'hésite pas à utiliser. Convaincu de l'impossibilité pour un roi protestant de régner sur une France catholique,

il pousse son maître à se convertir en 1594. Les années suivantes sont consacrées à la pacification du royaume qui met à rude épreuve les finances royales utilisées pour acheter les derniers ligueurs.
Influent au Conseil des finances (il en devient le surintendant en 1598), il œuvre à la reconstruction du royaume. Négociant les dettes à la baisse, négligeant les petits créanciers pour mieux se concilier les gros, il parvient à assainir la situation économique et à restaurer la crédibilité financière de la France. À l'intérieur, il traque les abus, réorganise, réduit les impôts directs et s'efforce de les faire peser moins lourdement sur les paysans par ailleurs protégés des extorsions abusives. En 1604, la création de la paulette permet aux officiers de rendre leurs charges héréditaires, et de dégager un revenu régulier pour l'État. En quelques années, porté par la conjoncture économique, le Trésor royal se gonfle considérablement. La croissance s'appuie sur les grands travaux entrepris par le ministre. Canaux (celui de Briare, par exemple), routes bordées d'ormes (pour la construction navale), marais asséchés et assainis, fortifications, ponts et phares, Sully agit dans tous les domaines et consacre jusqu'à 5 % des recettes annuelles aux infrastructures. L'œuvre accomplie au service du roi et de la France est immense, cependant même si le mieux-être du début de siècle est certain, la majorité de la population continue à vivre au seuil de la misère comme il en sera jusqu'à la fin du XVIIIe siècle. À la mort du roi, Sully, dont l'autoritarisme indispose, est contesté au Conseil royal. Opposé à la politique de la régente Marie de Médicis et aux dépenses qu'elle entraîne, protestant dans une cour à majorité catholique, il quitte ses fonctions en 1611. Retiré en province, il ne joue plus de rôle politique, même si Richelieu le fait maréchal en 1634. Il occupe les dernières années de sa vie à la rédaction de ses Mémoires, largement romancés et mensongers, les *Économies royales*, et meurt en 1641.

n° 91

Jean Bart

> *« Louis XIV : "Jean Bart je vous fais chef d'escadre."*
> *Le marin : "Sire vous avez bien fait…" »*

Aujourd'hui, la frégate *Jean-Bart* est le vingt-septième navire de notre marine nationale à porter ce nom depuis deux cents ans. La postérité du Dunkerquois devrait ainsi être assurée. Il est l'une des figures incontournables de l'apogée maritime française où, pour la première et dernière fois de son histoire, la marine de Louis XIV possédait la maîtrise totale des mers. « La Royale » régna ainsi sur tous les océans jusqu'en 1692…

En France et dans le monde

Sa célébrité est davantage liée à son activité de corsaire qu'à son rôle dans les escadres de Louis XIV comme officier du roi. Pour les Hollandais avec qui il a d'abord combattu, il reste « le terrible pirate du roi de France » qui a acquis fortune et gloire en s'attaquant aux « marchands et aux pêcheurs ». Pour les Anglais qui reconnaissent son extraordinaire talent et son courage, il est le héros d'une nation de terriens qui a toujours négligé la mer. En France, il jouit de son vivant d'une énorme popularité et il reste aujourd'hui l'un des rares marins que le grand public connaisse. Mais plus nombreux sont les bars des ports à porter son nom que les rues des villes. Héros national au temps du Roi-Soleil, « l'humble pêcheur devenu amiral » et l'ennemi des Anglais a été valorisé par la IIIe République. Aujourd'hui encore, les chansons de marin et le carnaval de Dunkerque entretiennent sa mémoire.

Ce qu'il faut retenir

Jean Bart est né en 1650 à Dunkerque dans la Flandre espagnole avant le rattachement définitif de Dunkerque à la couronne de France en 1662. Il appartient à une famille de l'honnête bourgeoisie maritime de la ville dans laquelle les corsaires et les contrebandiers abondent. Il connaît le français en plus du flamand, et sait lire et écrire. Sujet du roi d'Espagne, il s'engage comme matelot dans la marine hollandaise en guerre contre l'Angleterre, et participe en 1667 au raid de l'amiral De Ruyter contre Londres. En 1672, il se met au service du roi de France qui vient d'envahir la Hollande. Corsaire anonyme, il profite de son exceptionnelle connaissance des côtes flamandes et néerlandaises pour multiplier les prises et s'enrichir. Il ne faut pas imaginer de grands combats bord à bord, mais plutôt une multitude d'abordages par surprise sur de petits navires peu ou pas armés. Il s'enrichit suffisamment vite pour pouvoir épouser en 1675 la fille d'un aubergiste fortuné et s'installer confortablement. Les prises se succèdent jusqu'en 1678 et la fin de la guerre de Hollande le voit à la tête d'une flotte océanique de 24 canons, le summum pour un corsaire !

En 1679, il est recruté comme lieutenant de vaisseau dans la marine royale. Sa carrière de « corsaire indépendant » est derrière lui ; elle n'aura duré que sept ans ! Cela ne l'empêchera pas ensuite de continuer à arrondir sa fortune par les nombreuses prises qu'il effectuera au service du roi. Les possibilités d'action ne manquent pas. Envoyé contre les Barbaresques en Méditerranée, il lutte ensuite contre les Espagnols. Il participe entre-temps à la fortification de Dunkerque comme conseiller de Vauban. En 1688, il rejoint les eaux de la mer du Nord et de la Manche à l'ouverture de la guerre de la Ligue d'Augsbourg. Elle commence par un exploit : Jean Bart parvient à sauver un convoi de vingt navires attaqués par une flotte anglo-hollandaise bien supérieure en nombre. Mais il est fait prisonnier. Contre toute attente, il réussit une évasion rocambolesque de sa prison de Plymouth avec quelques compagnons et regagne la Bretagne à la rame, à bord d'une barque, en cinquante-deux heures ! Nommé capitaine de vaisseau, il participe à la victoire de Béveziers en 1690, puis repart à la chasse au commerce ennemi. Après la défaite de La Hougue en 1692 qui sonne le glas de la suprématie navale française, le blocus des côtes aggrave la terrible famine de 1693-1694. En s'emparant d'un convoi de blé protégé par les Hollandais, il procure un répit au peuple affamé et au roi. Anobli, fait chevalier de Saint-Louis, il défend victorieusement Dunkerque puis remporte une nouvelle victoire navale en 1696, ce qui lui vaut de devenir chef d'escadre. Il est désormais reconnu et l'on se bat pour participer à l'armement de ses navires (et au partage des prises...). Ce géant de deux mètres vit là ses derniers exploits et sa dernière guerre. En 1702, il meurt d'une pleurésie après avoir inspecté sous la pluie le navire amiral de la flotte des Flandres, *Le Fendant*.

n° 92

Racine

« Un cœur noble ne peut soupçonner en autrui la bassesse et la malice qu'il ne sent point en lui. »

Racine est sans doute avec Corneille le plus grand dramaturge du théâtre français. Orgueilleux, arriviste, jeune homme coureur de jupons puis vieillard dévot, il n'attire pas la sympathie. Mais son œuvre est immortelle et le place au niveau de Shakespeare ou de Sophocle. Poète des fureurs de la passion, on peut dire avec La Bruyère : « Corneille peint les hommes tels qu'ils devraient être ; Racine les peint tels qu'ils sont. »

En France et dans le monde

Longtemps, Racine a souffert à l'étranger de la perfection même de son art littéraire. Les plus grands auteurs, tel Schiller, se sont essayés à traduire ses alexandrins, mais peu, en son temps, y sont parvenus. Lorsqu'à partir du XVIIIe siècle, le français devient la première langue internationale, la difficulté est quelque peu réduite et les œuvres de Racine se répandent à travers l'Europe. Au XIXe, la réaction romantique et la montée des sentiments nationalistes renvoient le dramaturge dans l'oubli, même si le Norvégien Ibsen s'en inspire. On lui reproche d'être un « poète des cours », incapable de réellement exprimer les passions (Goethe) ou on lui préfère Shakespeare moins didactique. Le XXe siècle le remet à l'honneur. Il est à nouveau joué partout, à Moscou ou à Yokohama et les plus grands auteurs s'en inspirent, aussi bien Samuel Beckett que Henry James. En 2009, *Phèdre* interprétée par Helen Mirren a été à l'affiche du National Theatre et retransmis en direct dans plus de cinquante cinémas ! En France, Racine est un auteur central de notre littérature. La maîtrise de l'expression, la qualité de sa langue sont toujours des exemples offerts à toutes les générations de collégiens et de lycéens. Les acteurs les plus célèbres du cinéma se sont efforcés de jouer ses drames. De Jean Marais à Isabelle Huppert en passant par Michel Piccoli, Gérard Depardieu et Carole Bouquet, nombreux sont ceux qui se sont frottés au monstre sacré. Et comment ne pas se rappeler que *Le Goût des autres* de Bacri et Jaoui s'appuie sur l'émotion ressentie par un bourgeois cuistre en assistant à une représentation de *Bérénice* ?

Ce qu'il faut retenir

Né en 1639, Jean Racine est orphelin très tôt. Recueilli par ses grands-parents, il est élevé de façon austère. Jansénistes, ils l'inscrivent aux petites écoles de Port-Royal où il reçoit une éducation complète. Il maîtrise notamment le grec et le latin. Son départ pour le collège d'Harcourt à Paris lui permet de mener joyeuse vie, et d'espérer un succès littéraire. À vingt ans, il écrit sa première tragédie, *Amasie,* puis une *Ode à la reine* qui lui vaut une gratification royale de 100 louis. C'est décidé, il sera poète.

Après deux nouveaux poèmes dédiés au roi, qui prouvent le talent de leur auteur, il reçoit des gratifications et est admis à la cour. Reconnu dans le milieu des gens de lettres, il fait jouer sa première tragédie, *La Thébaïde* par la troupe de Molière. Le succès est médiocre. En 1665, *Alexandre* connaît le triomphe. À vingt-six ans, il est célèbre et reconnu. La gloire vient en 1667 avec *Andromaque.* Pendant dix ans, il va enchaîner les succès aussi bien auprès du public que de la cour et du roi. Mais il se fait aussi beaucoup d'adversaires : de Molière aux jansénistes avec qui il a rompu, de Corneille au duc de Nevers. Sa faveur et les pensions royales attisent les jalousies.

En 1677, il atteint les sommets de la gloire. Déjà entré à l'Académie, il est nommé historiographe du roi – au prix d'un mariage de raison qui fait oublier ses nombreuses frasques –, et se consacre à la gloire de Louis XIV. Inquiété un moment lors de l'affaire des Poisons qui éclabousse la cour, il continue cependant son ascension. Désormais riche et assagi, il obtient la charge de gentilhomme ordinaire de la chambre du roi. Vieillissant, il se rapproche à nouveau des jansénistes alors que ceux-ci sont très mal vus par le roi.

Proche de Mme de Maintenon, il écrit à sa demande deux nouvelles tragédies inspirées de la Bible, *Esther* et *Athalie.* Ce sont peut-être ses deux plus belles pièces, très différentes des autres par la place plus réduite qu'y occupent les passions, supplantées par le thème de l'être faible choisi par Dieu. Devenu un intime de Louis XIV, il dort parfois dans sa chambre et lui fait la lecture. Mais son soutien affiché aux jansénistes le fait tomber dans une demi-disgrâce à la fin de sa vie. Il meurt en 1699 et demande à être enterré à Port-Royal, reniant ainsi sa jeunesse dissolue.

n° 93

Joséphine de Beauharnais

« Tu seras plus que reine »

disait sa vieille servante Eliama à la jeune Marie-Josèphe-Rose Tascher de La Pagerie. Celle-ci est devenue impératrice des Français. Joséphine continue à fasciner de nos jours, tant en France qu'à l'étranger. Pourtant, elle est avant tout connue comme la première épouse de Napoléon. Sa beauté et son charme furent ses armes pour affronter un monde dur pour les femmes, un premier mari indifférent, une révolution meurtrière, un second époux jaloux et une belle-famille haineuse. Elle en a conservé une aura de grâce, et les Français ont une indulgence complice pour ses frivolités et ses petites trahisons…

En France et dans le monde

Joséphine partage avec Marie-Antoinette le privilège d'incarner aux yeux du monde une sorte d'« éternel féminin » bien français. Mais à la différence de « l'Autrichienne », elle ne représente pas la quintessence de l'aristocratie, mais plutôt celle du demi-monde. Pourtant, sa postérité est impressionnante : les familles royales de Grèce, de Suède, de Belgique, du Danemark font partie de sa descendance, tout comme l'empereur Napoléon III, son petit-fils ! Comme Victoria, on peut l'appeler la « grand-mère de l'Europe ». Elle fascine tout autant les Américains pour qui elle est un symbole « glamour » : elle fait d'ailleurs l'objet d'une biographie à succès signée Carolly Erickson. Pour les Français, elle incarne l'un des aspects romantiques de l'aventure impériale. Son château de Malmaison est un musée national, pèlerinage pour tous les napoléophiles, et d'innombrables biographies d'elles ont été publiées. Cependant, sa statue, trônant sur une place de Fort-de-France, est régulièrement et systématiquement décapitée par les indépendantistes martiniquais.

Ce qu'il faut retenir

Même si elle a longtemps menti sur son âge (au moins à partir de son mariage avec Napoléon), celle qui ne se prénomme pas encore Joséphine mais Rose, est bien née à la Martinique en 1763. Fille de planteurs issus de la noblesse du Perche, elle connaît la vie de tous les enfants de la bonne société créole. Elle se marie à Paris à seize ans avec le jeune et bel Alexandre de Beauharnais. Malgré deux enfants (Eugène puis Hortense), le mariage n'est pas heureux et le fringant époux multiplie les conquêtes. La séparation de corps est prononcée en 1785. Joséphine regagne son île natale et y vit jusqu'en 1790. Une révolte d'esclaves la contraint à fuir et elle rejoint Paris où

son mari est désormais député jacobin à l'Assemblée constituante ! Mais cette situation ne dure pas.
Devenu général républicain, mais sans aucun talent, Alexandre est bientôt arrêté en compagnie de son ex-épouse puis il est guillotiné le 23 juillet 1794. Internée à la prison du Temple, Rose vivra des jours terribles. Libérée et sans ressources, elle gravite autour du nouveau pouvoir du Directoire. Amie de Mme Tallien, maîtresse de Barras, elle trouve un secours dans le jeune et prometteur général Bonaparte. Naïf et inexpérimenté mais sincèrement amoureux, il se retrouve vite dans le lit de la belle créole et l'épouse civilement en 1796. Elle se fait désormais appeler Joséphine, comme l'a baptisée son nouvel époux. À peine celui-ci est-il parti pour la campagne d'Italie, qu'elle le trompe avec un jeune lieutenant de hussards, Hippolyte Charles... Après de terribles scènes de ménage, elle finit par accepter son rôle de première dame de France. Ses infidélités sont montées en épingle par sa belle-famille qui tente de convaincre Napoléon de se séparer d'elle. Mais quand le Premier consul devient l'« Empereur de tous les Français », elle décide de s'assagir et ne commet plus d'écarts. Le nouveau souverain a absolument besoin d'un héritier que « la vieille », comme l'appellent charitablement ses belles-sœurs, est bien incapable de lui donner. Après la naissance de rejetons illégitimes, Napoléon comprend la nécessité de se séparer de celle qui restera son grand amour. Le divorce est prononcé le 15 décembre 1809. Désormais impératrice douairière, elle se retire au château de Malmaison où l'Empereur vient quelquefois la visiter. Elle y meurt après avoir brillamment reçu le tsar Alexandre Ier le 29 mai 1814.

n° 94

Alexis de Tocqueville

"Les Français veulent l'égalité, et quand ils ne la trouvent pas dans la liberté, ils la souhaitent dans l'esclavage."

La pensée d'Alexis de Tocqueville exprime avant tout une réflexion politique, le lien intime entre les mœurs et l'état social et le rejet de la Révolution comme mode de progrès des sociétés. Même s'il demeure inconnu de la plus grande partie des citoyens, l'historien, le sociologue est une référence pour tous les intellectuels que ce soit pour s'y opposer ou s'inscrire dans sa continuité.

En France et dans le monde

C'est paradoxalement aux États-Unis que l'auteur normand est le plus connu et le plus admiré. Pas un président, pas un homme politique des cinquante dernières années ne peut se passer de faire référence à ses écrits et à sa pensée. Traduit dès 1839, *De la démocratie en Amérique* ne cesse depuis d'être étudié, commenté et cité par les universitaires et les chercheurs. Ronald Reagan a même inventé une citation qui est devenue un classique du discours politique outre-Atlantique (« L'Amérique est grande parce que l'Amérique est bonne. Quand l'Amérique cessera d'être bonne, l'Amérique cessera d'être grande »), que l'on n'a jamais pu retrouver dans aucun texte de Tocqueville ! Le Français est même le modèle d'un *think-tank* de l'American Enterprise Institute qui se donne, entre autres, pour vocation, d'étudier la Chine selon les méthodes que Tocqueville utilisa pour l'Amérique. La Chine, pas plus qu'aucun autre pays, ne méconnaît son travail. On y voit au contraire dans « la passion des hommes pour l'égalité » et leur « goût pour la liberté », une dialectique justifiant leur forme de gouvernement, celui-ci préservant, à leurs yeux, cette distinction subtile. En France, les études tocquevillennes sont nombreuses, et de Raymond Aron à François Furet en passant par Marcel Gauchet, toutes les sciences humaines et les politiques de tous bords se penchent sur son œuvre. Là où les Américains ont *De la démocratie en Amérique*, nous avons *l'Ancien Régime et la Révolution*. Celui qui a été oublié à la fin du XIXe siècle est désormais une référence incontournable pour comprendre la spécificité de la démocratie française et la passion égalitaire de notre société. Mais le penseur reste, pour une partie de la gauche française, entaché par son libéralisme qu'elle rattache abusivement au seul libéralisme économique. Homme des nuances et, déjà, de la longue durée, le Normand ne peut être réduit à des positions caricaturales si promptes à être utilisées en politique.

Ce qu'il faut retenir

Né à Paris en 1805 dans une famille de la noblesse normande, le jeune Alexis de Tocqueville a le « pedigree » du parfait aristocrate. Arrière-petit-fils de Malesherbes (le défenseur de Louis XVI lors de son procès), enfant de royalistes farouches, il sera pourtant un homme libre dont les attaches et l'action politique n'ont pas entravé la réflexion. Après des études de droit au cours desquelles il est influencé par la réflexion de Guizot, Tocqueville devient juge au tribunal de Versailles en 1827. Il est alors fasciné par la monarchie parlementaire à l'anglaise.
Malgré son profond mépris pour le nouveau pouvoir du roi Louis-Philippe, il est envoyé en mission en 1831 pour étudier le système pénitentiaire américain. Ce sera l'objet de son premier livre, mais aussi l'inspiration de *De la démocratie en Amérique* dont le premier tome parait en 1835. Convaincu que le modèle à suivre est celui qui se développe aux États-Unis, il conserve cependant des attaches avec l'Angleterre et notamment avec son ami John Stuart Mill, et il épousera une Anglaise en 1836. Reconnu en France et en Europe, il pense qu'une démocratie bien organisée peut concilier liberté et égalité dans un ordre économique libéral. Il s'engage en politique en 1839 et est élu député de Valognes sans interruption jusqu'en 1849.
Mais son arrogance intellectuelle et son refus des compromis l'empêchent de jouer un grand rôle, d'autant qu'il est moins bon orateur qu'écrivain. Il milite alors à la fois pour l'abolition de l'esclavage et la colonisation de l'Algérie. Prophétisant la révolution de 1848, il y assiste en spectateur puis soutient la répression des ouvriers par haine du socialisme. Ministre des Affaires étrangères de Napoléon III durant l'année 1849, il s'oppose à son coup d'État. Retiré de la vie publique, il se consacre à son ouvrage majeur, *L'Ancien Régime et la Révolution*. Il meurt, à Cannes, de la tuberculose sans l'avoir achevé, en 1859.

n° 95

Charles Martel

“ Charles Martel a arrêté les Arabes à Poitiers en 732. ”

Combien de fois a-t-on entendu ou lu cette affirmation devenue un lieu commun de notre histoire nationale ? Le maire du palais du royaume des Francs est une célébrité française et même mondiale. Mais cette popularité provient autant de son instrumentalisation que de son action.

En France et dans le monde

Pour la plupart, Charles Martel est l'homme d'une bataille. Célébré par ses contemporains, il s'efface ensuite des mémoires, avant d'être remis au goût du jour à l'époque moderne, notamment avec l'historien britannique Gibbon. Il devient alors le héros chrétien qui arrête l'invasion de l'Europe. Au XXIe siècle, sa célébrité renaît après les attentats du 11 septembre 2001. L'idée de choc des civilisations et même de croisade fournit des arguments à la résurrection de Charles Martel. Il suscite l'intérêt des néoconservateurs américains, des mouvances intégristes chrétiennes et, plus largement, de tout ce que le monde occidental compte de phobiques de la menace islamique. À l'inverse, il reste dans tout le monde musulman une grande figure qui annonce la fin de l'expansion. En France, les affiches du Front national en 2002 – « Poitiers 732, Le Pen 2002 » – sont une illustration parfaite de l'instrumentalisation de Charles Martel. C'est naturellement dans l'hexagone que le personnage est le plus connu. Héros national pour l'école de la IIIe République, il est volontairement supprimé des manuels scolaires en 2008 pour ne pas froisser les communautés immigrées. Pourtant, l'action du personnage a été décisive. Fondateur de la dynastie des Carolingiens, restaurateur d'une autorité centrale, conquérant et habile politique, la bataille de Poitiers lui permet en grande partie de légitimer son pouvoir. Victime du mépris de l'histoire-bataille et d'un certain malaise face à un mythe peu présentable, il jouit depuis peu d'un regain d'intérêt dans la communauté des historiens.

Ce qu'il faut retenir

Charles Martel naît vers 688. Il est le fils de Pépin de Herstal et de l'une de ses épouses. D'abord écarté du pouvoir, il réussit à s'imposer au cours d'une sanglante guerre de succession. Devenu maire du palais, il contrôle les deux royaumes francs d'Austrasie et de Neustrie, ne laissant au roi mérovingien qu'un rôle symbolique. Il s'occupe alors d'étendre son territoire : il soumet la Thuringe, la Bavière, écrase les Frisons et affronte les Saxons. Entre 716 et 731, il est tout entier tourné vers l'affermissement intérieur. Mais la Provence, comme l'Aquitaine, échappe à son contrôle.

Depuis 711, les musulmans ont envahi l'Espagne wisigothique, et en ont conquis la plus grande partie, lançant même des attaques jusqu'à Sens ! En 732, le duc Eudes d'Aquitaine doit appeler Charles à l'aide face à une menace d'envergure de Abd al-Rahman, émir d'Al Andalus (l'Espagne musulmane). Raid de pillage ou incursion profonde, le débat n'est pas tranché, mais le danger est alors perçu comme réel. Le choc a lieu sur la route de Tours à Poitiers et laisse Charles maître du champ de bataille. Négligeant de poursuivre ses ennemis en fuite, il profite de l'affaiblissement des Aquitains et des Provençaux pour leur imposer brutalement son autorité. Il devra d'ailleurs à nouveau affronter les musulmans, notamment à Narbonne.

Sans jamais avoir été roi, Charles Martel en a donc assumé le rôle. C'est par sa maîtrise des domaines royaux et ecclésiastiques qu'il se crée une clientèle de fidèles. Rémunérés en terres, ceux que l'on peut déjà appeler des vassaux forment la base de son armée. En développant ce principe de vassalité, il jette les fondements du fonctionnement de la société médiévale dans laquelle les liens d'homme à homme sont fondamentaux. Il affirme aussi la domination du politique sur le religieux, leçon qui ne sera pas oubliée par ses lointains successeurs. Mais c'est aussi paradoxalement un roi chrétien qui soutient l'action des missionnaires comme Boniface en pays païen. Lorsqu'il meurt en 741, il laisse à son fils Pépin un État solide dans lequel il détiendra l'essentiel du pouvoir, négligeant même de donner un successeur au roi mérovingien, mort en 739.

n° **96**

Pascal

« Le cœur a ses raisons que la raison ne connaît point. »

Qui n'a jamais entendu cette réflexion, parfois peu à propos ? C'est bien souvent tout ce qui nous reste de Pascal et de son œuvre, pourtant l'une des plus importantes des temps modernes. Génie universel dans la tradition de la Renaissance, il est tout à la fois mathématicien, physicien, théologien et philosophe. Mort à trente-neuf ans, il nous laisse, non seulement la machine à calculer, mais aussi certains des plus beaux écrits de la littérature française.

En France et dans le monde

La renommée de Pascal ne s'arrête pas à l'Hexagone. En France comme en Argentine, des universités portent son nom. Le pascal est un langage informatique que tous les étudiants en sciences des années 1980 et 1990 se rappellent avec « délice ». Il a d'ailleurs servi de base aux premiers systèmes d'exploitation de MacIntosh. Le pascal, unité de pression, est toujours utilisé de par le monde. Quant au fameux pari pascalien, il est universellement reconnu, non seulement pour sa portée philosophique et religieuse, mais pour avoir jeté les bases de la « théorie des jeux ». En bref, Pascal est un nom commun avant même d'être un personnage historique ! La France n'est pas en reste pour la reconnaissance. Les plus grands écrivains l'ont célébré, de Chateaubriand à Julien Green, en passant par Baudelaire. Le cinéma l'a même gratifié de sa reconnaissance. Son pari est l'occasion d'un long bavardage dans *Ma nuit chez Maud* de Rohmer, et Pasolini a réalisé en 1972 un film biographique pour la télévision italienne. Sa courte vie ne l'aura donc pas empêché de connaître une célébrité éternelle.

Ce qu'il faut retenir

Courte, sa vie l'aura été. Né en 1623 à Clermont-Ferrand dans une famille de magistrats anoblis, il meurt en 1662 après avoir été malade durant la plus grande partie de son existence. Orphelin de mère à trois ans, il est éduqué à Paris par son père qui décèle son génie précoce. Élevé dans un milieu favorable aux jansénistes, il fait ses premières armes intellectuelles avec les relations paternelles : Gassendi et Descartes ! Il publie à seize ans son essai sur les coniques et invente deux ans plus tard une calculatrice automatique, la pascaline. Son père est alors intendant de la généralité de Rouen. Malade, il connaît sa première crise de ferveur religieuse. Revenu à

Paris, il fréquente des milieux plus libertins tout en continuant à se consacrer à la géométrie (*De l'esprit géométrique*), mais aussi aux calculs des probabilités ou encore à l'étude de la pression atmosphérique. Ses travaux inquiètent l'Église par leur remise en cause de la nature décrite par les Écritures. Mais ce sont davantage ses écrits religieux et philosophiques qui vont le rendre célèbre dans l'opinion éclairée. Déjà sensible aux thèses jansénistes, influencé par sa sœur qui a pris le voile à Port-Royal, affecté par le mort de son père en 1651 et par un accident de carrosse qui lui fait connaître une extase mystique en 1654, il se consacre à leurs défenses. Ses *Provinciales,* qui paraissent anonymement et rencontrent le succès, sont à la fois un chef-d'œuvre de la littérature et un exemple d'engagement qui inspirera Voltaire, mais aussi une brillante défense de la conception janséniste de la grâce divine. Bien que condamné par le pouvoir royal et l'Église, elles inspireront fortement la réflexion de cette dernière. Malade et épuisé, il consacre ses dernières années à son *Apologie de la religion chrétienne à l'usage des incrédules* qu'il laissera inachevée à sa mort. Il y affirme que la Raison doit s'effacer devant les Écritures pour comprendre la condition humaine. C'est dans ce livre qu'il engage l'homme à parier sur l'existence de Dieu en prétendant notre incapacité à prouver aussi bien son existence que son inexistence. Ce n'est qu'après sa mort en 1662 que seront réunis des fragments de cet ouvrage dans ses *Pensées* posthumes (1670).

n° 97

George Sand

“ *Ma profession est la liberté.* ”

Femme libre, amante passionnée aux conquêtes multiples, journaliste engagée, écrivain touche-à-tout, George Sand est une révolutionnaire dans le siècle et pas seulement « la bonne dame de Nohant », grand-mère attentive et provinciale. Même si elle n'est plus guère lue aujourd'hui, elle reste un modèle d'écrivain, peut-être la première dont le sexe n'a pas été pris en compte par la critique.

En France et dans le monde

George Sand est un auteur reconnu à l'étranger, mais davantage pour sa vie si particulière et sa liaison avec Chopin que pour son œuvre elle-même. Très lue de son vivant, elle l'est moins aujourd'hui, même si des auteurs comme Dostoïevski ou, plus récemment, V. S. Pritchett l'ont encensée et qu'une récente biographie (2006) lui a été consacrée. Son personnage apparaît dans quelques films (américain comme *A Song to remember* en 1945, ou polonais comme *Chopin* en 2002), mais ses textes ne sont pas portés à l'écran. En France, le film de Diane Kurys, *Les Amants du siècle*, avec Juliette Binoche et Benoît Magimel, est également centré sur sa liaison avec Musset. Même si l'on relève, dans les années 1970, des adaptations télévisées de ses romans champêtres (*François le Champi* en 1976, *La Petite Fadette* en 1978), il semble bien que la postérité de l'écrivain n'ait pas survécu au changement de millénaire, bien que l'Éducation nationale la maintienne dans ses programmes du collège et du lycée. Reste la femme dont l'engagement continue à émouvoir et à inspirer les féministes. C'est en véritable avant-gardiste du MLF qu'elle a pu lancer : « La cigarette est en réalité une arme féminine quand on la comprend bien » !

Ce qu'il faut retenir

Descendante par son père de la lignée illégitime du maréchal de Saxe et donc des rois de Pologne, Aurore Dupin a pour mère Sophie Delaborde, issue d'un milieu très populaire. Mariage d'amour, leur union est une véritable mésalliance qui pesa toute sa vie sur la petite Aurore, née en 1804. Elle perd son père dès l'âge de quatre ans et grandit à Nohant entre sa mère et sa grand-mère paternelle qui se détestent et se disputent son éducation. Élevée dans le Berry, entre précepteurs, petits campagnards et enfants de la bonne société de

La Châtre, la ville voisine, elle ne se reconnaît d'aucun milieu. Expédiée au couvent, elle y connaît une crise mystique et envisage même de devenir religieuse avant de connaître son premier amant l'année suivante à l'âge de dix-sept ans. La mort de sa grand-mère la pousse à gagner Paris et le foyer maternel. Mais, désireuse de quitter son emprise étouffante, elle se marie avec le premier venu, Casimir Dudevant, et rejoint Nohant. Malgré la naissance d'un premier enfant, sa vie ne lui convient pas, et elle multiplie les aventures, à l'instar de son époux d'ailleurs. En 1830, ils se séparent sans divorcer et elle commence alors une vie agitée mais féconde.

Ne disposant que de la rente accordée par son mari, elle s'efforce de vivre de sa plume. Multipliant les travaux de nègre, écrivant dans les journaux comme *Le Figaro*, elle publie son premier roman en 1831. Elle ne cessera plus jamais d'écrire. Désormais divorcée en 1836, elle multiplie les amants (Mérimée, Alfred de Musset, Chopin…). Produisant des romans sentimentaux (*Indiana*, 1832, *Mauprat*, 1837) puis inspirés par des idées socialistes (*Consuelo*, 1842-1843), elle devient la reine du Tout-Paris culturel. Fervente républicaine, elle accueille la révolution de 1848 avec joie. Mais la répression des émeutes populaires de juin lui laisse un goût amer. Après le coup d'État de Louis Napoléon, elle tente de sauver quelques amis menacés, mais elle se retire peu à peu de la politique tout en demeurant une opposante farouche à l'Empire. Celle qui est devenue « la bonne dame de Nohant » se consacre désormais à ses petites-filles et à l'écriture de romans champêtres, probablement les plus célèbres (*La Mare au diable* en 1846, *La Petite Fadette* en 1849), mais aussi à une prodigieuse correspondance d'une grande qualité littéraire. Elle meurt en 1876.

n° 98

Le Maréchal Joffre

« Si on ne sait pas qui a gagné la bataille de la Marne, moi je sais qui l'aurait perdue ! »

Cette phrase du maréchal Joffre montre l'ironie mais aussi l'amertume de l'ancien commandant en chef des armées françaises. Alors que le souvenir de la « der des ders » s'estompe, ne reste plus de ses généraux que l'image des fusilleurs ou des stratèges ineptes envoyant leurs soldats à l'hécatombe. Alors Joffre, boucher ou grand stratège ? Le maréchal est tombé du piédestal que la génération de la Grande Guerre lui avait dressé. Mais il ne mérite probablement pas l'opprobre qu'il connaît depuis quelques années.

En France et dans le monde

Joffre ne représente plus guère que quelques lignes dans les encyclopédies et les dictionnaires étrangers... quand il y figure. C'est pourtant en star internationale qu'il réalise une tournée diplomatique en Amérique et en Asie en 1921-1922. Il incarne alors par excellence, l'armée française à un moment où elle est réputée la meilleure du monde. Mais la catastrophe de 1940 l'a renvoyé dans les limbes... avec la réputation de nos armes. Joffre connaît pourtant une certaine réhabilitation de la part de John Keegan, le grand historien britannique qui le considère comme l'un des meilleurs généraux du début du conflit, par son calme et son coup d'œil militaire. Pour les Roumains, il incarne l'alliance traditionnelle avec l'Hexagone et il a même donné son nom à un gâteau ! En France, après les polémiques à propos de la réhabilitation des fusillés de la Grande Guerre, il est difficile de valoriser son rôle. Son intransigeance parfois aveugle et son « Je les grignote » passent naturellement assez mal. D'ailleurs, républicain laïc fervent, le maréchal n'a pas souhaité l'honneur des Invalides contrairement à Foch et à Nivelle. Il est donc enterré dans sa propriété de Louveciennes.

Ce qu'il faut retenir

Lorsqu'il devient chef d'état-major de l'armée et généralissime désigné en 1911, Joseph Joffre est militaire depuis quarante et un ans ! Né en 1852 dans une famille modeste de Rivesaltes, il réussit, grâce à des études brillantes, à intégrer Polytechnique en 1869. Comme beaucoup d'autres, l'aventure coloniale lui offre l'occasion de s'évader de la routine et de conquérir ses galons. Servant en Indochine dès 1885, il se révèle un chef capable. Travaux civils ou de siège, il se montre efficace dans toutes ses missions. Il gagne ensuite l'Afrique où il participe à la construction d'infrastructures, mais aussi à la prise de

Tombouctou. Devenu colonel, il rejoint Madagascar où il sert avec Gallieni. Républicain et franc-maçon, la conjoncture politique le favorise. Il est nommé membre du Conseil supérieur de guerre en 1910 avant d'en prendre la direction l'année suivante.

Lorsque la guerre éclate, il dirige donc l'armée française depuis trois ans. Le fameux Plan XVII est son œuvre. Avec une population inférieure d'un tiers à celle de l'Allemagne, ayant le souci de rassurer son allié russe et de ne pas inquiéter son ami britannique, il doit résoudre la quadrature du cercle ! C'est ce qui explique sa volonté d'une offensive rapide susceptible de perturber les préparatifs allemands, de nuire au rappel de leurs réserves et de soulager le tsar. Le corollaire est la faiblesse de la couverture de la frontière belge. À sa décharge, on lui avait interdit d'entrer préventivement en Belgique... ce que les Allemands n'eurent aucun scrupule à faire ! L'échec de la bataille des frontières et les pertes massives en hommes ne lui sont donc imputables qu'en partie. Elles doivent aussi retomber sur un gouvernement dont les exigences politiques et diplomatiques impliquaient une attaque rapide.

Joffre se révèle vraiment sur la Marne. À la tête d'une armée en pleine retraite, il conçoit une contre-offensive alors même que Paris est sous la menace allemande. Limogeant les généraux, exigeant la plus grande sévérité, mais aussi multipliant les déplacements auprès des commandants et sachant constituer une réserve, il porte le coup de grâce aux espoirs allemands. Bien secondé, il est celui qui a su réaliser le « miracle de la Marne ». Mais cette victoire ne clôt pas la guerre. Durant deux ans, il va rester à la tête des armées. Il multiplie alors les attaques, en Champagne, en Artois ou dans les Vosges. Mais « le feu tue » et ces combats se terminent par des boucheries sanglantes dans la boue des tranchées. Les Britanniques sur la Somme, les Allemands à Verdun, les Italiens dans les Alpes n'auront pas plus de succès que lui. Démis de ses fonctions mais gratifié du titre de maréchal en décembre 1916, il joue désormais un rôle honorifique et de conseil auprès des alliés. Figure tutélaire de la République, il meurt en 1931.

n° 99

Raymond Aron

« Paix impossible, guerre improbable. »

Cette formule de Raymond Aron résume bien les relations internationales au temps de la guerre froide et même au-delà. Même s'il est moins connu que son rival Jean-Paul Sartre, Raymond Aron est l'une des grandes figures de la pensée française du XXe siècle. Homme engagé, philosophe et journaliste, sociologue et historien des relations internationales, il a une pensée multiple et souvent paradoxale. Défenseur du libéralisme politique et dénonciateur de l'influence de Marx sur les intellectuels d'après-guerre, il a cependant toujours refusé tout alignement.

En France et dans le monde

Défenseur des États-Unis dans une France très critique à l'égard de tout ce qui vient d'outre-Atlantique, il bénéficie là-bas d'une reconnaissance réelle. La plupart de ses ouvrages ont été traduits et il était membre de l'Académie américaine des arts et des sciences. Il y est enseigné et son actualité demeure importante comme le montre la publication, en 2009, par le professeur Reed Davis, d'un ouvrage sur sa vision des relations internationales. En 1979, le *New York Times* le situait dans la continuité de Montesquieu et de Tocqueville. Difficile de rêver ascendance plus prestigieuse ! On peut en dire tout autant du Royaume-Uni ou de l'Allemagne où il a étudié. C'est d'ailleurs sa *Sociologie allemande contemporaine* qui en fait l'un des grands passeurs de la sociologie allemande, notamment celle de Max Weber. En France, intellectuel reconnu, il reste cependant prisonnier de son combat avec Sartre et de ses chroniques au *Figaro* ou à *L'Express* qui le décrédibilisent à gauche. Ce serait pourtant réduire son influence, puisqu'il a inspiré le très libéral Nicolas Baverez, comme l'homme de gauche Marcel Gauchet. Observateur critique impénitent de notre démocratie, aussi bien que des totalitarismes, il mériterait probablement davantage de reconnaissance que quelques rues à son nom…

Ce qu'il faut retenir

Né à Paris en 1905, Raymond Aron réalise des études brillantes qui le mènent à l'École normale supérieure entre 1924 et 1928. Il s'y lie, entre autres, avec Jean-Paul Sartre. Reçu premier à l'agrégation de philosophie, il étudie en Allemagne jusqu'en 1933 en pleine montée du nazisme. Inscrit alors à la SFIO, il peut vivre en direct le danger du totalitarisme. En 1939, il est professeur de philosophie à l'université de Toulouse. Mobilisé, il parvient à gagner l'Angleterre durant la débâcle. Engagé dans les FFL, il rejoint rapidement la revue *La France libre* dans laquelle il peut se montrer critique envers de Gaulle. À la Libération, il fonde *Les Temps modernes* avec Sartre. Mais son analyse critique du totalitarisme ne peut s'accommoder de l'admiration de la plus grande partie des intellectuels pour l'URSS. Bien que convaincu de l'importance de la pensée de Marx, il ne souscrit pas à son utilisation politique. Il devient alors « l'intellectuel de la droite » qui s'oppose à « l'intellectuel de la gauche » qu'est Sartre. Mais ce combat n'exclut pas le sens critique. En 1957, il plaide contre son propre camp, pour l'indépendance de l'Algérie alors même qu'il publie *L'Opium des intellectuels*. En 1962, son *Paix et guerre entre les nations* lui vaut la reconnaissance internationale. Atlantiste et européen, il s'oppose au général de Gaulle sur ces deux sujets et soutiendra Giscard d'Estaing en 1974. Éditorialiste influent, universitaire reconnu, il est un modèle de l'intellectuel engagé mais aussi indépendant. C'est avec Sartre qu'il contribue à faire connaître la tragédie des *boat people* en 1979. Lorsqu'il meurt en 1983, la France perd l'un des grands penseurs de son siècle.

100

n° 100

Jacques Prévert

« Quand je ne serai plus,
ils n'ont pas fini de déconner.
Ils me connaîtront mieux
que moi-même. »

L'un des plus célèbres poètes du XXe siècle, anticonformiste virulent, semblait sans illusion sur la postérité qu'on lui réserverait. Anticlérical, pacifiste, détestant les hiérarchies, le poète du *Cancre* aurait été fort surpris que l'on donne son nom à tant d'écoles et de collèges. Lui qui fuyait les honneurs est devenu un intouchable.

En France et dans le monde

Dans tout le monde francophone, Prévert est un poète populaire et reconnu. De Montréal à la Suisse en passant par le Sénégal ou la Côte-d'Ivoire, nombreux sont les écoles ou les collèges qui portent son nom. Partout, il fait partie du patrimoine et partout ses poèmes sont enseignés. Son refus du patriotisme en fait l'un des poètes français les plus facilement exportables. Il a d'ailleurs été mis en chansons ou en musique aussi bien par l'Allemand Hanns Eisler (*Histoire du cheval* et *Vie de famille*), que par les Américains Joan Baez (*Chanson dans le sang*) ou Nat King Cole (*Les Feuilles mortes*). Il est également reconnu comme scénariste de cinéma, notamment pour *Les Visiteurs du soir* ou *Les Enfants du Paradis*, consacré en 1995 comme le meilleur film français de tous les temps par un panel d'artistes à l'occasion du centenaire du cinéma. Yves Montand, Juliette Gréco, Les Frères Jacques ont chanté ses poèmes et Gainsbourg a immortalisé *Les Feuilles mortes* dans sa *Chanson de Prévert*. Mais c'est aussi le coauteur du dessin animé *Le Roi et l'oiseau*, célébré jusqu'au Japon ! Un artiste touche-à-tout et inclassable qui est, aujourd'hui, entré dans notre patrimoine.

Ce qu'il faut retenir

Jacques Prévert naît à Neuilly-sur-Seine en 1900 dans une famille de la classe moyenne. Son enfance est sans histoires malgré des difficultés financières occasionnelles. Il reçoit une éducation catholique, mais fréquente les bancs de l'école publique où il semble s'être ennuyé avec une belle constance. Il quitte la communale à quinze ans et gagne sa vie grâce à des petits boulots. Son frère aîné meurt (de maladie) durant la guerre. En 1920, pour son service militaire, il est à Istanbul, où il rencontre Marcel Duhamel, le futur éditeur de la Série noire. Rentré à Paris, il rejoint les surréalistes. Il s'installe en communauté avec, entre autres, Raymond Queneau, et fréquente Breton, Desnos et Aragon. Le « cadavre exquis » naît de leurs rencontres et de leur travail. Rompant avec eux, il se dirige vers le théâtre avec le groupe Octobre. Il écrit de nombreuses pièces mais aussi des poésies qui sont mises en musique, notamment par Kosma. Célèbre dans la bohème parisienne, il se lance dans l'écriture pour le cinéma. *Le Crime de Monsieur Lange, Quai des Brumes, Le jour se lève* sont le produit de son talent. Pendant la guerre, il se réfugie à Tourettes-sur-Loup dans les Alpes-Maritimes, où il continue à travailler sans s'engager dans la Résistance. Ce sont alors *Les Visiteurs du soir* et *Les Enfants du Paradis* avec Carné. À la Libération, il ne collabore plus guère avec le cinéma, mais son premier recueil de poèmes, *Paroles*, est un immense succès. Il se lance aussi dans les collages. Livres pour enfants (*Contes pour enfants pas sages* en 1947), poésies, livres d'art (avec Picasso, Chagall, Braque...), il ne cesse de publier. En 1971, il s'installe au cap de la Hague à Omonville-la-Petite où il décède en 1977. Son ultime chef-d'œuvre, *Le Roi et l'oiseau*, avec Paul Grimault, ressort dans une version remaniée et remontée en 1980.

Dans la même collection :

Parrains du siècle, destins et déclins
Bruno Aubry

Les Grandes Affaires de la Ve République
Par Philippe Broussard et Jean-Marie Pontaut

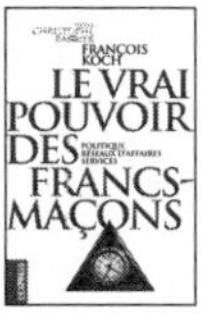

Le Vrai Pouvoir des francs-maçons
Par François Koch

Iran, l'état d'alerte
Par Vincent Hugeux

Afghanistan, en finir avec la guerre ?
Par Dominique Lagarde

Le Pouvoir des grandes familles
Par Marie Cousin

Les Grands Mythes de l'histoire de France
Collectif présenté par Christian Makarian

éditions EXPRESS ROULARTA

29, rue de Châteaudun – 75308 Paris Cedex 09

Directeur délégué
Sébastien Loison

Coordination éditoriale
Nathalie Riché

Conception et réalisation
Gaëlle Mauduit Éditions

Corrections
Michèle Pierret
Marie-Odile Mauchamp

Mise en page
Nord Compo, Villeneuve-d'Asq

Conception couverture
Philippe Marchand/ OLO

Fabrication
Catherine Pégon

Crédits
Toutes les images de cet ouvrage proviennent de l'agence AKG-images.
Couverture, de gauche à droite et de bas en haut :
© akg-images. © akg-images. © akg-images / VISIOARS. © akg-images / Francois Guenet. © akg-images / Erich Lessing. © akg-images / Erich Lessing. © akg-images. © akg-images / André Held. © akg-images. © akg-images. © akg-images. © akg-images. © akg-images / Erich Lessing. © akg-images. © akg-images / Laurent Lecat. © akg-images. © akg-images / Francois Guenet. © akg-images / Andre Held. © akg-images / Nimatallah. © akg-images / VISIOARS. © akg-images. © akg-images / Erich Lessing.

Achevé d'imprimer en mai 2011
par l'Imprimerie Darantiere
Dijon, Quetigny – France
Dépôt légal : juin 2011
n° d'impression : 11-0640
ISBN : 978-2-84343-803-5

Tous nos livres sont disponibles chez votre libraire
ou sur notre site Internet :
www.lexpress.fr/boutique